婚姻治療法

ACCEPTANCE AND CHANGE IN COUPLE THERAPY

Neil S. Jacobson and Andrew Christensen　合著

鄧閔鴻、黎士鳴　譯

張景然 博士　校閱

ACCEPTANCE AND CHANGE IN COUPLE THERAPY

ISBN 957-0453-98-2

Printed in Taiwan, Republic of China

前言與誌謝

在 1985 年的某一日，我收到一份讓我感到沮喪的信件。那封信告知，我在 1979 年讀研究所時，所寫的治療手冊實用性不高。那時對我而言，傳統的行爲婚姻治療並不能讓我感到滿意。在同時，我與幾個同事(Bill Follette, Dick Revenstorf)開始深入以科學的方法驗證行爲婚姻治療的效果。我發現 Kurt Hahlweg， Don Baucom 以及 Gayla Margolin 等人的研究室發表的文章有不錯的結果。一年後，我跟 Karen Schmaling， Victoria Follette , Lisa Wood 以及 Janice Katt 完成一項研究，發現研究生新手在進行行爲婚姻治療時，會產生與老手相同的效果。

爲了發展更好的治療模式，我開始統整相關研究，自己的治療經驗，閱讀相關書籍以及與其他人討論，將自己的功力統整來寫這本書。爲了讓這本書的內容更加豐富，我不只是閱讀專業文獻，還讀了一些通俗文章，讓自己有更開拓的視野與創造力的思維來撰寫此書。哥倫比亞大學的研究生 Sue Johnson 遠道而來，也與我分享了不少經驗與想法。她從她的心靈導師 Les Greenberg 的想法中，整理出一些關於夫妻的新觀念。她們發展出「情緒中心婚姻治療法」。不只是這些創新學者的想法影響著我，老學者 Skinner 的作品也深深地影響我的想法。雖然，這個時代有一種反行爲主義的思潮，但是還是可以從這些老前輩的思想中，找出一些瑰寶。

我的朋友以及同事 Bob Kohlenberg 也深深影響著我的一些想法。Bob 是一個行爲主義學者，他相當熟稔行爲主義的思潮與原理。他讓我了解行爲主義的根源以及行爲治療的核心原理與效用。他也讓我了解夫妻互動中的功能反應。雖然我以前跟他一起教行爲治療的相關課程，直到 1985 年，我才深深體會「行爲主義的精髓」。

有一次，我靈機一動，在我的診所進行一項測試。那天我完全放棄了任何治療規則，一切照著自己的直覺反應走，結果效果更加。這時，讓我有所衝擊—是我不斷嘗試的理論有效，還是我心中根源的思唯更加重要呢？這些臨床經驗也是影響著我的思考。

最後，要提一個治療師 Dan Wile，他在 1981 年寫了一本相當有衝擊性的書。一開始，我會覺得他寫的太簡單了，但是後來發現，他的東西越讀越有味道。在本書中的一些技巧，就是引自他的概念。另外，他認爲衝突並非壞事，有時反而可促進兩人間的互動。在他的文章中，會讓我有一種新的體悟，對人有一種新的觀點。你會發現，人不在是一種只會怪罪自己的個體，反而是一種會善待自己的一種生物體。

在 1989 年到 1991 年間，我採用接納的概念進入我對夫妻的治療中。在行爲治療中，我的同事 Marsha Linehan 首度採用接納的概念進入治療中。他的想法主要是在談自我接納，而我將他的概念修飾後，轉向夫妻間的治療。事實上，除了我們採用接納的概念以外，Steve Hayes 也整合了接納的概念於治療中，也就是現在的「承諾接納治療」。我在 1987 年編著的書中，他也跟據這個主題，在書中專章討問。

在 1989 年我接到國家心理衛生研究院委托的生涯發展研究計畫，這個計畫支付了我 75%的經費，我就花更多心力在相關工作上。我也拿到華盛頓大學的獎助金，也進行了參訪研究。在 1991 年，我跟與我亦師亦友的 Andy Christensen 從 UCLA 回來。我經由 Gayla Margolin 的介紹與 Andy Christensen 結緣，感覺跟他相當投緣，有一種一見如故的感覺。他是一個相當嚴謹的科學家，反覆的驗證自己的一些學說，相當仔細的檢驗他的假設。他剛來我的實驗室時，研究主題在於婚姻衝突。但同時我也邀請他參與一些臨床工作的討論。在臨床上，我跟他都是同一學派。所以在討論上會有相當多的激盪。事實上，在那時「接納」變成我們之間的共通語言。

這完成這本書的前五年，研究工作 臨床工作以及教學工作不斷，以至這本書生產耗時。在這時，Andy 成爲我的盟友。在 1995 年七月二日時，我與 Virginia Rutter 結婚時。他還當我的伴郎。說實話，能與這樣的盟友一同奮鬥是相當愉快的事，也希望我們可以一起繼續下去。

這本書的完成是靠很多人的協助。雖然我跟 Andy 是主要執筆者，可是其他人的回饋與建議也是相當重要的隱形作者，如主編 Susan Munro，在 1989 年十二月三十一日，這本書的理念剛成形時，她就投注相當多的心力。Virginia Rutter 她不斷地在我身邊支持著我，也給予很多回饋。在第十章，Julie Cisz 是幕後的推手。我的研究生 Stacey Prince 在臨床的案例上給予相當多的協助，Kelly Koerner 給我很多反思的機會。其他的研究生，如 James Cordova，Jaslean La Taillade， Julia Babcock 與 Michael Addis 他們在治療實務上給予相當多的回饋以及案例資料同時，這些人也都是這個療法訓練下的子弟兵，Deborah Wilk，Peter Fehrenbach，Susan Clancy 與 Joan Fiore，Sara Berns 則是目前浸潤在本療法中的人。另外，我的得力助手 Joan Giacommi 則是協助我多年相關工作的助理，也由於他的協助，讓我在行事上無後顧之憂。這本書的完成，不只是靠書背上的作者，還包含很多相關的人士頂力相助，在此感謝他們。

另外，要特別感謝 John Gottman，他是我的同事，也是我的好伙伴，在完成此書時，他協助了我不少臨床研究與教學工作。同時，我們也經常交流相關經驗，如婚姻、親密關係等，這樣的討論，讓我的思維更加清晰。他是一個大力的推手，讓我完成這本書。

Neil S. Jacbson

西雅圖 1996 年 4 月

1970 年代，我在奧瑞岡大學讀研究所時，當時正是行爲主義盛行的時後。Jerry Patterson 與 Steve Johnson 他們將行爲改變技術應用到家族治療之中。Robert Weiss 與 Patterson 發展了行爲取向的夫妻治療。Joe LoPiccolo 試圖將行爲治療應用在性功能障礙的人身上。我那時就浸在這種行爲取向的氣氛之中。

我記得在研究所接得的第一個婚姻治療的個案對我而言是一種創傷經驗。一對冤家夫妻，他們互相攻詰但是卻害怕離異。他們覺得這是一段孽緣，於是尋求協助，希望能夠找出解套的方法。

很幸運的是，當時我的共同治療師是 Gayla Margolin，督導是 Robert Weiss。這次的治療是我一個學習的經驗，當然一開始並不太順利。我後來就加入 Weiss 的治療團隊中。他的幽默與智慧讓我受益無窮。在我的研究所生涯中，Weiss 的督導與 Gayla 的協助，讓我展開多次的夫妻治療。在這時，有不少的成功經驗，當然也有不少受挫的經驗。對我而言，這場治療的學習歷程，永生難忘。

我在 Rutger，完成實習訓練，轉戰 UCLA。很幸運的，我的好同事 Gayla 也在 UCLA。我們在那一起接受家庭系統理論的洗禮。在奧瑞岡時期，我們篤性行爲主義，採用行爲分析來看行爲產生的前因後果。我們後來接受了家庭系統理論，將家庭動力當做行爲產生之前置因素。當時，認爲兒童偏差行爲不在只是當時的一些手足衝突所致，還可能是前夜父母親吵架奠基的隱憂。

我們後來一起進行一項有關家庭系統理論的研究。其中一部份就是結合行爲婚姻治療與行爲家庭治療之理念，來探討婚姻與兒童偏差行爲之關係。我們合做無間，整個理念從行爲一直擴張到家庭。這個時期，Gayla 對我的影響甚巨。

我在 UCLA 那幾年，Harold Kelley 找了九位社會心理學與臨床心理學家，一同探討各國親密關係的議題。他當時邀請我一起參與討論，同時也接到國科會的贊助。我們一同工作三年多，統整了親密關係的概念架構。在**親密關係**這本書中，展現了我們的努力成果，你可以在其中看到我們對親密關係的分析架構。在這本書中，我寫了一篇文章，來說明夫妻治療與家庭治療的異與同。在這個時期，要相當感謝合作同人與 Harold Kelley。

科學哲學提供了一些思維，協助我們區分現象探索與驗證之原則。在現象中行成一些理論概念，採用科學的邏輯推論來進行概念之驗證。科學的研究方法可以幫助我們進行概念之驗證。在探索階段，經驗、直覺與創造力，幫助我們形成一些想法。雖然在過去的研究生涯中，行爲治療的效用已經被接納與驗證了。但是，在我的臨床經驗中，我與現象的互動激起了我一些新的想法。

當我採用傳統行爲夫妻治療時，我遭遇到一些困境。照研究結果來看，原先預期產生的效果卻沒看到。這時會發現，我的努力與成效並不成比例。在我的關係中，也發現這些治療原則也無助於我的親密關係。在其中，我發現「以我爲出發點的陳述」、「反應」、「重述語句」等技巧是相當困難的工作。我太太告訴我說，真誠最重要。我後來發現，我越注意改變，反而造成更多的反效果。有些人只是想抱怨而非要改變。有時，改變現況並不一定能增近親密關係。

在我進行夫妻治療中，我開始不在執著治療技巧。我開始採用行爲主義的概念以及問題分析的策略。過去學習到的技巧也漸漸拋在腦後，而只是採用一些核心理念進行治療。這時無招勝有招，我採用更彈性的方式思維治療，同時也開始深入探討治療背後的哲學理念。過去的西方思潮不在是唯一的想法，這個世界上還是有另一種視野來關照世界。

這個時期，我參與了 Dan Wile 的訓練工作坊。在其中發現，他的一些理念與我相去不遠。我這時也在思考，我該當那種治療師呢？

我後來認識了 Neil Jacbson，他與 Gayla Margolin 一同出版了一本夫妻治療的書。當時他邀請我去西雅圖進行合作。我相當高興地過去參與他的工作，同時也展開臨床上的工作。說老實話，我是一個傳統行爲主義背景出生的治療師，在那個環境很容易產生他人的挑戰。

我非常驚訝 Neil 的反應，他並沒有挑戰我的取向，反而是對我的取向充滿興趣。在我們的討論之中，我們漸漸整合雙方的取向，從其中找到一些平衡點。我們也發展出了一套新的治療方向，同時也升請研究計畫進行相關研究。

這前五年，我們工作相當密切。在臨床與研究中發展我們的新取向，在同時，我也發展出我的行爲理論架構。在這個時期，我們合作相當愉快。雖然我們各自可以發展自己的研究與臨床工作，但在合作中，可以感受到一加一大於二的效能

在先前的整合治療研究中，我們訓練出五名專業人員：Deborah Wilk，Peter Fehrenbach，Susan Price，Steve Clancy，與 Joan Fiore。我花許多時間與他們進行討論與督導。在這些討論互動中，不斷地修正與調整我們的治療取向。這個經驗也讓我的治療取向更加清晰。也感謝這些人的參與，讓本取向更加清礎。

在撰寫這本書的過程中，有兩個人必需特別提出來感謝的。一個是編輯 Susan Munro，她提供相當多的建議。另一個是 Giacommi 他協助我進行文稿的撰寫。

這本書的完成是透過不少人的協助，當然還要感謝我的家人——我太太 Louise 我女兒 Lisa 以及我兒子 Sean，他們都是我背後支持的力量。他們讓我體會到，人際間的親密與情感，也促進我對家人關係有更深的省思。

Andrew Christensen

洛杉磯 1996 年 4 月

目錄

第一章　從改變到接納 001
傳統行爲取向的婚姻治療理論 002
行為交流（BE） 002
溝通／問題解決訓練（CPT） 003
傳統行爲治療的不足 004
影響傳統行爲治療成功的因素 005
承諾 005
年齡 006
情感投入 006
傳統性 007
婚姻目標的一致性 007
接納：傳統行爲治療忽略的重心 008
什麼是親密關係中的「接納」？ 010
整合接納與改變的含意 012
勸說與幫助的區別 012
整合取向治療對於離婚的意義為何？ 013
接納是完全接受另一半的所有行為嗎？ 015
治療師的立場 016
整合性婚姻治療（ICT）效果的試行結果 016

第二章　由相愛到戰爭 019
配偶選擇 020
不相容的產生 021

相似、互補和不相容 021
不相容的範圍 024
不相容所造成的後果 026
高壓手段 026
相互批評 029
極端化 030
處理夫妻之間的不相容 031
不相容的程度 031
吸引力 032
人格 032
衝突解決技巧 033
壓力情境 034

第三章　問題架構 037
主題 038
親密—疏離 039
控制與責任 040
你不愛我，是的，我不愛你，因為是你不愛我 042
藝術家與科學家 042
保守與不保守 043
極端化過程 044
親密—疏離 046
控制與責任 047
你不愛我，是的，我不愛你，因為是你不愛我 047
藝術家與科學家 048
保守與不保守 049
相互束縛 049
Sally 和 Fred 051

Fran 和 Henry 051
Mary 和 John 051
Gary 和 Bertha 052
Patrick 和 Michelle 052
Tanya 和 Cal 053
ICT 中的統整原則 053

第四章　衡鑑與回饋 055
治療的開始——初次晤談 057
夫妻剛進入治療者辦公室時的狀態 057
問題範圍的衡鑑 067
回饋階段 075
結論 080

第五章　整合性婚姻治療（ICT）概論 083
治療性改變的理論 083
行為的功能性分析 085
情緒是一種提示與線索 086
逐步塑造行為與以規範管理行為 087
介入方式的基本類型 089
接納的介入方式 089
改變策略 090
介入順序的決定 091
一個典型的 ICT 會談架構 093
ICT 的臨床技巧 094
專注於適當的素材作功能性分析 094
對於治療當下的敏感度 095
接納 096

深入與聚焦在問題架構的能力 096
維持治療氣氛的能力（即使衝突還沒有消除） 097
巧妙應用語言的能力 098
察覺何時要停止治療 098

第六章 透過接納增加親密感 099
同理問題 099
接納的語言 101
三種主要策略的優缺點 103
治療對話的焦點 106
Henry 和 Fran 109
Sally 和 Fred：衝突中的衝突 112
抽離 117
John 和 Mary：不要說你愛我；先管好你自己 119

第七章 由建立忍受力增加情感的接納 125
指出負向行爲的正向特徵 126
Patrick 和 Michelle：科學家與藝術家 129
在治療晤談中進行負向行爲的角色扮演 132
Randy 和 Ginger：你是要我還是要我的錢？ 134
假扮在家裡發生的負向行爲 138
Michelle 和 Patrick 又來了：ICT 可以治療季節性情感疾患嗎？ 139
透過自我照顧來增加情感的接納 142
需求滿足的替代方式 143
在爭吵時、極端化過程和其他負向互動時的自我照顧行為 144
結論 145

第八章　行為交流策略 147
增強消退 149
增強消退是婚姻治療中最具代表性的問題 150
行為交流法是克服增強消退的療法 151
BE 是整合性婚姻治療法中的一部分 151
典型的行爲交流任務 152
第一項作業 153
接下來的治療時段 153
下一個任務 155
配偶初次嘗試增進婚姻滿意度後的調查 157
家庭作業與依循家庭作業 159
解釋理由與強調任務的重要性 162
讓配偶參與任務的細節討論 163
誇大任務的嫌惡性 163
預先想到不依循的原因並先發制人 164
確保配偶都了解任務 165
要配偶們簽署一項會依循作業的契約 165
在後續的諮商時段中採用家庭作業 166
家庭作業依循的最後手段 166
結論 167

第九章　溝通與衝突解決訓練 169
溝通與問題解決訓練（CPT）的指導技巧 172
指導 173
行為預演 173
回饋並持續練習直到熟悉 174
唯有在治療時段熟悉所有的溝通原則後，才能在家自行練習 175
減少治療師的控制：討論關係狀態的時段 175

溝通訓練的微妙 176
問題解決訓練的微妙 179
問題解決訓練在婚姻溝通中的角色 179
問題解決訓練並不能解決所有的問題 180
明白區分出問題解決訓練的界定問題與解決問題兩個階段 180
問題解決訓練的規則 181
問題解決的環境 182
問題解決的態度 183
問題界定與問題解決 184
結論：界定明確的問題 192
一般的法則 194
雙方對問題的界定 196
解決問題並達成改變的共識 199
評論 207
結論 208

第十章　性別、文化、種族、階級和性傾向的多樣性：臨床的含意 209
親密的法則：性別議題 210
同性配偶 213
種族多樣性，處理多樣的文化與階級 217
相關名詞的多樣性 225

第十一章　整合性婚姻治療（ICT）的特殊問題與考量 227
家庭暴力的評估與治療 227
偵測家庭暴力 228
判定危險的程度 230
安全規劃 231

書面文件的重要性 232
配偶治療在家庭暴力中的角色 233
婚外情 237
治療酗酒與藥物濫用者的特別考量 240
配偶治療法可以治療憂鬱症 242
健保醫療時代中的配偶治療 245
廣義的接納：心理治療層面與心靈層面 251
參考書目 257

第 1 章

從改變到接納

在 1970 年初期，行爲取向治療尚未成爲臨床心裡學的主流之時，就有一些學者開始思考將行爲原理運用在臨床工作中。十年後，行爲取向治療成爲臨床心裡學的主流，而且行爲主義開始根植在心理治療的根本之中。在本章以及其他章節，我們皆會再度強調行爲主義的重要。

第一位將行爲原則應用在治療配偶上的是 Richard B. Stuart（1969），他與 Gerald R. Patterson 及 Robert L. Weiss 一同帶領一個行爲取向的婚姻團體（Weiss, Hops & Patterson, 1973），這一項有創意的研究將原本用在某些團體治療的技術，應用在痛苦的婚姻之上；例如：例如原本被用在精神分裂症病人行爲訓練的代幣制度，他教導配偶們依照此種**代幣制度**，應用在家庭的生活中。在他們所帶領的團體強調學習新行爲，同時也處理了因社會技巧缺乏所產生的人際問題。同時也有其他使用行爲技巧的團體介入計畫，Knox（1971）甚至寫了一本有關對夫妻使用團體技術介入的書。

早期的這些工作都是實驗性質的，因此爲了建立充足的知識，必須收集大量的研究以支持的這種新潮的做法。Jacobson（1977）致力於收集這一方面的證據；他使用隨機的分派設計以驗證婚姻治療的效果，在以 Jacobson 爲主要治療師的治療團體（行爲治療組及控制組各五對夫妻）中，發現行爲治療有顯著的效果。受到這個結果的激勵後，Jacobson（1978a）繼續鑽研這個主題，並且企圖釐清這個治療效果來自於行爲技巧的介入，而非其他婚姻治療常見的方法。事實上，Jacobson（1979）在醫院實習時，完成了三個研究，並且證實這種行爲取向的治療對於住院的精神科病人及其配偶有效果。

Jacobson 後來進入 Iowa 大學心理學系繼續鑽研後，他與 Anderson 發現嘗試過一連串的行爲技巧，包括教導、行爲演練、或者是其他臨床上應用的技巧，其中著重在「溝通」與「衝突解決」技巧效果最鉅（Jacobson & Anderson, 1980）。

Christensen 也從事有關婚姻治療的研究，早期他曾經發表一篇名爲「婚約、認知以及改變：行爲取向的婚姻治療」的論文（Margolin Christensen & Weiss, 1975），特別在行爲取向的婚姻治療中加入認知的成分。在 1978 年，他取得 UCLA 的教職後，他開始與多位社會與臨床心理學家發展一套分析親密關係的理論架構，並且在 1983 年時使用這一套分析架構以及行爲的取向進行婚姻以及家庭關係的介入。

傳統行為取向的婚姻治療理論

自從 1979 年之後，許多有關行爲理論應用在婚姻治療的方法很多，雖然每個人的技巧巧妙各有不同，但至少都有兩個相似的概念：行爲交流（behavior exchange）和溝通／問題解決訓練（communication / problem-solving training）。

行為交流（BE）

行爲交流歷程來自於社會心理學中的「社會交易理論」的技巧，以及行爲技巧，他包含了早期 Stuart（1980）使用的「關懷日」與「恩愛日」的代幣制度，以及一些 Jacobson 和 Margolin（1979）所使用的策略。行爲交流策略的目的是希望夫妻可以在家增加正向行爲與減少負向行爲的交流頻率，在 Gottman（1993）的研究中，他認爲正向行爲與負向行爲的理想平衡是穩定的婚姻關係中所必須的，治療師使用行爲交流爲主要的治療技巧，以使夫妻們在家中可以增加正向行爲與減少負向行爲；因此，我們可以將行爲交流策略視爲一種幫助夫妻在家中可以增加正向行爲與減少負向行爲的技巧。行爲交流的介入主要是爲了夫妻在家中的行爲，而非夫妻在治療情境中的行爲，也就是說，行爲交流的介入並不關心夫妻的溝通訓練，而是強調直接立即的解決夫妻們溝通上的困境，治療者的角色即是一種引導者，包括在治療中作業的分派以及幫助夫妻消除前嫌。

在 1980 年代早期，Jacobson 的治療模式認爲行爲交流（BE）應該會快速的達到效果，但是治療效果卻不會持續的太久，因爲夫妻並沒有在治療結束後，帶走任何學習到的東西，他們並不會成爲自己的治療者，當治療師使用 BE 時，夫妻們的溝通技巧並沒有增進。簡單來說，使用 BE 可以預期有快速的改變效果，但是無法持續太久，它可以快速解決呈現的問題，但是也只是暫時的。

溝通／問題解決訓練（CPT）

溝通問題解決訓練（CPT），剛好是 BE 的相反，並不是將焦點放在立即的問題，也不強調短期效果的正向與負向互動行爲；相反的，焦點在於教導夫妻一些溝通與問題解決技巧，以便以後遇到問題可以自行解決；假如夫妻被教導去解決他們的問題，那麼未來他們若又遭遇到衝突，他們可以利用學習到的技巧去解決它。假如一位治療者只使用 CPT，那麼可以預期的是改變並不會立即見效，然而，長久來看，夫妻互動的品質會漸漸增加，衝突解決的狀況也會更好，而更重要的是，可以預期在治療結束後，改變仍會繼續，因爲夫妻們可以繼續處理自己的問題，每次問題發生時，皆可以利用治療中所學來改善。

BE 和 CPT 若是可以同時使用效果會更好；夫妻們可以經由 BE 得到短期的效果，而這短期的效果可以讓他們更有信心與動力，以接受 CPT 的訓練，而接受 CPT 的訓練後，也才能產生長期的治療效果。也就是說，BE 產生立即的改變，而 CPT 延續改變的效果，並且防止復發。

傳統行為治療的不足

在 1984 年的研究中，前一章所描述的改變理論受到了驗證（Jacobson, 1984；Jacobson & Follette, 1985; Jacobson, Follette & Pagle, 1986; Jacobson, Schmaling & Holfzworth-Munroe, 1987），在隨機分派的實驗嘗試中，Jacobson 將受試的夫妻分派至：⑴包含 BE 和 CPT 的治療（CO 組）；⑵只使用 BE 的治療；⑶只使用 CPT 的治療；⑷等待名單控制組。首先，他們發現，在治療一開始，雖然所有的治療組都有改變效果，但 BE 組的改變比其他組的改變大；其次，BE 組比其他組可以更有效的改變夫妻在家中正向行爲與負向行爲的比率；第三，CPT 組比 BE 組可以更成功的改善溝通與增加衝突解決技巧，而事實上，這也是唯一與控制組相比有改善溝通效果的一組；第四，BE 組在六個月後的復發率是最高的，相對上來說，接受 CPT 的夫妻的復發速度就較慢。但有趣的是，在兩年之後的追蹤中，接受 CPT 的夫妻選擇離婚者比接受 BE 的夫妻高，這可能是當夫妻只接受 CPT 而沒有接受 BE，他們的關係仍是脆弱的，而經過改善的溝通技巧，因而使他們最後認爲可能離婚是比較好的選擇；換句話說，若是沒有接受 BE 使正向行爲互動增加，只使用 CPT 仍可能是有危險的。然而，若只算接受 CPT 但沒有離婚的夫妻以及 CO 組的夫妻，則比 BE 組的夫妻有較爲提高的婚姻滿意度，另外，這兩組夫妻甚至在治療結束後仍持續改善。

總和來說，CO 的效果大於其組成的兩個成分——BE 和 CPT 單獨使用所帶來的效果，CO 組的夫妻在治療結束後感受到婚姻滿意度的改善，而且沒有任何一對 CO 夫妻，在後續的追蹤中選擇離婚。也許選擇不離婚不一定可以當作婚姻滿意與穩定的良好指標，但是若綜合評估婚姻的穩定與滿意可以清楚的看見 CO 的效果比其部分單獨執行的效果要好。

但令人失望的是，若以一杯水爲比喻，上述的研究結果其實只描述了半杯的水，而另一半的杯子則是空的，當 Jacobson 的研究團隊嘗試去考慮臨床上治療效果顯著的意義時（而非只考量統計上的顯著），他們就發現了這種杯子其實只有半滿的遺憾。即使是 CO 組的治療情境，仍有三分之一的夫妻並沒有辦法在治療的歷程中受惠，而在有改善效果的夫妻中，也有三分之一的夫妻在兩年之後的追蹤中問題復發了，甚至大部分是在治療結束後頭一年就發生。也就是說，這樣子的治療方是只能幫助大約是一半的夫妻，使他們不只在治療中有改善，且在治療後仍不至於復發。而當 Jacobson 他們也去評估其它婚姻治療的效果時，甚至發現治療效果有時後連一半都不到，這種50%左右的治療效果，在以傳統行爲取向爲主的婚姻治療中，是很普遍的現象。因此很顯然的是，仍有相當數量的夫妻並沒有在婚姻治療中受惠：也就是杯子是半滿的。

到底在傳統行爲治療中所忽略的是什麼？同樣的問題也在於：婚姻治療忽略了什麼，以致於沒有辦法有更高的治療成功率？

影響傳統行為治療成功的因素

Jacobson 和他的學生試圖找出在第一次與夫妻談話時，夫妻的正向或負向反應，以改善治療的效率（Jacobson, Follette & Pagle, 1986）。他們找出了五個「夫妻因素」（couple factors）用以區分成功或失敗的傳統團體治療。

承諾

無論接受治療的結果如何，如果夫妻決定仍在一起，則可能比將治療視爲**防止離婚**最後防線的夫妻更有可能有所改善。但這並不是說接近離婚的夫妻無法在治療中受惠，也不是說當夫妻承諾要在一起時，一定有較成功的治療。而是，當其他條件都相等時，承諾在一起的力量越強，則越有成功的反應。

年齡

在我們的治療取向中，較年輕的夫妻比年紀較大的夫妻反應較為正向，但就如「承諾」或是其他預測變項一樣，並沒有什麼神奇明確的區分點，反而有許多的例外。我們無法說低於某個年紀就保證有治療效果，也不能說我們拒絕治療較年長的夫妻，因為實際上我們的治療取向也幫助許多年紀較大的夫妻。但是，就平均上來說，較年輕的夫妻較可能受惠。

探討年齡的影響時，年齡可能是婚姻維持時間的產品：也許年齡與治療結果的關係存在於年紀較大的夫妻的婚姻維持的時間較長。換句話說，也許可以將假設視為：當夫妻在一起愈久，則愈難有所改變。儘管直覺上這是合理的說法，但是實證資料卻是不足的。因此治療的效果還是被歸因到年齡的先後順序；50 歲而剛在一起沒多久的夫妻，比 40 歲但卻在一起多年的夫妻更難治療。

情感投入

當夫妻投入愈多的情感時，在行為治療中比不投入情感的夫妻可以收穫更多。在此，情感投入是指兩人之間還有「化學作用」存在，儘管他們仍時有衝突。例如，當夫妻仍持續對彼此有性的興趣，則仍會有較好的預後（prognosis；Jacobson & Margolin, 1979）；然而，當性在兩人之間不再重要及頻繁，則預後並不是很樂觀；另外，兩人對於性的需求不同也不會有太好的結果。

情感投入也意味著是否夫妻都致力於投入衝突或避免衝突。Christensen 和 Heavey（1993）對於要求／退縮的研究中發現，當男性出現退縮的現象可以預測對於婚姻滿意度的降低；而當夫妻還在持續的爭論時，比已經停止爭吵而轉向沈默的夫妻來的有希望。

傳統性

我們的治療取向對於平等式的婚姻或是 Pepper Schwartz（1994）所稱的「同儕」婚姻，相對於傳統式的婚姻，更有成功的機會。根據我們的假設，「傳統性」的影響可以被區分爲三個層面：第一是對於經濟的控制與責任，在單薪家庭中，我們的治療取向並沒有辦法向在雙薪家庭中那樣的有效果。

第二，傳統性也意指「誰該做什麼」，在傳統婚姻中，工作或任務是依照性別刻板印象去分派的，而在平等的婚姻或同儕式的婚姻中，工作的分派是較少依賴在社會文化的常模上的；在治療中，認爲「家事是女人的責任」者的治療難度比認爲家事是必須要分攤者要高。

傳統性的第三個層面是，誰該負責維繫家中每個成員情緒上的適應，在傳統的婚姻中，維繫家中每個成員的健康與快樂是媽媽的責任，唯有當作丈夫的願意致力於瞭解其伴侶的情緒適應，而且願意在伴侶將這些情緒問題提出來之前，就與伴侶討論時，這樣子的夫妻才容易在我們的行爲取向的婚姻治療中獲益。

婚姻目標的一致性

一些夫妻他們即使在許多方面有所衝突，但是對於婚姻的目標卻是相似的。當夫妻被問及，他理想中的婚姻關係是什麼樣子的時候，夫妻對於理想關係的預期越一致，他們越容易在行爲治療中受惠。

舉例來說，Henry 和 Louise 相信他們的關係應是像小孩子一樣而且「爲今天而活」，他們希望大部分的時間都在一起，而且最好可以去旅行，他們對於生活抱有存在主義式的想法，認爲世界可能在任何時候結束掉，因此他們要把握每一時刻在一起享受生活。然而，他們也有許多的爭執，爲了許多原因：當有爭執時，他們兩人都是犀利的辯論家，例如誰該爲買新車負責的事，他們可以吵的越來越大聲與刻薄。然而，由於他們的目標是一致的，所以至少可以走向相同的結果。

像Henry和Louise這樣的夫妻接受行爲治療的效果就會比那些不想要相同婚姻結果的夫妻的效果要好，因爲這些夫妻隊於治療的目標分歧，因此很難在行爲治療中得到改善。例如：Dan 需要一個妻子，但是不想要花太多時間陪她；他對於他的工作和酒友比較有興趣，而且他也認爲自己該是一家之主，家事的劃分應該依照傳統的性別角色爲準；他的話不多，但是他相當嚴守自己在家庭中的角色，不喝太多酒、不賭博，而且也不參加宗教活動。Linda一開始同意這些規律，但是他發現自己在他們在一起的過程中，不斷的改變，當他們走進治療室時，他想要一個不同的婚姻，他想要分享照顧小孩的責任、家庭經濟的決定權、以及做一些在家中工作，他希望她的老公可以成爲一位女人可以信賴的朋友，而 Dan 則認爲他應該需要一個治療師幫她解決這些不切實際的期望。對他來說，他們的婚姻好的很，而他妻子的要求簡直是無理取鬧；他接受治療是爲了維持的他對婚姻的想法，而她接受治療則是爲了改變他對婚姻的想法，起碼是一種分享的想法。Dan 和 Linda 即是不具有相同目標的夫妻，他們不是理想的行爲治療候選對象。

接納：傳統行為治療忽略的重心

要瞭解在傳統行爲治療中到底遺漏了什麼，我們必須先探究之前幾個因子與造成的反應。上述五個因子——承諾、年齡、情感投入、傳統性、婚姻目標的一致性，都與夫妻之間的適應、妥協與合作的能力有關。換句話說，有越多承諾、越年輕、情感越投入、越不傳統、且目標越一致的夫妻越可能適應彼此，而且在關係改進的治療中，也更可以互相合作；相反的，若夫妻越是想離婚、年紀越大、情感越疏離、越是傳統、而且對於良好的婚姻看法不一致，他們就更不可能想要妥協、合作與適應彼此。

傳統行為治療將重心擺在承諾、妥協與合作的能力，當夫妻們有能力完成這些工作，則治療的過程將會很平順，但是當夫妻們不能保證可以做到承諾、妥協、合作時，傳統行為治療對他們的效果就變的很小了。Jacobson 及 Margolin（1979）發現一個棘手的問題是，許多的夫妻在接受治療時，總是被建議可能的做到妥協、適應，以致於合作；例如夫妻們可能會被要求承諾不管他們的感覺為何，要盡量的做到合作。但是可惜的是，我們現在知道，這種引出合作氣氛的技巧，所帶來的可能只是強迫接受的改變，即使有達到改變效果，其效果持續的時間也不會太長，因為他們的改變是規則導向的，在自然情境下很難持續。我們在之後會討論更多有關這種規則導向與循序塑造行為的治療的區別，因為這將是瞭解我們的治療方式與其他方式的重要分界。現在我們要瞭解的是，傳統行為治療有其明顯的限制：他只能在夫妻願意改變的情況下提供幫助。

事實上，一些夫妻在接受治療時，都已經有了真的沒有辦法化解的歧異。就如 Daniel B. Wile（1981）所說，一些婚姻的問題是無解的。這些具有無法化解的歧異或無解問題的夫妻們，在婚姻治療的消費群是很常見的，他們通常會試驗許多的婚姻治療，即使他們的問題真的難以解決。面對這樣子不能化解問題的夫妻，改善他們關係的唯一方式就是促進他們去「接納」那些原以為無法接納的事。這是在傳統的心理治療中不具有的概念，也沒有技術去達到促進夫妻接納其難以解決的歧異。因此，「接納」是傳統行為治療忽略的重心。

「接納」這個概念，對於一個成功的婚姻來說，就和結婚的儀式一樣的重要，某種程度上，他就像是保證卡一樣。我們的文化認為如果我們可以接受一件事，則我們就可以改變他，這隱藏在我們平常的用語或是通俗心理學上；對伴侶表現出接納是一項有助婚姻關係的工作，但是在治療中並不容易做到。

然而，從 1986 年起，我們決定一個完整的婚姻治療取向應包含「改變」

與「接納」兩部分，在發展這個整合取向的同時，我們受到很多臨床作者的影響，包括最著名的 Dan Wile（1981, 1995），一位傑出的治療者。最後，在 1991 年時，我們的充實知識以及實驗性質的臨床工作使我們不斷的探索與整合時，我們開始收集資料以與傳統行爲婚姻治療（TBCT）做驗證。Jacobson 對國家心理健康組織（National Institute of Mental Health, NIMH）提出了研究計畫，而 Christensen 則設計整合性婚姻治療（Integrative Couple Therapy, ICT）的治療計畫，最後在 1995 年時，我們發表了第一篇有關我們的治療取向的臨床描述。儘管作者的頭銜不斷的在改變，但是我們把自己視爲 ICT 的參與者及共同發展者。

什麼是親密關係中的「接納」？

大學字典定義接納是：「持有或是接受被給予的東西」。這個定義相當接近我們所說的接納的概念，即使在我們的文化中有時候接納會有其他的言外之意，例如接納有時候被用來代表認命、或是投降、屈服的動作。

換句話說，「接納」也可以被用在表示勉強接受無可避免的情境。幸運的是，這些都不是我們對於接納的定義，萬一我們真的是這麼想的話，則難以脫去男性主義式的治療的批評，因爲此時接納意指男性在治療中強迫女性去接受某些男性想要的，而實際上女性並不想在治療中得到的利益，女性通常是婚姻治療的求助者，而男性通常都是勉強來參加治療，因爲他們認爲自己的婚姻生活還算快樂，只要身邊的女人不要整天抱怨就好，此時強調接納會冒了與丈夫勾結，進而否認妻子對於婚姻關係改善的追求，也就是冒了強迫接受無可避免情境的風險。

「接納」在我們整合的治療取向中包括兩個成分。第一個成分是爲了親密而企圖使用手段掩蓋某些問題。大部分的婚姻治療將問題定義爲必須被連根拔除的部分，如此治療才有可能成功，但是，就如 Wile（1981）所指出的：透過衝突，關係可能真的達到改善，因爲問題可能產生親密感。我們的整合取向治療就是基於在適當治療情境的情況下，夫妻們可以透過他們的問題及衝突點，而建立起更親密的關係。因此，我們是用一種新的角度來看待婚姻問題，即問題與衝突可以成功的帶給夫妻們更親密的感覺以及許多的好處（這些好處在接下來的幾章將有詳細的說明）。

接納的第二個成分即是來自於幫助夫妻們互相「觸動」（let go）從受苦以至改變的過程。首先，他們觸動了他們彼此無法容忍的差異，尤其是這些差異已經導致他們無法由婚姻關係中得到他們想要的；接著，他們觸動的是希望將自己的另一半改造爲他們理想中的先生或太太。就如 Paul Watzlawick， John Weakland， Richard Fisch 等人在 1967 年所告訴我們的：夫妻們總是想要將他們的配偶轉爲與現在完全相反的形象（引自 Shoham, Rohrbaugh & Patterson, 1995）。企圖直接改變他們親密的伴侶，常常是自我毀傷的，大多是因爲效果不好，或是導致相反的效果。

我們將我們的治療視爲整合取向的，而且好像試圖將「接納」與「改變」做二分法，然而，實際上這種二分法是不正確的，因爲這兩種治療元素都會導致改變；他們一個是「直接執行改變」，而另一個則是具有改變的本質。在傳統改變取向的治療技術中，改變的過程常是由一個人（抱怨者）對於另一個人（被抱怨者）提出改變的要求。在治療過程中，夫妻們會不斷的輪流扮演這兩種角色；而在接納的過程中，則是抱怨者自己在改變，抱怨者主動降低或轉移某些東西。簡單來說，「改變」增加減少某些行爲的頻率，而「接納」則包含了情緒反應與行爲兩個層面的改變。

就如我們上面所說，把接納與改變做二分法是錯的，因爲接納的技術常常是產生改變最有效的方法。爲什麼呢？首先，因爲夫妻希望對方改變的方式常常是其婚姻最主要的問題，並導致他們必須尋求幫助；其次，因爲接納具有由受苦以至改變的意義，因此，真正的由婚姻問題的困擾中解放是產生改變的最佳方式。

簡單來說，接納是被用在處理極端的歧異與無法解決的問題，目的是希望可以增進親密的關係，透過使用這些歧異與無法解決的問題當作產親密感的方式，而非試圖消除他們。也就是說，夫妻可以學習到如何增加他們原來彼此所不喜歡行爲的忍受力，即使他們仍最期望可以將這些不喜歡的行爲去除。在理想的情況下，「接納」可以在某些問題上達到改變的效果，尤其是使用改變策略也無法解決的事件上。而接納策略可以幫助夫妻的途徑有三：透過使用衝突爲手段產生更多的親密感、培養容忍力、和引發改變。

若回頭再考慮性別上的差異，我們的經驗中，整合治療取向適用於夫妻關係中男女的任何一方。希望尋求頑固丈夫改變的太太比不再有所期望的太太更有可能達到效果，即使他們沒有得到他們所想要的，他們也會得到對他們來說更爲重要的東西。最後他們學習到，透過容忍與自我照顧的技巧，可以減少被負向行爲所引起的情緒。

然而，只專注於「接納」的治療，對於來求助者仍是有危險的，因爲他們來求助最主要的抱怨並沒有達到解決。因此，從一個結構的觀點來看，只強調接納的治療對於求助者來說是痛苦的或是從某些角度來說，是反對改變的。因此，在這裡必須指出的重點是，即使強調接納，我們仍不能放棄行爲治療所衍生的傳統改變技術。夫妻在接受我們的治療中，仍無法避免改變的技巧，爲了維持治療的平衡並且確定我們的取向是整合的，我們仍然會使用 BE 與 CPT，我們所做的是加進了「接納」的概念，以彌補傳統行爲取向婚姻治療的不足。事實上，我們認爲任何完整的治療就應該整合改變與接納這兩種策略。

整合接納與改變的含意

勸說與幫助的區別

在我們所提出的整合取向治療中，我們並不針對夫妻們必須要達到何種程度的接納與改變設定目標，我們將這些決定權交給個案。我們的責任只在於提供夫妻去探索接納與改變時適合的治療情境，而不是「勸說」夫妻去接納。

整合取向治療對於離婚的意義為何？

整合取向治療的任務在於提供一個情境，允許夫妻在其中決定他們的關係是否可以繼續。透過營造治療的氣氛，夫妻可以自由的探索關係中的接納與改變，我們提供了最大的機會去讓夫妻們決定自己的關係。

然而，也有可能最後的選擇會是夫妻中的任何一位或是兩者都認爲他們的關係在未來已經沒有希望了，因此離婚將會是他們最好的選擇；但我們並不將此視爲治療的失敗（即使是在隨機分敗的實驗嘗試中，這種結果必須被歸類爲治療失敗）。當治療師與夫妻一同工作時，我們認爲我們的職責在於促進這兩位坐在我們面前的個體有更好的舒適康樂，而且有一個重要的概念是，整體的效能小於部分的總和；整合性的治療的目的並不是解救婚姻關係，而是希望可以幫助夫妻們去估計自己的關係的未來性。

在臨床的工作坊中，我們時常被問到的是：「在什麼情況下，我們會同意兩個人應該分開？」這樣子的問題也包含反面的意義，「何種情況下該維持婚姻？」而我們的重點是，即使是在極糟的情況（例如婚姻暴力）下，我們仍不會做任何的建議。因此，我們認爲專業的訓練並不是要用來回答倫理、道德以及法律上的問題。在某一方面來說，心理治療（包括婚姻治療），是包含法律內涵的：治療師在幫助個案的過程中，不得不傳達（無論內隱或外顯）某些道德或法律的價值以維持與個案之間的關係；因此，因爲心理治療師具有如此權威的特色，所以對於他們的個案會有如此大的影響力，而這種權威的影響，是心理治療師必須敏感到的。然而，我們所受的訓練與在幫助夫妻上的專業知識，並沒有准予我們去影響他們（個案）依照自己的個人價值與道德背景所做的決定；當然，夫妻決定是否在一起是有許多的個別差異，我們個人的標準將無法適用於回答某對夫妻未來是否適合在一起。在這樣的觀點下，我們可以將自己（心理治療師）視爲具有雙重的角色：幫助行爲改變（與接納）的專業治療師，以及教會的牧師；當然我們並不是牧師，但是個案並沒有辦法去區分這一點，因此我們的工作就在於不要試圖扮演一道德的權威者，使得原本複雜的婚姻關係更爲模糊。

不過這並不表示我們不能依照我們的專業回答一些特殊問題，尤其是當我們具有某些基礎而做出預測時。例如，許多的夫妻都正往離婚的路上前進，這時候預測的正確性很高（Gottman, 1994），假如我們看到夫妻正往離婚的路上走，而且我們可以預測婚姻的滿意度將不會再有所增加，最好就將這些資訊呈現給夫妻知道。我們曾經跟個案這樣說過：「你可能將不會比現在更快樂（在不成功的治療的結論下），所以你必須決定是否你要維持住目前的滿意度，或是分開，在沒有對方的情況下重新建立自己的生活。」在另一對夫妻中，我們其中的一位曾如此說道：「十年的衝突已經使你們兩位不太可能在一起了，就我們的經驗可以預期到離婚的可能；也許，你們還沒有準備好要分開，在我的經驗中，人們在處理這個議題時，總會遭遇到一些衝突，而他們會在適當的時機自己做出適當的決定。這將會是你做過最重要的決定，即使我懷疑你們兩位是否可以繼續在一起，但我仍可能是錯的。」

這樣子的回答就產生一些實質的問題回應：首先是，「我們在一起會使情況更好的可能性有多少？」其次是，「你認爲我們最後仍是會離婚嗎？」這兩個問題都反映出治療的不成功，因而最後只好詢問治療師對他們立場的建議。當治療師必須針對這一對配偶是否必須要在一起做出建議時，治療師就必須回答上述這兩個實質問題；就算使用團體所形成的預測來估計個別夫妻仍有一些變數，但是治療師應該對這些問題提出適當的警告。

但是有些人不贊成我們的想法，他們認爲治療應該是勸和不勸離，因爲離婚會使得小孩子受到不好的影響？有關這個議題，我們在整本書中都會談到。而且我們有一些研究的證據提供我們回答這個問題，而我們的答案是「不需要」。最初關心離婚對小孩有不良影響的說法存在一些方法學上的問題，最近一些控制較好的研究指出，對小孩子有不良影響的是來自於離婚過程中的婚姻衝突，而非離婚本身，真正離婚所引起的影響是相當小且短暫的（Emery & Forehand, 1995；Heatherington, 1989）；而且小孩子對於父母離婚的反應也有個別差異，他們的年紀、性別、以及人格都會影響到他們的反應；再加上，父母在離婚之後的經濟狀況也會對小孩子的生活幸福感產生重大的影響。而且，目前也沒有證據指出父母為了小孩而不離婚對小孩有好的影響，事實上，有些小孩在父母離婚後反而過的較好。Eleanor Maccoby（Maccoby & Mnookin, 1992）在他們的研究中發現，假如父親在離婚後仍時常關心小孩，或者假如原生父母也在離婚後可以分擔父母照顧的責任，那麼小孩子的適應會比每天在父母衝突爭吵中的日子還要好。因此，負責任的治療師不應該強求為了小孩子著想而留下，離婚的衝突對小孩子的影響才是更重要的考量。

接納是完全接受另一半的所有行為嗎？

另一個常在我們的工作坊中被提及的問題是：「接納是指說要完全接受任何的負向行為嗎？」眼尖的讀者大概已經可以找到這個問題的答案。我們的整合治療不包括什麼行為可以接納而什麼行為不能接納的概念，因此，自然也不會強求必須要接納任何的行為。加上我們的治療取向並沒有任何的理論認為「接納就是好的」或是「接納比改變還好」，我們認為有效的治療是融合接納與改變兩個概念，然而，我們並不認為哪一種的改變方式較好，或是唯有接納才是最好且「應該」要嘗試的治療方式，雖然夫妻們會因為治療的情境而嘗試較多的接納，但是我們對於他們想要改變的需求與面對他們的接納一樣重視，要採取哪一種，則由夫妻自己決定。在我們的治療中，只是假設較多的夫妻採用接納之後得到較多的幫助。

此處的重點是某些行為我們也不能接納，最明顯的例子是肢體衝突。當身體攻擊情況嚴重，或者身體、情緒虐待已經失控，那麼採用婚姻治療是不恰當的，逮捕、起訴、懲罰或是夫妻分開接受治療是比較合適的處理方式。即使當婚姻治療進行中，輕微的身體攻擊（不構成肢體衝突），我們認為仍必須訂定「禁止暴力」的契約，當這個契約不被遵守時，婚姻治療就不再繼續進行。因爲肢體衝突的危險性（通常是太太）以及我們本身道德上、法律上的考量，我們有義務保護或防止婚姻暴力受害者的產生。我們相當習慣於將婚姻暴力視爲不被接納的行爲，因此以接納爲基礎的治療並不是禁止治療師不能對某些違反道德、法律與倫理的問題提出拒絕與限制。

治療師的立場

我們的整合取向治療是調整許多婚姻治療的方法，尤其是 TBCT，我們採取非教導式的形式，且強調確認（validation）、同理與不面質；而傳統行爲婚姻治療較強調面質，而且通常是教導式、教育式的；而我們的治療模式則是重視支持與同理，同時希望夫妻們也可以彼此這麼做。在接受我們的治療取訓練的治療師最常出現的錯誤即是責備夫妻，或是其他所謂治療介入的方式，我們企圖營造一種足以探索接納的環境，在此之前必須要先接納夫妻雙方，我們強調的不批評、不面質產生的觀點即是必須要接納連夫妻都彼此不願意或是無法接受的部分。

確認與同理並不是在接納的治療工作中才強調，在傳統的行爲技巧中也是重點。而在我們的治療模式中，家庭作業未完成是可以應用在治療中，而不合作的行爲也是理想的探索接納工作的機會，不願意練習建設性的溝通技巧也是瞭解個案的機會。事實上，一些我們學生告訴我們治療師的立場是我們與 TBCT 最大的區別。

整合性婚姻治療（ICT）效果的試行結果

當這本書在撰稿時，我們正在完成我們的整合治療與 TBCT 比較的嘗試研究。其中，16 對夫妻被隨機分派至 TBCT 或是 ICT，所有的夫妻都在華盛頓大學 Jacobson 的研究室與研究中心接受治療。一半的夫妻是由 Jacobson

督導，另一半則是由 Christensen 督導；五位治療師都受過兩種取向的訓練，採用 Jacobson 與 Margolin（1979）所發展的 TBCT 技巧，加上 Christensen 與 Jacobson（1991）發展的 ICT 治療策略；四位治療師是有執照的臨床心裡理師，而第五位則是受婚姻與家庭治療訓練課程的碩士；所有的治療過程都錄影，所以他們都可以藉此被督導。

當我們剛被提供經費以研究 ICT 的效果時，我們決定進行兩個地方的臨床試驗，一個地方是華盛頓大學，另一個地方是 UCLA。我們的經費來源，國家心理健康組織（MIMH），建議我們先做預試，以便瞭解 ICT 的效果。

重要的是，儘管這個研究的樣本很小，因而缺乏比較這兩種治療效果差異的統計上檢定力，然而接受 ICT 的夫妻仍比接受 TBCT 表現出較高的滿意度。事實上，這種在小樣本中統計上的顯著反映了統計的效果可能是很大的，以數據來看，TBCT 表現出典型的改善程度（50%），而接受 ICT 的夫妻表現出更大的進步（75%）。這樣的差異持續至一年後的追蹤：在一年後，接受 TBCT 八對有三對離婚，相對於 ICT 則沒有人離婚。

對我們研究質疑者認為我們有對 ICT 組的偏誤，因為我們對於 ICT 較為熱衷。我們回應這個質疑最好的證據來自於 TBCT 組在錄影後，由與研究無關者的專家評定治療者的能力與專業程度，北卡羅萊那大學的 Donald H. Baucom 評定我們 TBCT 組的錄影帶，並且對於治療者的評語是：「堪稱藝術的治療」。因此 TBCT 的結果與 Baucom 的評論都支持我們對於 TBCT 組並沒有特別忽略，也沒有特別偏好 ICT 組。

Cordova， Jacobson 和 Christensen 進一步檢驗這兩種治療情境的治療過程，包括治療是透過什麼歷程而有不同的效果。理論假設著重在夫妻們的溝通，比較的結果發現兩種治療情境的確有不同的改變歷程。

雖然我們驚訝於 ICT 的效果，但是，任何嘗試研究都只是一個開端；儘管多年來的工作坊不斷的訓練治療者運用我們的治療取向，但是這是第一次對於效果的驗證。當大多數的婚姻治療的常態是只能達到 50%的效果，我們相當希望 ICT 可以比現存的治療法進步更多。

在這本書中將詳述 ICT 治療法。我們先以 ICT 的角度分析婚姻的衝突，之後依照理論去探討如何對個案的問題形成架構，這是 ICT 的核心部分。從第四章開始，焦點將更爲臨床，我們將詳述與討論我們的衡鑑過程與策略；第五章提供 ICT 一個全盤的看法，包括結構與治療過程；第六章到第九章詳述促進接納與改變的特殊治療過程；而在第十章中則討論不同團體之間的差異性，以及如何將 ICT 應用在不同團體。最後一章則考量使用 ICT 的一些特殊問題。

第 2 章

由相愛到戰爭

一對夫妻來接受治療，並且陳述他們的問題，他對於關係的需求與她所要的不一樣，在他們雙方對於婚姻各有各的期待；因此他們會因爲這些歧異而產生激烈的衝突。他們似乎完全不適合彼此，他們兩人在一起剛好成爲完全不相容的伴侶。治療師也許會納悶：「這是一樁事先安排好的婚姻嗎？是否有其他有心人士強迫這一對冤家結婚的？是他們自己決定要在一起的嗎？」也許這真的是一件困難的決定。他們雖然是經由自由戀愛在一起的，但也可以發現他們並不完全了解對方就倉卒地結婚了。

當然大多數的夫妻（包括來接受治療者）都曾經歷過一段追求期，先是互相欣賞，之後在你情我願的情形下，選擇生活在一起。但是那些離婚者或在婚姻治療中失敗的夫妻，可能在結婚之後就開始改變他們的愛情故事，轉而發現從未愛過對方，他們是太早就被愛情迷惑住了，或是被他們的伴侶所誤導了；然而也有一部份的人會堅信他們的愛情，捍衛他們的決定，並且樂觀的看待未來。

這一段由追求、相愛至結婚，而最終離婚的過程，是一個人的生活中，最戲劇化的經驗；在某一點上，這些伴侶彼此熱烈的相愛與承諾，而且他們都告訴對方，他（她）是他一生中最美好的依靠；但震驚的是，之後他們卻對對方生氣與失望，希望自己從沒遇見過對方，而且打算將他（她）逐出自己的生活。瞭解這一段由相愛至戰爭的過程對我們來講是很重要的，因爲如此才能幫助夫妻們避免這種情形。

夫妻間的不相容是經常發生的生活事件，而我們也認爲這些經驗都是一種痛苦的開始，尤其是當其中一方企圖控制這些不相容的部分時，就開啓了這一段痛苦的轉變路徑。如果我們可以了解夫妻間這些不相容的期待是如何在生活中運作與處理的話，我們就可以幫助夫妻們接納這些不相容的部分，並進而調適它們。因爲這種不相容的差異始於關係之初，所以我們將由配偶選擇的議題開始談起。

配偶選擇

配偶選擇的理論強調**物以類聚**（homogamy）以及**互補不足**（heterogamy），前只是指人會尋找與他們相似者結婚，而後者則是指人們會找與自己相異者結婚；這兩種說法都有證據說明，而證據較多的是物以類聚（Surra, 1990）。

其中核心的重點在於，何種因素會強化兩人間的交流互動。配偶的選擇是基於兩人間正向的交流互動；關係間的正向因素會增加兩個人在擇偶時選擇對方的機率，而關係間的負向因素則會降低兩個人在擇偶中選擇對方的機率。

增強可能會透過「相似」或「互補」來達到？首先談到「相似」。假如夫妻們之間具有相似的背景、價值觀以及興趣，那麼就較易產生具增強性質的對談，他們可能都喜歡聊運動、政治或是電影，他們可以在對談中得到對方的讚賞，而且相似並不只是帶來正向的對話，也會帶來相互增強的行動，因爲興趣與價值觀相近，夫妻們可能會很快樂的一起上教堂、一起去打網球、一起去戲院、一起去遊行等，而且相似也可以達到做決定的一致，例如一起決定投資。相似的價值觀與教育程度可能會一起選擇在學區的房子，而不會選擇在工業區的好房子。從行爲的觀點來看，可以發現夫妻之間的相似並沒有什麼好訝異的。

「互補」也是夫妻之間增強的來源。對於性需求上的互補是夫妻之間滿意的性生活的基礎。對話中有不同的觀點，有時會產生許多的朝氣；夫妻之間有不同的種族或是社會階層，反而會產生許多有趣的地方；角色的不同也會促進生活中一些重要事件的同化，例如當其中一人喜歡當家庭主婦，而另一人喜歡出外工作，那麼這個家庭將可以同事負擔家計以及照顧小孩的責任；因此角色的不同，也可能消弭爭端，並導致增強。例如 Dave 在家裡喜歡煮東西，Mary 可以增強他的這些行爲，並允許他自己決定時間用在工作或是烹飪，而不是爲了他把過多注意力放在烹飪而與他爭吵。相同的，如果 Mary 對於裝飾非常瞭解，Dave 也可以稱讚她的品味很好，並且讓他決定她要不要花時間在裝飾上以及未來要買什麼東西，而不是與她爲了她將經歷放在裝飾而不顧其他事情而爭吵。相異之處會彌補夫妻生活之間的鴻溝，而且使得他們彼此的生活更爲完整。例如 Jennifer，他相當的勤奮與負責，而 Troy 則是一位享樂主義者，當他們生活在一起時，Jennifer 可以幫助 Troy 瞭解哪些責任是他所必須知道且負起的。而例如 James 與 Anna，他們在情緒表達上不一致，Anna 相當的、熱情積極、主動，而 James 情感上較木訥、以及較爲謹慎，這使得 James 的生活常受到熱情感召，而 Anna 的生活則受到謹慎的約束。因此，相似與相異都是配偶選擇中，會產生增強的來源。

不相容的產生

相似、互補和不相容

相似與互補，雖然都是相互吸引的基礎，但是也是不相容的根源。通常，夫妻之間的相異處，有時候會引發許多衝突。讓我再來看剛剛提到過的 Jennifer 與 Troy，Jennifer 被 Troy 那種隨時享樂的感覺所吸引，她跟他在一起可以感到與別人相處所沒有的快樂，而且和她在一起，他可以感到很輕鬆。Troy 也喜歡讓 Jennifer 快樂，而他也稱讚她是一位和自己親密無間的人。然而她喜歡讓自己的生活都可以受控制，他的公寓總是整齊與乾淨，好像隨時都可以邀請人進來坐一樣。在他們交往的時候，Troy 喜歡待在她那兒，反而不喜歡回到他那骯髒、混亂的公寓。而這些事情在交往時很吸引人但是卻對未來關係造成隱憂。Jennifer 希望可以存一些錢，可是 Troy 卻喜歡有多少花多少；Jennifer 喜歡先做完工作再玩樂，但是 Troy 則是立即享受人生的樂趣；她希望可以晚上好好睡一覺之後再去工作，但是他卻喜歡熬夜。這些衝突都來自於原本讓他們互相吸引的事情上面。

相似雖然是互相吸引的基礎，但也有可能轉變爲衝突的來源。讓我們來看看 Daniel 和 Joan，他們是在 1970 年代在大學中認識的。他們具有相似的求學經過，而且都投身於反對越戰的運動，興趣相似讓他們的愛更加堅強，在大學畢業之後，他們都從事民間團體，宣揚自己的理念；他們現在與兩個小孩住在兩間房間的住處，而 Daniel 則在報社上班。Joan 對於她的丈夫沒有辦法在工作上帶給這個家庭更好的生活感到生氣，而他的回答都會有性別議題有關：「爲何男性就必須負擔家計？」而她則反擊他根本無法養活孩子。而事實上，他們現在的處境與當初使他們彼此吸引的那些政治社會熱情有關。

就像我們所看到的，很多一開始使人互相欣賞的相似或相異之處，到做後卻變成關係中，令他們都厭惡的結果。但是不管我們如何在朋友中挑選那個合適者，或是透過電腦配對、單身派對等各種形式去仔細挑選，總是有可能遇到不完全符合的地方。

夫妻之間有嚴重的不相容情形，幾乎就保證他們的關係中會有衝突；讓我們再來看看 Derrick 和 Jenny，當他們結婚時，他不太去管 Jenny 跟他一樣都不會煮菜，而且也不想去學，當他們交往時，這都是無關緊要的事，因爲他們總是去外面吃飯。現在可好，Derrick 總是抱怨一天到晚吃外賣，他也開始認爲 Jenny 身爲女人，應該要開始去學怎麼做菜，因爲餐餐都出去出的消費給他們不少麻煩。但是 Jenny 則認爲在現在的社會中，煮菜不再是女人必須做的事，而且告訴他，現在世界上流行的是「家庭煮夫」，因此她認爲煮菜不是她的責任。

另一個有關夫妻之間相似但是導致衝突的例子是 Raymond 和 Donna，他們都和自己的原生家庭相當親近，這並非他們當時互相吸引的原因，反而是他們戀情開始時就有的一部份衝突，他們都不滿對方對於父母所做的一些事，包括利用假日的時間陪父母。

互補性比相似性更可能產生衝突。許多兩人互補的地方在交往的時候不是相互吸引的重點，而且通常都沒有被注意到，直到後來才成爲衝突的來源。來看看 Neil 和 Debra 在社交能力上的不同，Debra 相當外向善交際，他喜歡許多人圍繞著她，而 Neil 則很內向，只喜歡擁有一些親密的朋友；在他們交往的時候，它們之間的愛讓他們忽略這個部分，而專注於發展他們的關係；這樣的問題在 Neil 必須爲了工作時常出差時惡化，因爲這代表他們只有有限的時間可以在一起，當他們一起住時，他們時常爲了對朋友是否來訪的態度差異而起口角，Debra 希望朋友可以時常到他們家來，即使是突然來訪也無所謂，但是 Neil 希望他們的家是屬於自己的，他覺得這些突然來訪的朋友把他們將弄得一團亂。

會造成衝突的相似與互補性，通常是潛藏的，不會在一開始就產生問題。這可能是大家的在交往時的習慣，例如約會，總是專注於娛樂活動，而且重視「印象整飾」（做他人眼中好的行爲，或盡力符合他人的理想伴侶），盡量減少對追求沒有用的相似性以及無法調和的互補性的部分，但是當彼此的關係繼續進展而接觸的更爲頻繁時，他們卻會一起面臨很多相異點的挑戰；他們必須學會用不同的情緒去面對對方生活中的朋友與家人，而且必須應對得當；在這一段接觸對方世界的時間裡，他們可能發現在嗜好、習慣、價値觀以及行爲模式都不太相容，這是因爲雙方都是獨立的個體，有不同的成長經驗，他們不可能會在同一時間以同一方式去要求同一件東西，無論是基於相似性（例如雙方都喜歡裝飾自己的房子）或是相異性（例如雙方的性嗜好不同），夫妻之間出現不相容的情況都是無可避免的。而且這些不相容的部分對於個人都很重要，夫妻雙方不可能在治療中放的下這些部分與歧異，這些不相容的地方只會不斷地對一方或雙方帶來情緒困擾。

因爲這些關係不相容點都是變動的，不可能透過夫妻雙方認淸彼此需求，然後集中於他們的問題，然後進一步化解它；他們彼此獨立以及共同的生活經驗將會惡化這些不相容的地方，並將生活其他部分的重要性縮小，這樣子的情況甚至是這些不相容的地方產生時所沒有的。

讓我們來看看我們之前舉的第一個例子，看看不相容的部分如何影響雙方共同的生活；再一開始 Ben 和 Melinda 常為了 Melinda 是否該花時間去陪她的父母的是吵架，Ben 認為她的太太想跟她父母聯絡這麼頻繁，是一件很奇怪的事，甚至是一種對他們生活的干擾，但是 Ben 自己卻發現自己喜歡去拜訪自己的父母，而且對他們平安感到快樂，這樣子他們兩人所害怕的不相容部分會一直持續到兩人的關係完全解體。

例如 Jessica 和 Robert 在他們養育小孩的態度上就很相容，他們一起計畫何時、該如何以及該養育多少的孩子；但是有了孩子之後一些沒有預期的經驗卻造成了它們之間無法相容；他們原本計畫 Jessica 在小孩誕生後要盡快回去工作，但是小孩誕生後 Jessica 卻不想把自己的孩子交由別人託管，Robert 之前完全沒想到他們必須重新安排他們的生活計畫，包括了少了 Jessica 的這一份收入。

這些夫妻雙方各自獨立的生活可能使不相容的情況更好或更壞。Monica 和 Rodney 多年來為了他的工作的與家庭何為優先的事一直有所爭執，但是直到他發現自己在中年這個階段，要的不是工作，要的是親密的家庭後，他開始嘗試與家人保持親密；之後他們的爭執就消失了。當然我們可以輕易的想到另一個截然不同的劇本——某一個人的生活惡化了不相容的部分；例如 Anna 和 Daren 對於該如何保持彼此的親密程度有不同的想法，然而，當 Anna 開始做一份新的工作，這一份工作充滿挑戰與樂趣，所以她花了所有的時間在她的辦公室，而對 Daren 失去了以往的興趣，Daren 對於被 Anna 忽略相當的生氣，而他們以往生活的樂趣，也一下子就沒有了。

不相容的範圍

在人際關係中有兩個向度，亦即親密程度與不對稱性的程度（Kelley et al., 1983）。其中親密感指的是夫妻之間的互動的密集性。因為 Joe 和 Diane

不管是在什麼場合都互動頻繁，所以我們會說 Joe 和 Diane 會比 Bill 和 Susan 有更高的親密度。而不對稱性則指兩個成員在關係中一些本質上的差異。Joe 和 Diane 比 Bill 和 Susan 有更高的不對稱性，因為 Joe 在外工作，而 Diane 則是一位家庭主婦，Joe 總是性生活上的主動者，反觀 Diane 反而鮮少主動，Joe 很少與小孩子接觸，但是 Diane 卻相當的照顧小孩；相反的，Susan 和 Bill 都在外工作，在性生活上都會主動，而且他們對小孩的態度都是一樣的。這些夫妻之間本質上的不同，會引起角色的分化，並決定在他們的關係中，誰控制什麼，誰又該負責什麼。Joe 有性生活的主動權，但是 Diane 只有拒絕的權力；相對上，Bill 他們雙方都也主動權。

為了舉例說明這兩個向度上的重要性，讓我們來看看這兩個向度如何區分不同的關係。例如朋友關係與婚姻關係的不同在於後者有較親密的情感連結；而親子關係與婚姻關係雖然親密度上差不多，但是不同的是不對稱的地方，尤其是青少年的孩子，此時親子關係的不對稱性就與婚姻關係更不相同。這兩個向度還可以區分婚姻以及親子關係之中的不同階段。在婚姻關係剛形成之時的時候，雙方的是盡力增加親密感；而當親子關係的不斷發展中，是持續的在減少不對稱性，而事實上，當小孩子長大到可以撫養父母時，這種不對稱性剛好就倒過來。

這兩個重要特徵對人們是很重要的，因為他決定這是什麼樣的關係，同時也決定個人在這關係裡的角色。而，不相容的部分的產生也是透過這兩個向度。除非雙方都分享更深層的情感，否則 Jane 感覺佈道自己和 John 有什麼關係；而除非他可以管理自己的錢，否則 John 也不覺得自己想個男子漢。人們總是在這兩個向度上有不同的需求或盼望，因為每個人都有不同的基因組成，以及不同的成長故事，因此就會要求不同的親密感與不相稱性。

當然，這兩個向度並非完全就造成不相容部分的惡化，仍然有許多細小的、瑣碎的事情是夫妻雙方所不能忍受的；然而，這兩個向度卻常是夫妻雙方爭執時的重點。我們將在下一章探討這兩個向度以及其他造成不相容部分的因素，而現在讓我們再回過頭來看看不相容的部分所造成的結果。

不相容所造成的後果

在男女雙方的關係剛開始時，我們可以預期雙方都會詳細檢視與對方相似以及相異的地方，而因爲他們希望他們的關係可以更好，所以他們會盡力掩蓋或最小化他們之間的不一致；當他們發現伴侶有些部分和自己不吻合，他們會壓抑他們真實的期望，或是將他們想成正向的，也就是說，他們想透過特別的妥協方式去取悅他們的伴侶。

這樣子的相處策略，對雙方都造成一些損失。因爲不相容使得他們可能會被剝奪一些獲得增強機會，或是一直暴露在嫌惡的刺激中。假如 Bart 相信婚姻是之前交往過的男女朋友關係的結束，但 Claudia 認爲，之前的男朋友仍可以轉變爲親密的朋友，這個不相容的部分不但使得 Bart 感覺到嫉妒，同時也讓 Claudia 因爲失去朋友而感到失落；就算換成其他人有這種情形，也都會經歷到痛苦的衝突。

相同的，如果 Anna 因爲工作繁忙而不能像以前一樣多的時間與 Daren 在一起，而「在一起」這件事對 Daren 又是如此重要時，那麼 Anna 可能在工作時也充滿焦慮，或是害怕工作不保；在此，又是一個痛苦的衝突經驗。

因爲這些不相容的地方所造成的代價很高，夫妻雙方都沒有辦法忍受太久，他們的耐心會被磨光，而且他們會越來越難去否認彼此之間不適合；他們會爲了妥協而感到相當大的挫折，結果，他們就會將它們之間的衝突已公開且負向的方式表現出來，他們可能會強求那些他們想要的，也會相互批評對方沒有辦法符合自己的期望，他們也會使用退縮、罪惡或懲罰對方的方式去滿足那些未滿足的慾望，最終的結果就是高壓、強迫的手段。

高壓手段

Gerald Patterson 最早用行爲觀點解釋互相使用高壓手段的現象。當夫妻開始互相使用高壓手段時，通常是不斷提供令人厭惡的刺激，直到對方有反應，在某一方的人就會因爲對方表現出厭惡的反應，而得到正向增強（因爲對方終於有所回應），而另一方（回應者）就會因爲反擊而得到負向的增強（因爲令人厭惡的話終於停了）。因此，其中一人學習到，透過不斷的去惹惱對方，就可以得到對方的回應，而另一人則學到區從或是反擊，才能讓對方停止騷擾。來看看 Ptterson 與 Hops 早年提出的一個例子：

妻：你應該把紗窗修一修了。

夫：（沒有回應，繼續看著報紙。）

妻：（將音量放大）你說會做已經說了三個星期了！

夫：去你的！不要再煩我了。每當我一坐下來要看報紙，你就不停的碎碎念！

在這個情況中，丈夫將妻子訓練成必須要大聲咆哮他才會影反應，因此她下次在有需要時，她仍會對他的丈夫打吼大叫；而另一方面，丈夫也學會了怎麼將這煩人的嘮叨給終止掉。

由於增強間歇的出現，使這樣子的歷程更加複雜。由於屈服於對方對雙方而言，都需要很多的代價，因此夫妻總是沒有辦法互讓一步。他們互相提供了間歇性的增強，而非連續且規律的增強，而且間歇性的增強比連續性的增強更容易使行爲更根深蒂固，再加上，夫妻們總是不知不覺的再增加高壓手段的強度，他們不會在對方一使用高壓手段時就有反應，反而是累積至一定的痛苦之後再爆發出來，因此使得對方使用高壓手段的強度也不斷增強。

有一個例子可以說明這個歷程。Sharon 相當善於社交，比他的丈夫 Barry 好；在依照 Barry 的要求壓抑其社交活動一段時間後，她開始爆發出許多負向的情感，以表達自己想要的生活；在這之前，每一場宴會對她都是很有意義的，他輕視及批評 Barry 對她的生活沒有幫助，是「社交白癡」；最後他終於跟她去參加了宴會，因此她的高壓手段就受到了增強，在此同時，Barry 也終於擺脫太太的騷擾（批評與諷刺）；之後，他們時常在上演同樣的劇情。然而，在社交場合中，會另 Barry 感到不舒服，因此即使是爲了順從太太不讓他嘮叨，他仍是感到很不自在，因此有些他可能會覺得不舒服的宴會他就不會順從太太的意見去參加，然而，這卻對 Sharon 的批評與嘲諷行爲造成了間歇性的增強，無意間，他把 Sharon 的行爲塑造城越來越喜歡批評與嘲笑他；一開始他是爲不想被煩而勉強去參加，但是幾次他拒絕參加一些讓他不舒服的派對的方式，使得他的太太越來越嚴苛、兇狠。

我們使用上述的這些例子來描繪了一位夫妻中，使用高壓手段者會不斷的用負向的刺激要求對方回應，而被使用高壓手段壓迫者，則會反抗對方；然而，這種高壓手段很少是單向的，尤其是在夫妻雙方都使用高壓手段去達到自己的目的時，他們可能會使用許多不同的方式去達到不同的結果，但以行爲增強的角度來看，這些方式都是一樣的。例如，Barry 可能會在 Sharon 只照顧小孩卻不注意他時，把自己對 Sharon 的情感加以壓抑，而 Sharon 的間歇性的反應，只會使得 Barry 的高壓策略越來越強，就如她對他所採取的策略一樣；在這個歷程當中，是由 Barry 首先發起的。

因此，我們可以歸納出有兩種歷程都會發展出互相使用高壓手段的狀態。首先，夫妻雙方都可能使用他們自己的高壓手段，以求達到某些目的；其次，也可能是某一方在評量對方使用這些高壓手段後，決定也使用高壓手段去停止對方那些討人厭的行爲。而隨著雙方都不斷的使用高壓手段之後，兩個人之間的關係也就越來越多衝突，也越來越負向。

Christense 和 Pasch（1993）認爲這些負向、衝突的關係有三個行爲模式；第一，相互逃避（mutual avoidance）：夫妻雙方都發現了彼此之間的不一致，但是因爲他們認爲直接接觸太痛苦了，因而選擇逃避；第二種行爲模式是，互相以負向方式互動：雙方都用負向的方式去攻擊對方，攻擊對方的目的是希望對方可以改變成自己所期望的，但是對方卻很快的以同樣的方式去反擊，最後雙方都陷入憤怒、批評、懲罰式的關係；第三個行爲模式叫做要求—退縮（demand-withdraw）模式，當某一方使用負向的策略時，另一方則逃避這些負向的關係，這種模式對雙方都有立即的正向增強；夫妻因爲其中一人的逃避，而可以暫時不去碰觸兩人之間不相容的痛苦，而使用負向略的一方，也會覺得自己得到了一些自己想要的，但是他們彼此之間不相容的代價卻會越來越大；在要求—退縮模式中，其中一方希望可以希望透過負向的策略尋求一些好結果，而另一方則希望用退縮逃避的方式尋求好結果，但是這種惡性循環將導致彼此之間關係惡化更大的代價。

相互批評

當夫妻雙方的衝突越來越深的時候，他們會開始試者去瞭解它們之間的互動出了什麼問題，此時他們會希望判斷究竟誰該爲他們的互動負起責任；根據我們都相當熟悉的歸因理論與研究結果，我們可以預測夫妻雙方都會認爲對方必須爲關係惡化負全責。例如，Sharon 認爲 Barry 太自私自利，不願意嘗試克服對於社交情境中的不安全感，使得他們沒有辦法一起在社交場合中豐富他們的生活；而另一方面，Barry 則認爲 Sharon 太膚淺、庸俗，而且她逼迫他去參加宴會根本是因爲她太自私了；這樣子的歸因也影響了他們對於小孩的養育方式，因爲 Barry 不想讓他的孩子去接觸那些膚淺的宴會。因此，他們對於社交場合不同的態度，使得他們藉此相互批評。

在我們的經驗中，夫妻們可能會互相批評它們之間的差異達 1 至 3 年。一開始他們會認爲是對方的某些不好的地方造成這些差異，因爲對方的自私、不妥協、固執、自我中心、狂妄自大才會造成雙方的摩擦。就像 Sharon 和 Barry，他們互相認爲都是對方做的不好。

夫妻雙方接下來會使用更複雜的心理策略來批評彼此之間的差異性，他們會使用第二種方式來互相批評：認爲雙方的衝突是來自於對方情緒調適上不好，亦即並不是我們之間沒有太大差異，而是因爲你心理有病；你跟我不一樣是因爲你情緒上的不成熟、心理上的不健康、心智上不平衡、歇斯底里、神經質、過度焦慮、憂鬱或是人格上有病。

第三種互相批評的方式，夫妻雙方互相批評對方道德上有問題，或是具有一些精神疾病診斷，使得他們雙方都認爲彼此都沒有能力維持生活。並不是我們之間有問題，而是因爲你沒有辦法適應生活，你不知道如何對待一個男人（或女人），或不知道怎麼愛一個人、或不知道怎麼好好和人溝通，或是不知道怎麼表達自己的情感。

這些對於它們之間差異性的解釋，並非來自於對於它們之間問題原因的詳細思考，他們會互相向對方解釋自己認為的可能原因，但這些解釋都像是猜測性的指控。例如 Shraon 和 Barry 他們對於社交場合的態度與對待孩子的方式衝突之間的解釋，就充滿猜測性的指控；隨著時間越拖越長，它們之間的衝突就逐漸包括了原來的不一致的部分，和彼此對於衝突的歸因。

極端化

當夫妻們變的習於互相批評對方後，在互相攻擊對方的缺點下，他們會變的越來越極端，他們變得會去注意更多超出他們原本有的差異處；這樣子的改變透過相互剝奪與特別化逐漸產生，在經過互相使用手段與批評之後，夫妻雙方其就不太可能再彼此互相欣賞，因為有太多的憤怒與不悅的情緒阻礙了正向的互動；而且有時候夫妻雙方也會隱藏一些對方喜歡的正向互動，因此就像是剝奪對方原本可以得到的正向增強，而這樣子的剝奪手段，就會更加深了彼此對於對方可以提供的那些正向增強部分的渴望。例如，Sharon 被 Barry 剝奪了社交的機會，而這是她生命中相當重要的部分，她會對於這些部分更為渴望，而且會更盡力的爭取這些部分；另一方面，當 Barry 感受到越來越多來自於 Sharon 的要求壓力，他會更積極的去抵抗他老婆的這些攻擊，最後的情況是，當 Sharon 喜歡社交場合時，他會覺得自己更不需要社交的機會；因此，它們之間的差異性，也就變的越來越大。

另一個導致極端化的過程是經由夫妻關係中的分化或個別化，而這些過程通常伴隨著不協調的地方。人們總是對於自己所喜歡的事物比較在行，他們會作他們喜歡的，而這些練習機會使他們對這些是做的更純熟，相反的，人們對於他們不喜歡的事物則通常是不熟的，因為他們不作那些他們不喜歡的事，所以就變的越來越不熟練這些事；因為這樣，雙方之間的不一致，時常背後意味著雙方對於這件事物有不一樣的熟練度，為了想要因應這些不一致的地方，反而更突顯出雙方在這方面熟練的差異。例如 Barry 就比他老婆更知道怎麼樣在自己的時間理與他們的小孩 Mark 一起玩，他知道怎麼排時間去跟兒子玩，因此也跟兒子越來越親近；Sharon 與 Barry 的衝突可能就在於這個照顧小孩的技巧上的不同；就像是當他們錯過與兒子相處的時間後，Barry 會花更多的時間去補償自己與兒子相處的時間，然而 Sharon 對待兒子的方式與 Barry 就很不相同，甚至輕易的就會被 Barry 給批評，而這些事情都不斷的在減少 Sharon 在處理這件事上的舒服感與行動。因此，夫妻雙方時常最後的差距就會拉的更大，而且大過他們原有的差異。

處理夫妻之間的不相容

就我們長久以來的分析婚姻的衝突，夫妻之間似乎注定都會有不相容的地方，因而導致互相壓迫、批評以及極端化，看起來這些夫妻似乎是沒有什麼希望了（除非他們被我們的整合取向治療所拯救）。雖然我們的看法認爲夫妻一起生活總是會遇到許多不相容的地方，但是實際上有許多的夫妻並沒有走到相互壓迫、批評和極端化的地步，因爲他們可以管理他們不相容的部分，不會讓衝突惡化，或加深彼此之間的裂痕。讓我們現在就來看看這些夫妻是如何面對他們婚姻關係中的不一致。

不相容的程度

有些夫妻似乎就是比較速配，因而他們有必須應付的差異就比較少，也許是結婚前仔細的擇偶讓他們現在比較登對，不過運氣通常還是決定了在對的時間和對的場合遇到適合的對象。無論原因是什麼，他們因爲有比較少的差異所以就有比較低的機率走道婚姻破裂的結果（在其他條件都相等下），就像 Christensen（1987）收集的有關不相容的程度與親密感以及婚姻滿意度的關係：發現在不相容程度與親密感之間有-.56 的相關。而 Christensen 與 Shenk（1991）則發現婚姻上出現危機的夫妻（剛接受婚姻聊或是離婚者），在親密感上的不一致程度比沒有出先危機的夫妻要高。

吸引力

人們會選擇某一個人當作伴侶，並不只是因爲雙方不相容的地方少，而是因爲彼此有很強互相吸引的地方，這些魅力有時候與夫妻之間的相容部分有關。例如，夫妻會互相欣賞對方的幽默感是因爲他們會對類似的事情哈哈大笑。然而，另外有些魅力是因爲他們具有對方讓爲重要的某些特徵，外觀上的魅力、社會地位、權力、名聲以及人際上的魅力都可能是夫妻之間彼此互相吸引的重要因素。當雙方的互相吸引的程度越強，這一對夫妻就更可能用這些互相吸引的地方去對抗婚姻之間的不相容。例如，丈夫可能更可以忍受自己的太太生入比自己高或是太太都沒有收入。

人格

夫妻雙方的人格時常決定了（起碼是部分）不相容的部分被控制的程度。例如，大量的文獻都指出，夫妻中有一方具有神經質（neuroticism）特質，可以顯著的預期婚姻之間的不愉快與不穩定；事實上，縱貫式的婚姻研究也發現，神經質的行爲可以預測到 40 年後婚姻關係的分離或婚姻關係滿意度的下降（Kelly & Conley, 1987）。研究也指出（Karney & Bradbury, 1995），夫妻之中某一方的憂鬱情形，也會顯著的預期日後婚姻關係的不滿意；橫斷式的研究則是發現若有精神疾病的診斷，通常與婚姻失和有關（Hooley et al., 1987）。

由於證據是這麼強烈的指出神經質的人格會造成婚姻的不穩定與危

機，因此我們必須解釋一下神經質的人格特徵如何干擾夫妻之間解決他們的歧見。神經質性格被定義爲「傾向於經歷負向的情感」；假如夫妻之中有一方有這種傾向，他們可能就會破壞婚姻的和諧，他們可能在情緒上對於彼此之間的歧見過度反應，或者使用高壓手段企圖改變他們的伴侶，也可能批評對方，或是退縮、逃避不願意解決彼此之間的衝突。文獻指出，這樣子的人格特質，使得夫妻之間的衝突更爲極化，而產生更多問題。

不能說只是這些心理上的問題會影響夫妻有效的解決歧見，就正面的角度來說，夫妻之間若有些人格特質是彼此合適的，將可以預期到婚姻是較爲滿意與穩定的；不難想像，人格上合適的夫妻會透過敏感的察覺到對方的需求，而調適他們之間的歧見。但從負面的角度來說，那些製造不恰當歸因的傾向，或是會降低夫妻雙方彼此正向互動的行爲，不論是在橫斷或是縱貫式的研究中都預期了婚姻關係的不幸。很明顯的，歸因上面的的傾向，就與我們題過的所謂批評的歷程很有關係。

衝突解決技巧

先生與太太之間的正向行爲與負向行爲，以及這些行爲的交流，是最有效與最穩定預測婚姻的幸福與穩定的指標（Karney & Bradbury, 1995）。有點難說明的是，這些正向的解決問題的行爲，可以來自於上述這些因素的結果，例如較少的不相容部分、許多相互吸引的地方、較少的神經質特質，和較有較多互相合適的特質；同樣的，負向行爲也可能來自於上述這些因素，例如較多的不相容部分、較少的吸引之處等等。然而，這些正向與負向的行爲也可能反應了夫妻之間的衝突解決技巧，因爲過去學習的經驗，所以有些夫妻有機會學習建設性的問題解決策略；他們被教導如何不帶攻擊的抱怨、被教導如何靜下來聽對方的話，以及如何使用增強的方式去因應彼此的差異。這些夫妻們使得他們可以有能力將他們之間的衝突攤開來說，並試著調適它們，因此，夫妻之間的衝突解決技巧越好，它們就越有機會處理彼此之間不相容的部分。

壓力情境

生命中大的壓力原或每天生活的壓力事件都可能使得夫妻解決不相容的部分的過程更爲複雜。所謂生命中大的壓力源，我們意指一些重要但是都可以預期到會發生的生命發展事件；例如生小孩、換工作、升遷、父母過世、搬到新的地方和退休等；以及一些沒有預期到的負向事件，例如重要他人死亡、生意失敗、殘障以及經濟困難。而日常生活的壓力包括：長時間坐在電腦前、老闆的要求、上級的命令、錢不夠用、等等這些事。這兩種壓力源都會對於婚姻關係有負面的影響，例如剛成爲父母的壓力，時常會影響到婚姻的滿意度；又或者是，每天工作的壓力或是塞車，也會使得夫妻的關係變的退縮。

Christensen和他的同僚們提出了兩個轉變機制以解釋壓力如何增加夫妻之間的衝突以及婚姻關係的變質（Christensen & Pasch, 1993; Christensen & Shenk, 1991）。首先，壓力帶給人們一些新的要求，因爲人們無法用以前的方式來完全因應，而這些要求就可能惡化夫妻之間的歧見或是增加新的歧見。以初爲父母爲例，歧見就存在於，當一個新的寶寶誕生時，誰該負責大部分家務的這件事，就會爲夫妻增加新的要求。就像 Sena 認爲 Jacob 應該多擔負一點家務，但是 Jacob 則斷定她得了肛門期的強迫傾向，因爲他太過要求清潔與秩序，他認爲他不需要再做更多的家事，同時也認爲她也不應該做，當他們有了第一個小孩，而且 Sena 開始負起主要照顧小孩的任務之後，她想要 Jacob 幫她做更多的家事，因而 Jacob 認爲多了這個小孩之後，做家事的的要求使得他原本在這件事上的責任就不平衡了，但是 Sena 不理這一套說法，他們的衝突也就因爲做家事而日益加深。

重大的壓力不只會加深夫妻間的衝突，甚至會產生新的衝突。例如家中有人生病，因而增加新的衝突的例子；Ron 與 Sasha 都是相當自立的人，他們時常對自己的獨立感到驕傲，他們覺得他們選擇對方除了愛之外，並不是因為他們彼此需要對方，他們彼此維護獨立的生活圈，在從事娛樂的時候才在一起；然而，當 Sasha 出了一場大車禍後，她就在很多事上面對於 Ron 變的很依賴，讓他覺得自己被逼的去照顧她，之前他們都在夫妻的角色中扮演得很好，直到 Sasha 由於需要康復而對他有許多急迫的要求，有關於依賴以及照顧的衝突，是他們關係中所不曾有的。

第二種壓力導致婚姻失和的機制:壓力使得夫妻雙方都需要幫助與支持，但在此同時又減少了他們提供這些幫助的能力。首先，壓力造成了新的要求，而且這些新的要求可能是與受壓力所苦的一方一同出現，所以他同時沒有能力幫助別人，但又變的有更多的要求與需求。準備公司例行的報告的壓力佔去了 Joel 所有的注意力，使得他對於 Myra 的注意變少了，而且使得他要求更多 Myra 的證明、肯定、以及對於他工作的幫助。再者，壓力事件會使得受壓力者有負向的情緒與疲勞，也會使得受壓力者需要更多的幫助，但是同時也沒有辦法去幫助別人。假如夫妻中有一位時常熬夜照顧寶寶，那麼她會希望對方可以對他好一些，而且拒絕做一些日常瑣事。最後，壓力事件可能會造成知覺上的扭曲，而且變得更為自我中心，這使得夫妻中遭受壓力的一方沒有辦法去欣賞或同意對方的一些觀點。假如 Frank 可能要失去他的工作時，他可能會把他太太對小孩的關心視為討厭與膚淺的行為。

這五個因素：不相容的程度、吸引力、人格、衝突解決技巧、以及壓力事件，都會一起運作並決定夫妻之間如何處理歧見。假如夫妻之間具有一些歧見，但是互相吸引的部分很多，即使他們的人格特質不甚相容、衝突解決技巧不高、以及遭遇某些壓力，他們可能還可以妥善處理這些歧見；假如他們的歧見很大，互相吸引的地方少，即使他們的人格不錯，問題解決技巧也沒有大問題，也沒有什麼外在壓力，仍不能保證他們的婚姻生活會很順利及穩定持續，他們仍可能最後互相壓迫、批評、或互相極端化，就像我們先前說的情形一樣。

無論是哪些特定的夫妻在哪些因素的組合導致衝突與紛爭，整合取向的治療者首先的任務都是對於個案形成一個合理的、可信的、以及貼近個案的架構概念，而且是基於我們之前對於夫妻衝突的分析。我們現在就進到有關形成個案架構概念的討論。

第 3 章

問題架構

問題的架構是 ICT 的核心重點。事實上，ICT 的治療目標，即是希望夫妻雙方可以採取我們的**問題架構**來看待他們的關係；而在第四章將更進一步地看待治療效果這個議題。假如夫妻雙方在離開治療時，帶著我們的**問題架構**納入他們的關係之中，那麼他們將可能在治療中受益；相反的，假如他們在離開治療時，並沒有把治療中的架構融入他們的關係中，則可以發現治療有限；因此，我們可以看出問題架構的重要性。

問題架構並非是靜態概念，而是一種動態的歷程，其中包括治療者與夫妻雙方不斷的對話；當問題架構開始進行的時後，治療師就要告訴配偶這將是一個持續運作的過程：問題架構是一個互動的歷程，並且一開始的發現並不代表是絕對的事實。然而，只去考慮問題架構是對的或錯的，會遺漏了它的重要的特徵：問題架構是一種社會概念，他本身沒有絕對性的對或錯；因此，治療者並不會把焦點放在問題架構的正確與否，反而是考慮問題架構能否對於夫妻雙方提供最大的幫助；在此幫助指的是減少雙方互相攻擊或是批評，而且使他們彼此更為開放而彼此接納與改變。

問題架構包含三個部分：主題、極端化過程和相互束縛。所謂的主體描述夫妻雙方最原始的衝突；而極端化過程是指接踵而來的衝突；而相互束縛則是指極端化過程的結果。讓我們接著更詳細的討論治療概念的這些部分。

主題

我們相信，雖然每對夫妻都有不同的衝突內容，但任何夫妻都有一個主要的衝突。例如，我們曾經提出過的「對於親密關係的需求差異」或是「親密與疏遠之間的拿捏衝突」，都是相當普遍存在於夫妻中的主題，尤其是來尋求幫助的夫妻，這些主題都與他們婚姻關係中，理想的親密關係有關；夫妻中的某一位，通常是太太，前來治療是要求更多的親密感，但是他的伴侶，通常是丈夫，則是想要一個理想的（通常是他認為的）距離感，無論是他們爭吵的是有關金錢、教養、在一起的時間、性關係等問題，有關親密的主題都隱藏在裡面。在 1989 年時，Jacobson 發表了「所有的婚姻衝突都可能可以綜合在有關親密的這個主題上」的概念，在過去 7 年中，我們也陸續發現許多其他可能的主題，即使是我們仍相信有關親密與距離的主題是最為普遍存在的主題。

我們也許可以將主題視為一種一系列的行為，意指一組反應群，在這一組反映群內的行為的功能彼此都是類似的。例如，要求更多在一起的時間、更多親密的溝通、或者在性關係中要求更多的前戲，這些都可以增加親密感；相反的，要求獨處的時間、權力式的溝通、以及不親密的性關係都會減少親密感。

在這樣的概念下，主題也許可以想成是每個人在衝突中的行為功能，因為產生同樣功能的行為通常會因為婚姻關係的變化而維持；當婚姻關係導致一種行為改變時，可以發現在同樣行為類型中的其他行為也會導致相似的改變。簡單來說，辨別主題的功能在於，可以幫助我們專注於一個情境中所產生的行為轉變，是如何類化到婚姻關係中。就像我們之後會說的，改變這些導致衝突的婚姻關係背景是在接納與傳統改變治療的工作。

另一個主題有趣的地方是在於它在每一對夫妻中，幾乎都是不變的。例如，有關親密—疏離的主題是與每一夫妻如何定義理想的關係有關：當有一方認定怎麼樣的親密關係是理想的，然而另一方可能認為雙方之間的距離太多了，就是這樣子的差異最後就變的不能相容。有些來找我們求助的夫妻，表示他們雙方想要消除彼此差異的心態不同，這就是極端化的開端；想亦消除雙方的差異的心態是來自於他們對於差異的忍受、挫折、以及不愉快的經驗，因此，他們把差異視爲對方做的不夠好。尋求親密關係的一方認爲疏離者是「害怕親密感」，而疏離者認爲尋求親密者是「太依賴」，這些夫妻雙方將差異描述成對方缺失的行爲，無非是希望可以爲彼此的差異找理由，但通常是不合理的：他們企圖改變伴侶，因爲只要伴侶的缺點消失，那麼他就又變回討人喜歡的人。

在主題的動力上我們可以發現一件有趣的現象，夫妻之間常跳過觀察彼此的差異，馬上就認定他們之間引發差異的問題，這個問題就是對方視一位親密關係尋求者，也可能問題是對方視一位疏離者；我們認爲這除了造成更多差異之外，並沒有辦法正視彼此的差異：他們並非本來就具有問題、無法忍受的地方與挫折。事實上，我們的觀點即是有問題的地方，可以透過夫妻之間彼此接納它而改變。當夫妻接受成功的治療離開後，彼此的差異將不會再造成挫折與問題，在治療最後，差異將被視爲自然的、不可避免的而且可能還是需要的。在許多例子中，夫妻本來有差異，後來都經由 ICT 而產生戲劇性的轉變，因此，促進夫妻之間無法接納的差異的轉變是治療的目標。皆下來我們將看看來求助的夫妻常有的主題。

親密—疏離

我們已經用過這個主題當作典型的的例子。雖然我們從相關文獻中知道，大部分的妻子比先生更有可能是尋求親密者，但是我們也知道，有時候角色會是相反的。疏離者通常比較不情願接受婚姻治療，而親密尋求者則通常會主動聯絡治療者，假如疏離者來接受治療，通常是因爲親密尋求者威脅他要中斷他們的關係，或是疏離者想要維持現狀或是跟他的伴侶分的更開。

常有的情況是，疏離者通常在關係中有更多的權力，因爲疏離者有一些控制他的另一半的資源（例如不表達情緒、親密行爲、在一起的時間等）：因爲他有一些對方想要但無法得到的東西，因此擁有這些東西的人就比需要的人有更多的權力。正因爲只有疏離者有能力得到他們想要的，所以疏離者就比需求者可以更成功的維持現狀（Christensen & Heavey, 1993）。

Sally 和 Fred 來接受治療是因爲 Fred 抱怨他們的關係中有激烈的衝突，Sally's 的抱怨是說她想要有第二個小孩，但是 Fred 卻反對；Fred 在他們的有關這些多餘的承諾衝突中很不快樂，尤其是他覺得自己在家中像是一個奇怪的人，對他來說，媽媽和四歲的女兒相當的親密，而他總是被摒除在家庭活動之外。

細看它們關係之間引起衝突的的動力，Fred 的抱怨通常是來自於親密—疏離的議題上。Sally 希望 Fred 可以更融入家庭的互動，尤其是在晚餐和週末，對她來說，他喜歡在這些時間獨處救代表了這個家對他不重要，因此 Sally 希望 Fred 可以在家庭中「再多加油」，但 Fred 希望有屬於他自己的時間，他擁有一條船，他希望可以花時間在上面，同時他也對電腦很有興趣，他喜歡在晚猜後關上他的門去研究電腦，並遠離 Sally 和女兒之間融洽的關係；矛盾的是，他的這種態度更導致了他被排除在外的感覺，而她對於親密的要求所產生的衝突，更使 Fred 想逃。

Henry 和 Fran 也存在著看起來像親密－疏離的主題的模式：Fran 是尋求親密者，而 Henry 則是疏離者。Fran 希望 Henry 在性生活上可以主動一點，而且在肢體上可以回應更多的熱情；但是 Henry 則希望可以少一點性，而且希望她可以接受她對於性缺乏興趣。對她來說，他在性關係上拒絕與退縮顯示了他並不真的愛她，而對他來說，她那些對於他缺乏興趣所引發的生氣情緒，都根源於她深層的「依賴需求」。

控制與責任

另一個常見的主題是控制與責任，夫妻在這一個主題中爭論的是誰該控制婚姻生活中的這些部分，而誰又該負責另一沒人想控制的部份，這個主題有很多可能的排列組合。有時候，夫妻中一方會希望對方負責某一個領域，但是同時又想要保有控制。例如，丈夫可能會要求太太管理家裡的財務，但是自己又擁有家中經濟的決定權；在另一個例子中，相當典型的衝突是在於，每個人希望另一個人可以多負擔一些工作，而這些工作是原來這個人所負責，但是卻不願意再做的事，這樣子的主題在夫妻中相當的普遍。例如，在傳統婚姻中，女人總是負責家務事，而男人則負責賺錢，在雙薪家庭中，就沒有一個自動化的結構以區分經濟的責任，因此雙方常會抱怨彼此工作太忙，沒有辦法負擔家務事。

Mary 相當盡力於「掌管」家中的經濟，而 John 則在學校當老師，相對於 Mary，John 就顯得較爲被動，而且時常忘記事情，因此都由 Mary 來處理家裡事務，它們之間的互動直到家中經濟出現困難才發生問題；John 同時也有了一些健康問題，在他們經濟困難時，John 再沒有知會 Mary 下決定提前辦理退休，Mary 對於 John 在可以賺錢時退休，以及沒有告知她就做決定感到相當生氣；然而在他們的經濟發生困難後，Mary 成爲家中的負責人，並且開始做新的生意，而此時 John 變成地位較低的伴侶；她怨恨他對於他們的生意投入的太少，而他則怨恨總是被指派去做這做那；當她表達出她的不滿時，他把她視爲是她太歇斯底里了，她抱怨沒有伴侶可以一起分享他們生意的成功與失敗，而他則抱怨他沒有表達的行爲被曲解爲不夠投入，有時候他計畫想要做些什麼，卻總是被 Mary 的冷水潑熄，她則堅決認爲她沒有辦法知道他的計畫是什麼，因爲他總是不清礎表達他的意見。他最常說的意見是「我愛妳」，而她的回應是「我很高興你愛我，但是你愛我不會對於我今天有什麼幫助，我已經過度付出與過度工作，然而，假如我不看好生意的話，生意是自己不會變好的。」

你不愛我，是的，我不愛你，因為是你不愛我

許多人在夫妻關係中都經歷過這樣子的主題：夫妻雙方都認爲對方很討厭、不會取悅自己、也不會付出關心，這樣子的感覺不會表達出來，而是隱藏在批評、不接受和退縮當中；夫妻雙方的愛、取悅與關懷都是相同的，但是表現出來時都打了折扣，因爲他們都用別種方式表達愛。

Gary 和 Bertha 就是這樣的夫妻中的一對。他們都不能瞭解對方爲何會覺得自己討厭，但是同時也都覺得他們自己的表現方式沒問題，Gary 時常接到 Bertha 的抱怨，而且覺得她是在挑戰與不尊重他在家中的權威，以及他對於家庭中決策的企圖，對他來說，Bertha 對他的挑戰表示她不欣賞他的成就，也不尊重他做決定的能力；Bertha 拒絕 Gary 的性要求，她也覺得他的話以及他所花在兩人在一起的時間引不起自己的興趣，對她來說，愛是性的興趣以及需要與對方的交流，她將他對於她的「建議」的反應視爲過度敏感，而且將他的藉口視爲情緒上的退縮逃避；對他來說，很容易就可以瞭解爲何他總是不被視爲具有親密的吸引力，因爲沒有人想要跟總是批評以及拒絕的人有親密的關係。Bertha 認爲愛這個字表示溫柔與容忍；而 Gary 則定義愛是接納與情緒支持。

藝術家與科學家

婚姻中的藝術家相信自主的玩以及享受生命是比完成一件工作來的重要；而婚姻中的科學家，則是有相當少的娛樂：事實上，當婚姻中的科學家在計畫未來時，會考慮目標的設定以及婚姻中工作的完成。

Patrick 是一位工程師，Michelle 則是一位地產仲介者，當他們來接受治療，是她沒有在外工作的時候。她最主要的抱怨是他沒有花很多時間在一起，使得他們的生活一點都不羅曼蒂克；而她最主要的抱怨則是她們的生活

一團亂，而且他們都沒有爲未來設定一些目標；他們所有微小的衝突都來自於這種藝術家與科學家的主題。Patrick 對於存前有些強迫性，但是 Michelle 則喜歡將他們的錢花在享受他們的生活上，即使可能會花很多錢；Michelle 是一位寬容式的父母，Patrick 則講求紀律；即使在他們的性關係上也反映出這種主題上的差別對 Patrick 來說，性最大的目的在於需求的解除，他很少建立一些羅曼蒂克的氣氛，然而，他不能瞭解 Michelle 爲何對他的性的興趣沒有感到很滿意；對 Michelle 來說，性不只是它的表面的意義而已，還代表了浪漫、熱情和情感上的親密。

保守與不保守

有時候，夫妻之間吸引對方是因爲知覺到對方一些經驗到但是沒有表達出來的事情，這種彼此吸引力的不同，就是我們之前討論過的一些婚姻的主題；然而，我們也發現有一些夫妻的關係則是受到常規／不循常規的主題所困擾；生活在常規中但是又喜歡冒險的人，總是喜歡過著較極端的生活，只有在當他們發現對方與他們所想的相反時，才會感到失望；同樣的，生活極端但是卻又想要穩定的日子的人，就會容易被那些表達出常規或是社會順從的伴侶所吸引，只有在對方的不合常規的部分出現時才會感到失望。

當 Tanya 遇到 Cal 時，她正處在一成不變的生活中，他在圖書館有一份工作，但是卻想要有更刺激的生活；Cal 是一位英俊的花花公子，是一位她認爲沒有辦法瞭解的人，是一位她認爲喜歡參加宴會、旅行，而且似乎把一天當兩天用的人，她卻因爲對 Cal 不夠瞭解，不知道他已經疲於應付這種名聲，而想要安頓下來，而他認爲 Tanya 正是這麼一位她所想要找的人。當他開始回到大學去拿 MBA 時，他經歷到了很大的失望，因爲她開始出現躁狂的症狀，並開始有酗酒的問題，而且認爲她可能是雙性戀；而她的失望在於，當她英俊的花花公子變成她以前沒有見過的保守。

有關主題的列舉是沒完沒了，但是，這裡就提供了一種感覺，就是哪一種主題比較常出現，而哪一種比較難以治療；需要強調的是，這種差異不必然會導致歧見，但是這些差異卻是形成婚姻問題的必要條件，而是因為「極端化過程」才使得這些差異形成婚姻問題。

極端化過程

當一對受苦的夫妻進入某一些主題的衝突時，他們彼此都有傾向想改變對方，將對方改變成他們想要的那個樣子，夫妻彼此想要改變對方是自然且和邏輯的，如果兩個人處在親密關係中，而發現到對方有些負向的行為，想要修正這些行為是自然的反應；通常，夫妻雙方可以成功改變對方的行為，或者是達到起碼雙方都可以滿意的狀態，心理治療師並沒有必要去評斷這些夫妻是否成功處理衝突，因為他們自己解決衝突而沒有求助於治療師（如果是這樣的情形，治療師會認為是處理失敗的）。

應該不難理解為何來尋求我們幫助的夫妻在他們改變彼此的過程中沒有成功，傳統的行為治療認為改變失敗是因為缺少溝通以及解決衝突的技巧，然而我們的立場是認為這種衝突是包含了主題本身，因為重大的衝突是來自於夫妻之間的差異與歧見，夫妻其中一方想要改變也代表另一方想要維持這樣子的差異，面對對方想要改變的要球最自然的反應就是不管他，而後繼續維持差異當雙方都想要改變對方時，最不可避免的結果即是極端化或是惡化彼此的差異，當極端化發生時，衝突是不減反增，這與夫妻嘗試改變彼此無關：而是來自於當企圖改變他人時，對方也會有相對的反應。

為何極端化會是無可避免的呢？首先，夫妻會將衝突的錯怪到對方頭上是相當正常的；再者，夫妻雙方會將矯正對方的缺點視為自己的任務，尤其是這些缺點導致他們的痛苦時：他們希望對方可以向他們自己看世界的方式一樣去觀察世界，他們希望把對方變成對方可以向他們理想中的樣子一樣去行動；第三，如果夫妻的行為在他們的關係中已經根深蒂固，而且發現對方想要他們去掉某些習慣的行為，他們就會加以反擊，藉由重新建立、鞏固或是加深他們的行為。

來看看典型的親密－疏離的衝突。我們可以大膽假設親密尋求者要求更多親密感因為他們想要的比他們已經擁有的多，我們也可以假設疏離者希望可以繼續為時目前的距離感，因為他們對於較親密的關係感到不自在。親密尋求者所有的要求會使得疏離者感到為難，就像是一個漁夫想要用釣竿地起一隻鯊魚一般，因為鯊魚不會上鉤，所以漁夫只能很辛苦的舉著釣竿在水裡奮鬥，當然，鯊魚永遠是贏的一方；同樣的，親密尋求者沒有辦法使得疏離者可以給予他所想要的親密感，他們可能會得到一些親密的承諾，並且暫時停止改變對方的企圖，他們也可能會得到對方暫時的讓步，但是一旦當疏離者滿足於保持距離時，他就會再度拉大彼此的距離，這也許是因為為了保護他們不受到親密需求者的威脅；換句話說，因為一些理由而使得他們需要「足夠的」空間，因此越是想要減少他們的空間，他們會把空間拉的更大。

與 Jason Alexander 一起在電視節目 "Seinfeld" 上扮演的 George Castanza 就是一個說明這種歷程的例子。George 的核心問題在於他希望大家跟他有一段距離，當有一個女人愛上他時，他立刻逃到安全的地方，就是一間咖啡廳，當他的女朋友越是尋求親密時，越是激起 George 的逃避，他會假裝是同性戀、叫他的男性室友去陪他女朋友，或是不與女朋友與其他朋友聯絡，他這麼做的目的是為了增加他自己與可能會尋求親密的女朋友之間的距離，不過在這裡沒有回答的問題是為何女孩子第一眼看到 George 就想跟他在一起？

親密需求者與疏離者都是正常的反應，並非病態、奇怪或是來自於功能不健全的家庭，當一方想要一些距離，而對方卻想要接近時，退一步是很正常的；當有一方想要親密一點時，另一方卻拉開距離，則把距離在拉近是很正常的。因此這些衝突是正常、合邏輯的但是卻是自我傷害的，之所以是自我傷害是因為最後都將導致極端化，而且極端化將使得問題更嚴重，而非更好，雙方的差異變的更大，而且痛苦也因此而增加。

讓我們現在來使用先前提過的一些主題，檢視這個極端化過程如何運作。

親密－疏離

Sally 極力爭取 Fred 可以加入家庭互動中，而 Fred 則想要爭取給他多一點的私人空間，當他想要自己獨處或是臭著臉加入家庭互動時，Sally 就會很生氣，Fred 無法忍受衝突，當 Sally 生氣時，他總是想盡辦法減低她的怒氣；然而有時後他嘗試減低 Sally 的怒氣失敗時，他也會變的很生氣，而且會說出有關威脅關係的話，但事後卻需要很多時間彌補的話；隨著時間過去，極端化漸漸變的不可避免。

當 Fred 越來越自外於家庭活動時，Sally 會變的越來越生氣，她會把她的體貼放在他覺得唯一親近的家庭成員——她的女兒身上，當 Fred 感受到他們親密的母女關係，他就變的更爲退縮，這樣激怒了 Sally，而使他想要第二個孩子——另一個親密的來源，而這些親密是不曾來自於 Fred 的；Fred 極力反對在有第二個小孩的提議，因爲那會使得他更沒有自由的時間；一旦 Sally 提出第二個小孩的要求時，Fred 會嚴詞拒絕，就在此時，它們接受治療，而此時也是他們正處於極端化歷程中。Fred 對於 Sally 任何生氣的徵兆相當的敏感，Sally 則是會對 Fred 任何想要退縮的徵兆都感到不舒服，而且 Fred 在第二個小孩的事上總是不妥協，Fred 認爲 Sally 根本不關心的他，她只在意他的精子，Sally 則認爲 Fred 之所以不跟他離婚是因爲他父母離婚的創傷，他不想重蹈覆轍。

Fran 使用發脾氣或是打 Henry 來回應 Henry 對於性沒有興趣，Henry 開始變的怕 Fran 有事沒事的失控，但是害怕是沒有辦法解決問題的，她變的越來越生氣，而他變的越來越對性沒有興趣，當他對於性月表現出沒有興趣的樣子，她就會被激怒而更難控制她的脾氣，當他們來接受治療時，他們已經一個多月沒有性行爲，而且一經超過一星期她都沒有跟他有身體上的接觸，她把自己的怒氣轉向他們的孩子，而這就成了他避免性關係的藉口，事實上她已經快要是虐待兒童了。

控制與責任

沒有什麼比控制行爲更可以引起權力的爭奪，尤其是「控制與責任」是夫妻雙方的主題時，當他們的努力一再地被阻斷時，爭取權力的夫妻會覺得越來越沒有力氣，當權力與控制主導了他們的關係中的動機時，任何想要把責任平均分配的行爲都會背對方視爲在逃避自己的責任。

Mary 和 John 已經結婚超過 30 年時來接受治療，John 在結婚後就變的被動，而經過這麼多年的極端化過程後，他被動的程度變的更大，他常常睡在客廳或是客廳前的等候室；Mary 將自己與 John 的行事計畫都安排的好好的，他每天必須要去問 Mary 他今天的計畫是什麼，雖然 Mary 希望 John 可以在生意上幫助她，但是她總是很快的做好一切，使得 John 根本沒有機會去做，她不只增強了他的被動行爲而且在某些層面上，漸漸對他越來越不尊重；John 退縮到傳統的性別角色分化的立場，而且認爲 Mary 的強勢是來自於她的 PMS（經前症候群）；讀者若還記得在前一章 John 只是話少而已，現在 John 則是一位完全沈默的伴侶。

這些都是極端化歷程。當他越來越退縮時，她就越不把她當作丈夫與男人看待，她對 John 不再有性的興趣，而把自己的心理放到工作上，想要盡力多賺一點錢，他則變的只喜歡坐在沙發上吃洋欲片看電視，他只有在打高爾夫或是發脾氣（因爲她「太過份了」，或是又歇斯底里了）時才像是有生命力的展現。

你不愛我，是的，我不愛你，因為是你不愛我

我們曾經討論過 Gary 與 Bertha，他們在表達愛意上與感受愛的標準不相同。Bertha 認爲自己在做建設性的建議，對 Gary 來說是一種侮辱；Gary 對於她不尊重他的行爲所衍生出的反應，在 Bertha 眼中就是：「好像我是隱

形人，都忽略我」；之後的衝突更顯極端化，似乎雙方都忘了當時他們爲何在一起，對他們來說，每一天都是一種煎熬，躲避衝突、保持家裡清潔、按時哄小孩睡覺似乎變成了每天的公式。

爲何情況會變成這樣？這個問題是他們在治療中都會問的。其實答案很簡單當她對他有更多的苛責時，他就對呆在他身邊更沒有興趣，而當他越是拒絕他時，則她會感受到憂鬱，而以批評來表現；之後他變的對於她的批評感到相當敏感，因此他將她對於父母與夫妻角色的要求通通當作是在侵犯他的自主性；而她對於他的拒絕也變的很敏感，即使是一些正常的行爲也被當作是拒絕的訊號，假如他下班回家很累的躺沙發上看報紙，對她來說，就像是他逃避跟她對話以及有親密關係，而他也會對她與批評有關的線索（語調、面目表情、肢體語言當的敏感。

藝術家與科學家

Ptrick 是一位工程師，她在這四年婚姻中對 Michelle 感到越來越多挫折，因爲他總是過度的花錢，而且常批評他不夠浪漫；而 Michelle 則覺得他們的婚姻沒有品質，事實上因爲爭吵太過頻繁，所以 Ptrick 不想花時間和他在一起。他堅信他的丈夫是無可救藥的退縮，但是這種退縮就造成了新的極端化；Ptrick 不是多才多藝的人，他只會在家庭聚會中設定目標、安排計畫以及組織他們的生活，而 Michelle 不贊同這種結構，因爲若她想要多花一些時間在一起，就會被罵做事浪費彼此的時間；Patrick 有時在對方爭取浪漫上會暫時性的浪漫一下（雖然很不認真，但是 Michelle 卻對於這些回應沒有反應，因此使得 Patrick 認爲「我做什麼都不會取悅她」；他們習於用言語去攻擊對方，然後等待對方的回應；他們的生活因而充滿了緊張，雙方的對話最後時常就變爲吵架；Michelle 時常回嘴的話是：「你根本不需要太太，妳只需要一個秘書或一部文書處理機」，而他最常回的話則是：「在妳沒有變成百萬富翁以前，妳永遠不會滿足」

保守與不保守

Tanya 和 Cal 都沒有發現到對方因爲自己的轉變感到失望，但是他們也都沒有把自己的失望用言語的方式表現出來，他們的家庭就籠罩在這樣的烏雲中。Tanya 在下午五點後常喝的爛醉，過去一年中，他有兩次企圖自殺，而且常與以前的男友 Georgia 通信，她也常威脅說自己要離家，並將留下三的孩子給他。他想要努力扮演一位好丈夫、好爸爸，而且努力賺了很多錢，但是這些努力都沒有辦法使她高興，即使是他有了很多成就；當她酗酒越來越嚴重也越來越憂鬱時，他就工作的更勤勞，他抱怨它們之間的問題是因爲她的酗酒行爲，而他則抱怨是因爲他「裝清高」，他們都沒有發現到彼此之間的問題越來越極端也使他們的失望越來越大，現在他們兩人都想要離婚，因爲他們真正想要的伴侶是那個未極端化之前的那個人。

我們之前提過 ICT 的治療目標是要幫助夫妻適應現在的婚姻架構，其中一個重要的部分是要幫助夫妻們改變他們原本當作問題的歧見的焦點，這些問題常在極端化過程後，真正變成了兩人之間的問題；假如他們可以可以轉移他們放在衝突上的焦點，而去注意他們的解決歷程，那麼婚姻治療會有很大的進展，假如他們可以轉移對主題以及其極端化歷程的焦點，則他們就更容易的接受它們之間的差異，他們就會發現彼此之間的差異並不會導致他們分離。這種轉移焦點的方式是接受歷程中的重要部分，但是在他們剛接受治療時，他們常是完全痲木且推不動的，這種痲木的現象我們稱之爲「相互束縛」。

相互束縛

相互束縛是極端化之後的結果，但是當夫妻感受被束縛時，並非代表極端化歷程的結束，事實上，極端化歷程和束縛感都還存在於夫妻中任一方。

然而，對治療師來說，當他解釋了它們之間在不同時間點上的極端化歷程後，通常聽到夫妻的回應是被綁住、受限、感覺無助與無望。

這種相互束縛的感覺對任何一方都是私人的經驗，很少被拿出來討論（不過若是夫妻可以直接針對這種束縛感加以討論，通常就不需要治療），這種束縛與無力感：假如他們可以將這種感覺說的清楚的話，他們會說：「我已經盡我所能去改變對方了，雖然我還沒做過最壞的決定，但是我不知道我還能做什麼努力，可是假如我放棄了，那麼我們的關係也就完蛋了，而我又不想變成這樣；我們有辦法改變什麼，所以我也看不到任何不同角度的選擇性，也許我該試試更有創意的方法去改變我的另一半，但是憑良心講，我不怎麼樂觀，所以我覺得被綁住了，但是我看到情況是越來越糟。」

當我們告知夫妻相互束縛的作用時，大多數夫妻可以理解，但是同時又感到迷惑。他們會瞭解是因爲治療者清楚的說出它們之間那種無助的經驗，大多數人在此時可以瞭解治療師所說的相互束縛歷程；而他們感到困惑的是因爲治療師清楚的解釋另一位伴侶束縛感，人們可以瞭解自己的束縛感，但是通常不知道他們的伴侶也會有束縛感，他們也許一開始就跳過這一部分不看了。

接納的重要任務即是幫助夫妻培養對另一位伴侶感到束縛時的內心與同理心，依照此說法，夫妻雙方都可以以同理憐憫的方式看待另一半受束縛的感覺，如此夫妻才跨出達到情緒上接納彼此的一大步。有一點需要注意的是，我們不可能針對一項我們沒有察覺的事付出同理與關心，假如你沒有對你的另一半受束縛的情形加以瞭解，你很難對他這種情形付出關心；因此光有耐心並不會對於夫妻雙方相互束縛的情形有什麼幫助，執行接納時不可或缺的不只是瞭解自己的束縛感，還包括瞭解對方的束縛感，瞭解對方之後，親密感就可能因此而生；因爲夫妻開始瞭解他們一前沒有瞭解到對方的部分，這種相互瞭解的經驗促進治療師在治療時幫助夫妻接納對方的能力。

現在我們就來看看在本章中舉的幾個相互束縛的情況。

Sally 和 Fred

Fred 希望少一點的衝突和多一點自己的時間，當 Sally 要對他發脾氣時，當嘗試許多的方法去避免衝突，包括要求性關係、說他很抱歉、做一些她認爲他沒有做到的行爲，但是，這些方法並沒有辦法使她不生氣，簡單來說，他們有辦法作任何事情趣減少她的憤怒，然而，如果他什麼都沒做，他就必須要無助的承受她的怒氣，有時候這真的讓他不好過。

Sally 希望 Fred 可以更像顧家的男人，但無論是她好言相求、生氣、或是吸引他的注意，他卻都無動於衷；在這同時他對於女兒的關心，和他想要再生一個小孩使得 Fred 更自外於她所寄望的家庭生活，假如她放棄爭取了，她就會變的憂鬱。

Fran 和 Henry

Fran 希望被 Henry 所愛，她認爲他是一位好人，但是他就是對性生活沒有興趣，使她覺得不被他所愛，她把她自己放在一個極端的位置去要求對方的愛，她感覺到自己沒有辦法控制自己的情緒，和脾氣，即使是她已經盡力控制面部的表情（但是怒氣仍會從眼睛流露出來）。Henry 知道她覺得不被愛，而且也知道她爲此在生氣，但是 Fran 不知道怎麼樣去得到他所想要的，同樣的，Henry 也感覺到沒有辦法去控制這個情境，因爲他就是對性沒有興趣，他們有辦法主動引發性行爲，即是那些很些機會的場合。

Mary 和 John

Mary 希望 John 可以像伙伴一樣助他一臂之力，但是他似乎對他要求幫忙的事感到很厭煩，假如她沒有要求，則他什麼也不會幫忙，但是假如她要求他幫忙，他會變的很生氣，但是仍然不會幫忙；因為 John 希望可以自己獨處，然而，即使當他退縮到連自己都覺得寂寞時，它們之間還是吵個不停；Mary 的憤怒充滿整個家，因為她很需要幫忙，所以它們之間很難有和平。

Gary 和 Bertha

無論是 Bary 或是 Bertha 都沒有感受到愛，Gary 一直在不被喜愛與尊重中煎熬，而且沒辦法停止，他也沒有辦法停止她不斷的批評，因為她從不覺得自己是在批評；Bertha 也需要愛，但是他發現她想要的是那種狂放熱情的愛（起碼他是這樣覺得），她不能帶給他任何的安全感，有時及使她認為自己只不過是在建議，他仍可以從非語言行為中聞出她在批評的味道。

Patrick 和 Michelle

Michelle 已經放棄對於想要求 Patrick 多花一些時間在一起的事，她已經對於他所做的感到疲累了，因為及使他承諾要改，他仍只會花很少的時間陪她。然而 Patrick 仍只專心於規劃財務、在家處理文件，或是布置他們孩子的學習環境；她變得越來越沮喪和退縮。他們再看待婚姻時，她認為是依照命運的安排，但是 Patrick 卻認為很挫折，而且一旦他覺得受挫，他就會變的較為激動，但是他卻不知道該做什麼以因應這些激動感；Michelle 曾經試著要去順從他的想法，但是卻還是改變不了自己的憂鬱。

Tanya 和 Cal

Tanya 那些不符合常規的行爲（例如喝酒、自殺、雙性戀等）並沒有辦法把 Cal 給喚醒，相反的，當她想要把他盡量變回她剛認識他時的樣子，他反而變的越保守；同樣的，Cal 想要當一個好男人、好丈夫與好爸爸，但是現在家庭的狀況沒有辦法使他這麼做，事實上，當他越是想成爲一個顧家的男人，他的家庭反而越來越崩潰。

這種孤獨的感覺阻礙了他們的關係，而且他們也都不會把自己的孤獨分享給對方，他們都認爲只有自己感到很孤獨，對方卻不會。

這種雙方互相束縛的情形，是婚姻關係疏離的原因之一，然而，若是瞭解治療的概念之後，孤獨是有可能被轉爲親密感的。

ICT 中的統整原則

在所有的問題架構中，都少不了這幾個要素：主題、極端化過程、以及相互束縛。問題架構爲治療者與個案提供了一個有組織的原則，一旦治療者掌握了問題架構，治療者就可以瞭解個案除了在治療室外的其他衝突，治療者可以瞭解爲何夫妻會把他們的差異擴大爲毀滅性的互動，最後相互折磨的過程。

而對夫妻來說，當治療情境中，問題架構的形成被加以解釋時，可以幫助夫妻逃離困惑、無助、無望以及痛苦的關係，而問題解構也提供了夫妻一組詞彙去解釋那些使他們越來越疏遠的問題。隨著時間過去，治療師可以帶領他們去認識他們的極端化歷程，以及瞭解他們在某些主題上的衝突；當他們對於它們之間的互動變的越來越有自覺時，他們對於另一半的干涉就會越來越不那麼「自動化」，假如他們要干涉他們的伴侶時，他們會用一種不同於他們之前引起衝突的技巧。

例如，治療師會發現夫妻在爭執之後，會很快的回復下來（而且比他們剛接受治療時還快），它們之間的衝突已經變的較沒有破壞力。

然而，要形成一個有用的問題架構並不容易，因爲夫妻都會提供一個又一個它們之間毀滅性的衝突，而治療者有時也會過早就對夫妻間爭吵的主題下結論，認爲一定是某一個主題的關係。例如，我們最早提到 Sally 和 Fred 的主題是「衝突與逃避」，因爲我們看到 Sally 一直找架吵，而 Fred 則盡量躲的遠遠的，這兩個特色是他們關係中的主要部分；然而事實上，它們之間的衝圖或逃避，都平行於它們之間的親密－疏離的主題，但是在治療中，這個主題一直被泡砲、煙霧所覆蓋；尤其是，若主題是「衝突」，那根本沒有所謂的接納或是改變的機會，如果治療者可以把焦點很快的放在親密與衝突的主題，那麼很快的治療就會有成效。找到一個對的主題就是這麼重要。

我們也在 Cal 與 Tanya 上看走眼過，一開始我們以爲他們的主題是親密—疏離，事實上，保守與不保守才是他們的主題，因爲親密—疏離的主題無法解釋爲何 Cal 越是增加自己在家中的時間，問題卻無法解決（事實上，具有反效果）。因此，他實際上在家庭中與她所產生的困難，是來自於保守與否的問題架構。

我們如何掌握問題架構呢？這是要透過特定的衡鑑與評估過程；我們如何知道這樣的問題架構是否適合於夫妻呢？則要透過夫妻在我們衡鑑後的立即回饋來了解（feedback）。我們以下會將討論的重點轉至如何衡鑑以及如何告知夫妻他們的問題架構。

第 4 章

衡鑑與回饋

衡鑑的主要的目的是為了要形成治療的架構，以助於治療的計畫，當一個治療者具有治療架構以及治療計畫之後，夫妻雙方都會在一個有回饋的情境中彼此看到對方的面貌，而由此治療才正式開始。

在這一個章節中，我們將要討論我們如何架構衡鑑、評估與回饋。我們知道有關醫療的主管機構通常會限制與病患接觸的次數不能太頻繁，所以治療師就必須要學習在治療或衡鑑時具有一定的速度與效率，在我們的最後的一章中，將會討論這些議題，在這裡，我們要討論哪些是理想的衡鑑—評估—回饋的過程。

理想的過程包括三個目標，其中兩個是形成治療架構以及治療計畫，第三個目標是在衡鑑中達到一些治療的衝擊，夫妻如果在回饋階段之前就有一些改善，那麼他們承諾要改善的動機就會增加，因此，即使我們很快的將治療與衡鑑做了一個區別，但是事實上我們的衡件過程是包含了治療技巧的，而且提供了形成與架構治療的資訊。

我們理想的衡鑑架構中，我們會在夫妻雙方填完一些自陳量表之後，與夫妻做一些接觸性的晤談，而我們喜歡在這樣的晤談之後，接著進行個人談話，夫妻雙方至少都有一次機會單獨與治療者談話，最後治療者將這三次晤談資料與量表的資料做整合，以形成對於個案問題的架構以及治療計畫，這些都會在回饋期中告知夫妻雙方。

當我們使用這種方式作衡鑑時，我們會遭遇到很基本的兩難情境：每一個治療者都需要當一個傾聽者去專心聆聽雙方陳述的故事，但是治療者卻很不希望自己過早就選了某一邊來支持。在第一次的晤談中，常有的情況是，當治療師開始詢問他們發生什麼問題時，夫妻都會開始怪罪對方，換句話說，他們可能在第一次晤談中，一方面攻擊對方一方面也回擊對方，造成的結果是他們覺得離開晤談之後，情況好像沒有起色。因此爲了要與夫妻建立工作的關係，治療者最好不要贊同夫妻中任何一方，當治療者專心的回應與傾聽夫妻中某一位時，另外一位就覺得好像被疏離了，而當換另一位進去晤談時，這種情形就剛好反過來，這種情況常有的結果是他們會認爲治療者對於自己都很疏離（對對方都很好），而且更重要的是，他們會覺得他們彼此的距離更大了。

我們習慣不會在一開始就談他們之間關係的問題，不過當然，如果這一對夫妻正好處在危機下（例如肢體衝突、有人身危險、自殺、精神疾病發作或是虐待兒童），我們就必須要立刻處理他們的問題。一般來說，ICT 的治療者有許多來自於這一對夫妻所填的問卷中的問題可以進行澄清，不必要在一開始的晤談中就針對他們的問題，對於某些夫妻來說，有關他們的問題最好還是放在單獨晤談中；原因之一是在這樣的情境下，他們可能會比較誠實，尤其是對某些敏感的議題，例如性問題或是肢體暴力；原因之二是，在單獨晤談中，治療者有機會全神貫注的去傾聽（但是不帶偏心的），在這樣的情況下，個案會因爲治療者聽了他這一邊的故事而感到覺得有信心，而且會瞭解治療者在未來的治療步驟中採取的中立的姿態。當缺少了這種一對一的晤談機會，夫妻雙方都會對接下來的治療步驟的有效性沒有信心，因爲他們可能會覺得如果治療者多瞭解他們（自己）一點的話，他就不會保持中立。因此夫妻雙方都必須要先知道，治療者都聽了他們的故事，而且瞭解他們的觀點。

當夫妻之間的問題的評估來自於問卷以及單獨的晤談，而非來自於夫妻雙方一起的晤談時，治療者在與夫妻一起在晤談時談話就可以更聚焦，而不用擔心還要同時去評估夫妻雙方的問題。然而，有一些來求助的夫妻，在一開始先不一起晤談就可能是不明智的，一位對這些夫妻來說，他們的問題必須馬上被評估，治療者不必在個人晤談中等待這些資料，例如，當治療在健保制度下只能限制在 6-8 個治療時段，我們就必須要分配一下個（managed care）人的晤談與回饋的時段，我們會使用第一個一起晤談的時段討論他們的問題，而且會在這個時段之後提供回饋（通常這個回饋是在單獨一個時段做的），也就是說，在一開始的晤談之後就會告訴他們治療者對問題形成的架構。

有時候，夫妻中的一方或是雙方拒絕時，就沒有辦法依照原來的初次晤談架構。ICT 的治療師在面對這樣的問題時，就最好可以自己彈性的調整自己的速度，使得討論可以持續。

治療的開始——初次晤談

在一些夫妻中，我們在初次晤談的取向和 Jacobson 與 Margolin（1979）的書中所題的沒有什麼大的差異，最基本的策略就是一開始先簡短討論夫妻雙方所呈現的問題，接著就將焦點轉移到雙方關係的強度，以及當時是怎麼追求彼此的，以此避開許多針對個別夫妻的衡鑑晤談（為的是要收集有關問題的資訊）。

夫妻剛進入治療者辦公室時的狀態

試想一對典型的夫妻坐在等候室中等待與治療者，這一位陌生人進行第一次的會面。通常這時候個案已經將自己生活中的一些層面填寫在治療前要他們填的問卷上，這些資料一部份是為了要因應醫療制度，所以有關病人的資料必須要加以收集，而起在初次晤談時必須要核對一下；即使是他們在初次見面前沒有填完問卷，但是他們也知道他們是要來對一位陌生人「展示他們的衣服有多髒」的，就是因為會這樣想，使得許多人會覺得不舒服，尤其是那些沒有過治療經驗的人；因此，就在這一對夫妻來接受治療之前，他們的問題已經存在很久了，就因爲這樣，所以他們對於他們的關係不是很樂觀，通常他們是很無望的坐在等候室。因爲這兩個因素，他們在一進入等候室中是很矛盾的。我們不能隨便就假設他們在這裡是因爲他們承諾要一起接受治療，事實上，他們有時候（至少其中一位）是很勉強的，他們通常很困惑，因爲他們不知道要抱持什麼樣的預期；或者是，即使是他們來接受治療，應該也不是來接受婚姻治療；又或者是，即使他們知道是要接受婚姻治療，他們也不知道方向是什麼，因爲他們對於該怎麼作沒有太多興趣。

因爲可以預期到這樣的不舒服，所以初次晤談的目標就應該放在：(1)瞭解他們的無望感，因爲這樣可以產生相反的感覺——有希望。(2)尊敬與尊重他們的矛盾。(3)盡可能使得這個時段治療化。(4)盡量使得他們在治療中的雙重歷程以及衡鑑上「社會化」。這樣子他們就會帶著與剛進來時的不同感覺結束這個時段，他們會因爲，前方有一個衡鑑的歷程（雖然他們還沒決定要接受治療）而感到放心。

「社會化」意指治療中許多需要個案呈現的同意狀態，透過解釋的歷程，例如解釋「保密性」以及界定治療者的專業範圍；這些個案對於治療者這些義務的同意使得治療者與個案的對話朝向社會化：提供個案一些足夠幫助他們可回答數週後將被問的問題且與衡鑑、治療有關的資訊。

爲了要取得個案的同意，我們通常需要向個案簡介衡鑑的目的以及解釋衡鑑與治療的差別，以下是一個例子：

> 現在我要告訴你們一些有關我未來將如何做的事，你們可以藉此瞭解將下來幾個星期你們要做什麼。你們已經填完了所有的問卷（假如有的話），我相當感謝你們將時間與精力花在這些問卷上，這些問卷將會幫助我瞭解你們以及你們的關係，而且幫我省下了許多時間，因為我就不需要花時間再問你們這些問題。這些問卷是我對你們評估的開始，我在接每一位夫妻之前都會像這樣的去收集一些資料，我將這樣的過程稱之為「衡鑑」或是「評估」。
>
> 今天與你們兩位的晤談是評估的第二步，皆下來我將會單獨與你們兩位晤談，在這個晤談裡，我將會收集一些你們的資料，並且決定我是不是

能夠幫助你們，而假如可以的話，我該如何做才最能幫助你們，在我做了決定之後，我與你們兩位在回饋的時段中告訴你們，我的評估結果，告訴你們是否我可以幫助你們，而且告訴你們我們該會面的時段以及可能的治療目標。在回饋階段時，你們可以決定是否要做這些似乎聽起來對你們有利的事，而且在這個評估過程裡，你們將會更認識我，並覺得與我相處是否舒服。

你們覺得如何？這符合你們的預期，或是你們希望我立刻給你們幫助？

當我們使用這樣的開場之後，夫妻雙方就可以爲評估歷程的規則有了充分的準備，因爲即使治療與衡鑑的區別在專業的臨床心理人員上是很清楚的，但是對於個案來說卻不是那麼瞭解，事實上，即使治療者已經向個案花了很多精神去解釋這中間的差異，個案仍通常在下次回來時說：「我們並沒有覺得比較好了……」，這時候，衡鑑與治療的區別只好再說明一次。夫妻必須要瞭解評估的過程必沒有打算要幫助他們，收集資訊才是主要的目的。當我們問個案這樣的架構是否符合他們的預期時，夫妻通常會回答說他們沒有任何預期，這樣的回答更可以確定對夫妻「社會化」的價值，因爲個案通常不確定在治療中他們將會面對什麼。依照我們的經驗，我們的有效性會透過衡鑑的過程被加強，尤其是我們這樣子解釋時：

通常當個案充滿失望時，治療不會立刻開始。我相當理解這種失望的感覺。因為你們帶著你們的問題而且熱切的希望找到一個神奇的治療可以很快的達到療效；我也很希望我有這種魔力，可以不用透過評估就治癒你們的問題；但可惜的是，每即使一對夫妻都不相同，我今天要給你們的只是一個開始，我將盡可能的為你們找到對的方向，而我需要的是更多與你們的接觸，已決定我要該擬定什麼樣的治療計畫才能符合你們的需求。

平常心看待他們的疑慮　當評估與治療作了界定，而且經過保證說他們下次來參加治療不一定要一起露面就可以後，求助的夫妻會感到比較放心，他們被允許（事實上是被鼓勵）花一些時間來瞭解治療者，也有人告知他們治療者將會用哪種方式，而這種方式對他們會不會有幫助。因此，求助夫妻在瞭解治療上的猶疑是很正常的，而事實上，這種猶疑通常也是屬於評估階段的一部分。

使用初次晤談來改善關係 當治療的初次談話開始時，有一些「小小的變化」已經存在：當治療者花很多心力去向求助個案解釋評估在短期內並不能幫助他們時，一些在初次晤談會做的步驟已經將治療的效果的可能性最大化了。有關他們問題的焦點評估在他們完成量表後就開始，而在個別晤談以及一起晤談中有更多機會去討論問題，這時有一個重要的目標是要暫時解除（不是快速修復）他們無計可施的感覺，當建立起這種氣氛當中，治療者要一邊收集有用的衡鑑資料。

在初次晤談時，我們努力的想要瞭解這一對夫妻彼此依附的基礎，他們最近的問題通常遮蓋了他們之所以會成爲夫妻的一些理由；但我們也告訴我們的學生，讓個案拉里拉雜的講他們在一起的故事，對我們是沒有意義的，因爲我們這時候我們沒有做該做的的工作——瞭解他們的感情發展史。

當我們在評估這一對夫妻的感情發展史，而且分析他們依附的原因時，治療室的氣氛會變的很正向：因此在收集衡鑑資訊的同時也得到治療上的助益。求助的夫妻如何變爲夫妻的過程通常沒有被直接反映出來過，因爲他們的焦點長期以來一直放在兩人關係的問題上，這也許代表他們從來沒有討論他們在一起的過程（從陌生人到夫妻）。

有些夫妻用「翻舊帳」的方式當作批評對方的機會，這時候相對於剛剛，我們不會用過去的感情達到治療助益，因爲夫妻用這些當作批評的言語，代表他們因爲這些經驗可能太過痛苦，所以無法回想到他們過去關係中的正向部分，當這種情況下，我們會放棄在第一晤談中談他們的感情發展史。的確，一位 ICT 治療師的立場最好是「隨時隨地的保持彈性」，假如求助的夫妻談他們過去的經驗太過痛苦，無法談他們快樂的部分，ICT 治療者最好準備接受他們的這種痛苦；因此，初次晤談這時候只能談談他們的過去，但不能把這些過去當作促進治療的武器。

他們是如何在一起的？　我們在第一次晤談中花時間去找這一對夫妻如何在一起，以及他們如何變爲夫妻的過程，有時候也會遇到一些夫妻很詳細的告訴我們他們故事的細節，即使他們在某些細節上不是雙方都同意（例如誰先追誰的），他們通常都會很高興的細數他們以前的快樂時光。當然有一些夫妻會在第一次晤談時說相當悲慘的故事，當他們的故事無助於瞭解他們的依附時，我們雖然不能利用這些故事，但是最起碼我們知道他們的關係是從很早已前就開始有問題的。

他們戀愛時的關係像什麼呢？在問題發生初期，他們的關係又像什麼呢？　一般來說，在初次晤談中，我們會企圖貼近這一對夫妻在過去、現在和未來關係中的情感依附基礎，我們會想要瞭解他們的關係在發生問題前是什麼樣子，帶領夫妻在經歷這些過去除了可以在初次晤談中達到一些治療上的幫助之外，這些有用的資訊有關過去有用的資訊對於未來的「接納」工作（在評估完成之後要做的）也是很有幫助的。例如，我們對於這一對夫妻當初怎麼樣吸引彼此很有興趣，因爲他們現在的衝突可能就和這些當初相互吸引的東西有關，假如我們在初次晤談中可以針對此描述出輪廓，我們也許可以據此發展出有關他們衝突的來源的有用假設。

他們現在的關係有何變化？　大多數的夫妻不會每個禮拜中，每一天的 24 小時都在吵架。從「夫妻觀察檢核表」（Spouse Observation Checklist，參見下表）這一類的量表中，我們發現到不快樂的夫妻比快樂夫妻的婚姻關係的滿意度有更大的變動，假如我們可以描繪出婚姻關係中與滿意度高的婚姻之間的不同時，我們就可以找到幾個未來治療上的焦點。

工具	使用目地
Dyadic Adjustment Scale (DAS; Apanier, 1976)	1.將婚姻的困擾量化。 2.評估關係中的承諾。
Marital Satisfaction Inventory (MSI;Snyder, 1979)	1.量化婚姻困擾；包括整體困擾的各個層面。 2.為沒有困擾、有困擾以及離婚的夫妻提供參考標準。
Marital Status Inventory(MSI)	1.評估關係中承諾的程度，以及分離或離婚的傾向。
Conflict Tactics Scale (CTS; Straus, 1979)	1.評估家庭暴力程度。
Areas of Change Questionnaire(ACQ)	1.評估 34 項夫妻想要改變的行為。
Areas of Change and Acceptance Questionnaire(ACAQ)	1.評估 34 項夫妻想要改變的行為和接納行為的頻率。
Spouse Observation Checklist (SOC)	1.計算每天的正向以及負向行為。 2.監控治療進展。 3.辨認每天夫妻出現的婚姻滿意行為。 4.產生行為交流的列表。

目前的問題不再出現時，關係會如何改變？ 這一個問題是在詢問有關這一對夫妻的未來，而且可以爲個別晤談建立正向的路徑，在此，求助夫妻會被鼓勵多去描述他們以後想要常常看到的情形，而且不去想最近所經驗到的痛苦，一旦夫婦開始回答這個問題，他們就已經在描述那需原來使他們在一起的一些東西，包括關係中好的層面以及他們未來想要有的關係。

接下來有一小段包含上述我們提到各項的晤談，Tanya 與 Cal 是一對有著保守／不保守主題的夫妻，透過我們剛剛提到的策略，不止讓我們能夠重視他們關係的強度，而且可以瞭解他們的問題範圍；在某種程度上，這種策略有時候是必要的，因爲治療者沒有很多的時間，而且必須趕快找到下一次的晤談的重心，不過有時候，仍是有許多的機會與個案討論他們的關係強度，並引發希望感：

治療師（治）：你們結婚多久了？

丈夫（夫）：六年半。

治：嗯，六年半。那你們認識多久了？

夫：九年。

治：嗯，九年。所以你們是在1984年認識的，你們是怎麼相遇的呢？

妻子（妻）：在一間酒吧。

治：喔！在酒吧。

妻：對，就是在那些奇怪的地方。

治：怎麼說？

妻：你（面向丈夫）可以說看看，你想說就給你說，還是你要我來講？

夫：我在酒吧和朋友一起喝酒。

治：所以說你在晚上特地去見一些人？

夫：不是。我們只是喜歡一起聊天。

妻：一個我的朋友慫恿我去和他說話，所以我就去了。

治：就只是因為你朋友的意見嗎？還是你也覺得他長的蠻不錯的？

妻：都有吧。我們有四個朋友在下班後來這裡喝一杯，所以我也不知道來這裡會有什麼情況發生。

治：你也發現他吸引你嗎？

妻：嗯，他很可愛。

治：所以你就走過去跟他講話。那你覺得這像是突然出現的魔術囉？

妻：很突然。

夫：嗯

治：可以告訴我有關這一方面的事嗎？當你覺得你被別人吸引時，你覺得如何？

妻：我們一起去走走，然後做一些一般朋友都會做的事。

治：哪些是一般朋友都會做的？

妻：我不知道。你說了什麼啊（對丈夫笑）？

夫：我一直被他所吸引，而他是我認識的人中，少數幾個有個人電腦而且會使用的人，我覺得這是一個不錯的藉口。

治：嗯，電腦朋友。

夫：對，電腦朋友（笑）。他比我還要懂電腦，現在還是這樣，我覺得他的聰明才智深深吸引我。

治：所以你們是那種從朋友漸漸轉變為愛人的那一型，或是一見鍾情，還是這兩種情形以外的呢？

妻：我會說我們是一見鍾情。他就這樣出現在我面前，而因為我所以他就停下來了。

治：這就是你們的故事了？

妻：對，這是我們們在一起的故事。

治：讓我們來看看，你們已經結婚六年半，認識了九年，所以你們約會的時間大概是兩年半。

妻：其實我中間有六或八個月是搬到別的地方去的。

夫：沒錯。

妻：搬到 North Carolina。

治：所以你們並非一直在一起，而是有一段時間分開。

妻：對。

治：分開是你的主意嗎？

妻：是我提議的，因為他還沒有打算安定下來，因為我發現他沒有辦法不和其他人出去，所以我選擇離開。

治：所以你們分開了一陣子，後來又在一起了。那你們後來又是如何決定你們要結婚的呢？

妻：我跟他說，只有很穩定的承諾我才會回來。我已經快要 30 歲了，所以我想要和一個人定下來。而且我想要一個孩子，我不想要浪費時間在一個沒有時間規劃的人。

治：那你怎麼說（面向丈夫）？

夫：其實我已經準備好了。因為我想她，我想我是愛上她了，我的心被她帶走了。

治：在你們的回憶裡，你們有沒有覺得你們遺漏的什麼，而造成現在的問題？

妻：我本來預期她會是一位花心的人，可是他實際上是一個相當穩定的丈夫。

治：所以實際上他的表現不像你的預期？

妻：是的沒錯。

夫：（向著太太）謝謝。

妻：我的天！他讚美我耶，我有沒有聽錯（笑）？

治：最好你們在每一次治療時段都有一個讚美的話（丈夫和太太都笑了）。

妻：他當時除了跟我交往之外，還有跟其他人也有來往。

夫：我又不是住在修道院（試探的語氣）。

治：但是他卻最被妳吸引而且跟你有最多承諾，而且超出妳的預期。

妻：對。

治：那很好啊。

夫：對啊，聽起來很好（笑）。我把這些都視為正向的部分。

妻：沒錯，但是我們之間還是有許多不好的部分。

治：嗯，我現在對你們已經有足夠的瞭解，也知道你們最近有一些大問題；而且你們似乎也發現到你們之間有一些正向的部分，你們可以想到如果沒有這些問題的話，你們的生活會有什麼不同？

妻：我想我們會過得很好，基本上來說啦。

治：那是怎樣的情形？

妻：我們都會喜歡和對方說話，只要孩子不來打擾的話。

治：怎麼說？

妻：當然有些我們很私密的場合，例如性就很美好；而且我們有一些共同的興趣。

夫：當沒有酒精在的時候，我們都會很喜歡彼此，而且不止我們，還包括小孩也是；那是很舒適、放鬆而且快樂的時光。

妻：那得看跟孩子是在什麼樣的日子。假如他們在五點以前都乖乖的就還好，但是若是我實在是很忙，我還是必須要在他回家前把一切都安排好，這使我實在沒剩下什麼力氣了。

治：所以妳真的是累壞了，沒有什麼好心情。

妻：對，我就是那個樣子。

治：如果我可以用魔棒點一下把你們變成你們想要的婚姻，會有什麼不同呢？

妻：這不是一件容易的事。我們之間有太多的憤怒，我不知道我能否忘了這些，我想我可以，不過不管如何，如果我可以做到，事情就會變的容易多了。

治：所以對妳來說，比較重要的工作是要找到使妳不再生氣的方法？

妻：嗯。

治：但是做什麼會讓妳比較少生氣或發怒？

妻：我不知道我是不是可以做些什麼？但是我知道如果把所有的問題都說是我酗酒所引起的，我就會很生氣，我喝酒是因為我壓力大、生氣和挫折。

治：所以妳覺得只要你不被責備，妳的酒就會少喝一點了？

妻：嗯，而且只要我不喝酒，假如我沒有壓力或是沒有怒氣，我們就可以發現到有許多我們生活中還擁有的部分。

治：妳一直提到有關妳面對三個小孩的困難，而且妳覺得養育他們、教育他們是很大的責任？

妻：是的沒錯，不過除非他可以更投入一些。若是他可以放棄一些他在外面的興趣，願意花時間陪家人，而且他又可以少工作一些就好了。事實上，在我住院的兩個星期中，他當單親爸爸也一段時間，這也花了他不少的時間和精力。

治：這又如何？

妻：我覺得對他不好，因為他總是在工作，至少我不用工作，有時候我一天中可以有依兩個鐘頭是自己的時間。

治：所以他在這一年半中其實是一個好爸爸，尤其是在過去這兩個禮拜中。

妻：他作的比好爸爸的角色還要好，這兩個禮拜中，他是好爸爸也是好媽媽。

治：嗯哼，兩者的綜合體。

妻：（開玩笑地說）我一定是人格分裂出去了。

治：（面向丈夫）你怎麼樣呢？聽到她這樣說妳覺得如何？

夫：聽起來很好，我不想離婚，但是喝酒的行為得停下來。

治：你想像中的良好關係是怎樣？除了他不再喝酒之外？

夫：我們是一家人。我在一天工作結束回到家，她是清醒的，我們可以跟小孩玩一玩，一起出去做些事，你知道的，就像一般家庭都會一起做的活動。

在這個例子中，Cal 和 Tanya 正在離婚的邊緣來接受晤談，有許多的機會可以討論他們婚姻的困難，在這裡治療者採用的是我們之前提過在初次晤談所使用的策略，而且也正視這一對夫妻所經歷到的痛苦。他同時強調這一對夫妻關係中的強處以及嚴重的問題，結果至少這一對夫妻透過晤談可以感受到些快樂，而且在晤談結束時，可以把這些感覺說出來。當然，這主結果不一定都會發生，但當他發生時，所有離開晤談式的夫妻都會比較覺得有希望，而且時間沒有白白浪費。

問題範圍的衡鑑

在 ICT 中，採行問題範圍的衡鑑的目的是要對於問題形成架構，以提供訂定之後的治療計畫，而幫助「接納」的介入。我們著重在辨識主題、極端化過程、以及相互設陷上。爲了幫助求助夫妻可以對於治療有所概念，我們會請他們閱讀一些在本書中前一些章節裡那些夫妻的描述，用簡單的方式讓他們瞭解有關 ICT 的語言。

通常在衡鑑時，治療者試著要回答下列六個問題，每一個問題都有助於形成架構與治療計畫：

1.這一對夫妻困擾的程度？

2.他們關係中承諾的強度如何？

3.是什麼事情使他們疏離？

4.爲何這些事情對他們會造成問題？

5.使他們在一起的優勢力量是什麼？

6.治療可以給他們什麼幫助？

第一個問題，夫妻困擾的嚴重性，可能可以決定治療實際上要如何進行。假如夫妻的困擾是輕度或是中度的，就可以進行衡鑑階段而不需要立即介入；然而，如果夫妻有很急迫且無法忍受的問題，那麼立即的介入就是必須的。例如有殺人或是自殺的危機，婚姻暴力或是虐待小孩，還是精神病等。

困擾的程度可以在夫妻一起晤談和個別分開晤談時來評估，求助夫妻可能會討論他們想要分開，或是報告說最近其實已經分開的事。除了這些內容上的指標之外，夫妻討論他們問題的方式也會與他們困擾的程度有關，有一些夫妻會相當生氣，一再地打斷對方的談話，或是一點也不想聽對方說什麼。

問卷也可以提供對於困擾更有效的測量。有關夫妻適應程度量表，例如雙人適應量表（Dyadic Adjustment Scale；DAS, Spanier, 1976）或是像婚姻滿意度量表（Marital Satisfaction Inventory；MSI, Snyder, 1979）都提供了量化的方式以及常模資料去評量求助夫妻的困擾程度。不過不管夫妻之間的困擾程度爲何，有關暴力的評估都是要做的，因爲夫妻通常在一起晤談時不會說有關暴力的事，而且因爲其中一方（常常是太太）是處在危險狀態下的，所以最好在量表中可以加入有關這一部分的評估，像是衝突策略量表（Conflict Tactics Scale；CTS, Straus, 1979），而且最好是保密的形式。有關評估暴力的衡見技巧將會在第十一章中討論。

接下來我們會想要知道夫妻的之間承諾的程度，而承諾的程度時常與困擾的嚴重度有關（承諾程度越高，困擾越小）；有時候困擾很大的夫妻之間會有高承諾，而有的時候夫妻之間的困擾很小卻吵著要離婚，當求助夫妻主觀的困擾程度的訊息已經告訴治療者治療的困難度時，承諾的程度會成爲評估夫妻準備好接受婚姻治療程度的一個有效的。

自陳式量表可以用來評估承諾的程度。例如，DAS 裡有一些題目是特別用來瞭解一個人想要良好關係的程度以及想要努力使得關係良好的程度；而婚姻狀態量表（Marital Status Inventory；MSI, Weiss & Cerreto, 1980）則直接評量夫妻與對方疏離的程度：分數越高，表示夫妻越有離婚的危險，而且可能他們的承諾程度就是較低的。例如，若夫妻之間都設定自己的秘密帳戶來保障自己的興趣，就比那些深思熟慮是否要離婚的夫妻更容易在一次爭吵中離婚。

單獨晤談的時間裡也有助於澄清承諾的程度。有時候，在晤談時求助的夫妻會提到他們正處在離婚邊緣，而把接受治療當作最後的方法；而有些求助夫妻私下已經決定要分手，而把接受治療視為分手前的「安全天堂」：隱藏在安全的婚姻治療下，來宣布他們要離婚。婚外情也可能在個人晤談中被發現，而且通常可以作為低關係承諾的指標（處理婚外情的部分在第 11 章討論）。一旦承諾是低的，接受取向的治療是更佔優勢的，尤其是在治療早期，因為低承諾的夫妻不可能順從於要求他們改變的治療中。

形成架構的第一部是要辨識主題，為了要辨識主題，就必須要瞭解夫妻疏離的原因是什麼。他們爭吵的是什麼？在這個特殊範圍內，他們的立場和論點各是什麼？舉例來說，當 Harry 和 Beatriz 說他們為錢而爭吵，我們就會想要更瞭解細節；也許 Harry 因為花錢很謹慎而 Beatriz 則愛亂花錢，而他們產生衝突的背景是什麼？也許是因為 Bertriz 賺得錢比對方多，所以依照這個邏輯她覺得她應該可以想花錢就花錢。

我們已經提過常有的親密—疏離主題，以許 Harry 想要更多在一起的時間，多有情感交流，多說說自己的興趣，而 Beatriz 則喜歡自己從事自己的興趣，不喜歡說太多自己的心情，而且會隱藏自己的秘密；而與這有關的背景可能是 Harry 是一位整天都自己工作的作家，而 Beatriz 的工作則是有許多的社交互動；當她下班回家，他想要安靜和休息，但是 Harry 則有很多話想說，想要有一些社會互動。

一般來說夫妻都會發現這個使她門疏離的問題並且加以解決，不會出現太多困擾。有一些問卷可以用來評量這個領域，比如說是改變範圍量表（Area of Change Questionnaire;ACQ, Margolin et al., 1983），其中題目包括在婚姻關係中，時常想要的改變項目，夫妻雙方都寫下那些他們想要改變的向度以及程度以及他們知覺到對方想要自己改變的項目。ACQ 中有一些夫妻惠顧地忽略或是不願意回答的項目（例如性關係），我們將 ACQ 加以修改，所以我們的版本不止評估想要改變的向度與程度，而且還包括最近這些行爲出現的頻率和什麼頻率下是可以接受的，這就是改變與接納範圍量表（Area of Change and Acceptance Questionnaire；ACAQ, Christensen & Jacobson, 1991），對於 ICT 治療以及改變取向的治療都很有用。

有關第四個問題（爲何這些事情對他們會造成問題？）的回答就直接與極端化過程和相互設陷有關，當求助夫妻在回答這個問題的時候，治療師就可以瞭解到他們遇到衝突時如何因應衝突，以及他們如何互相絆住對方。在婚姻互動的研究中，有一些結構化的溝通練習，可以用來評估夫妻如何處理他們的衝突（Gottman, 1994）。這種方法在臨床上很試用，只是這種練習所導致的結論還需要多一些臨床判斷；除了觀察夫妻如何在晤談中互動之外，治療師還會請他們談一談他們在家中最常爭論的事；他們會避免討論他們的衝突嗎？他們會不會越吵越兇，而且在吵架後就冷戰？是不是有一方想要把對方比下去，而另一方則在壓抑自己的憤怒？來看看 Harry 和 Beatriz 爲了錢的互動，也許她花錢時並沒有先問過 Harry，他開始生氣而且批評她，而且想要把她的氣勢比下去，當她辯解說可能是因爲有需要才會買時，他會覺得這是無聊而且沒用的；因爲她覺得跟他講道理並沒有用，所以她決定自己決定要不要花錢，然後忍受她的苛責和抱怨；而因爲他真的對於她沒跟他商量覺得很生氣，所以他也不會想要和她討論，甚至完全不聽她有關以後要怎麼花錢的建議。

當這一對夫妻開始描述他們如何企圖想要很親密的時候，我們就可以發現這一對夫妻的親密問題在哪裡。他想要利用向她表露自己情感的方式讓她可以放鬆一點，而且營造愛的感覺，雖然她不想要傷害他的感覺，但是她卻沒有什麼心情去親近他，不過她仍會讓他繼續，只是她的非口語行爲已經很明顯的讓他察覺到其實她並沒有投入，他發現到她好像對於他的情感沒有什麼興趣，而當她沒有辦法真心的做出回應時，他就會因爲覺得不被她所愛而生氣，但是這也會使得她非常生氣，因為她覺得她已經盡量的投入了，為什麼她卻得到更多的抱怨和批評？最後，她會開始隱藏她的怒氣，這種方式對他有用，因為他就會想要認錯和道歉，她會原諒他，但是很快的這種循環又會再重複發生，而且兩個人都不知道該怎麼停止。

治療師必須要注意到極端化過程通常會伴隨一些議題爭論的互動，在第三章中所提到的所有例子，所有的夫妻都想要盡力的化解對方的問題行為，接著反而引發出他們自己的問題行為。Harry 盡力想要與他的太太溝通，結果反而使他太太受不了，讓他反而想疏離他，她並不會想要傷害他，但是卻使她想要在情感上虛假的應付他，當他察覺到這種氣氛，反而覺得自己受傷害了。所以在回饋期間最重要的就是給他們看問題的新方向，告訴他們這種惡性循環的存在。

第五個問題的答案是有關過程的議題：這一對夫妻有什麼優勢使得他們可以在一起？是什麼讓他們在第一次見面時救被對方吸引？是什麼樣的特徵使得他們還可以繼續在一起？治療師可以在個別晤談的機會下詢問這些問題。無論這些訊息是從第一次晤談、從問卷或是從個別晤談時所取得，治療師都必須要去評估他們彼此互相吸引的特徵是什麼，而這些特徵會與他們的問題有關。舉例來說，Harry 說 Beatriz 的自發性和不可預測性最吸引他，而 Beatriz 則提到 Harry 顧家的特色是她被吸引的因素；更深入的來說，Beatriz 的自發性其實可能是因為不希望生活變成習慣，而 Harry 喜歡安逸、安全可能是因為他想要保持安全感。

互相吸引的特徵差異也可以加以治療。在 ICT 中，我們試著讓夫妻去經歷差異的正面和負面角度，所以他們可能是不能被改變，但是卻是可以接受的。在 Harry 和 Beatriz 的例子中，我們也許會把他們有關花錢觀念不同的問題放在自發與安全的背景差異上討論，因此，治療師就必須要很警覺的去察覺他們互相吸引的特徵，以便於用來瞭解他們最近所發生的問題。

有關這個問題另一個面向是說：即使他們因為很嚴重的問題所以來尋求幫助，但是他們之間有什麼強處可以使他們還在一起？這是一個重要的問題，因為這不止牽涉到他們之間的彈性，還牽涉到他們困擾的程度，瞭解到說夫妻他們還有一些生活中共同重視的部分，或者是對他們的小孩有共同的協定的這些資訊將有助於之後的治療介入。例如治療師可能會與夫妻討論一些夫妻之間的核心價值，這是比較有建設性的，治療師反而不會去談可能沒有建設性的經濟問題。

有關改變與接納的關鍵都可以在這一對夫妻過去的成功經驗和優點裡找到，如果一個治療師可以找到這一對夫妻為何在一起的理由，而且可以把這些理由從他們的激烈爭吵中加以區分出來，那麼他就可以找到一些線索來阻止這一對夫妻的極端化過程，通常 BE 的治療技術可以很有效，尤其是這一對夫妻本身就已經存在互相增強的互動；同樣的，當治療者知道如何與求助夫妻一起工作以及解決問題時，也會增進 CPT 的效果。因此，我們在瞭解他們彼此的正面互動就跟瞭解他們的極端化過程一樣重要，大部分的夫妻是可以解決他們的問題的（最起碼是有時候），很少有夫妻完全無法解決他們的衝突。

上述這些利用正面的策略就像我們的溝通訓練手冊裡的規則一樣重要。ICT 的核心是對於每個單一的個案進行功能性的分析，而且強調逐漸自發的改變，而不是像之前提過的行為治療一樣，使用教條管裡的方式，我們在乎的是每一特殊的個案用哪一種治療方式有效，而不在乎該遵守哪些規則。

最後的問題：「治療可以提供什麼幫助？」可能是最重要的。即使是我們已經形成很清楚的問題架構，但是沒有治療目標和達到這個目標的策略，都會使得治療沒有方向而且很難成功。ICT 的目標通常都是在衝突領域中合併接納與改變，改變意味著使用行為塑造來增加正向的行為，例如較少批評以及非防衛性的溝通；治療者應該要將注意力放在盡可能衡鑑夫妻的調適、承諾、合作的過程以及可能可以造成接納的其他部分。

再回到 Harry 和 Beatriz 的金錢問題，他可能會被引導向去接納它們之間基本對前觀念上的不同（有錢就花 vs. 把錢省起來），促進他們的過程是要他們好好的去討論這個問題，而且不用責備、批評的方式，假如 Beatriz 可以在花錢之前與 Harry 討論他想買什麼，而且買這個東西的急迫性，而 Harry

可以不要一下子就否定她的想法，那他們可能就會有爲他們的問題作建設性溝通的機會，如果他們對於這個議題有多的溝通，那它們之間就會有更多的妥協和較少的不滿。如果 Beatriz 覺得自己不是被 Harry 所控制，那麼她才會想要去使他高興，她也會開始理性得去思考省錢的好處，而且開始會考慮什麼什麼東西該買什麼東西不該買的優先順序；在此同時，假如 Harry 不再感覺被她偷偷買東西的行爲所操控，而且可以感覺到他的意見對於她的重要性，他也會想要使她高興，而且可能也會開始適當的喜歡花錢；一旦 Harry 和 Beatriz 的立場不再互相衝突，他們可能就更有機會去交涉如何去節省彼此的金錢、雙方該留多少錢自己花、而哪些東西又是他們所需要優先購買的。

當問題變成：「治療如何幫助他們？」時，這個問題的回答與求助夫妻有多少能力可以達到改變和接納有關。在一個理想的情況下，夫妻應該都要可以一起面對他們的問題，瞭解到必須要做一些改變才可以維持他們的關係，並且瞭解到承諾與調適的重要性，這種理想的狀態通常只會出現在夢裡，然而有一些夫妻比其他夫妻可以達到類似這樣的情況；另一些極端的夫妻則是水火不容，他們認爲他們已經試過調適、妥協、以及合作了，但是對方仍然沒有大的改變，這是一種劇烈的衝突的情況。因爲大多數的夫妻都落在這兩個極端情況之間，所以治療師的責任就是要盡早促進接納與改變，一般來說，若是夫妻的合作程度越高，在治療初期就要更強調改變的技術；相反的，如果夫妻之間的差異程度很大、痛苦越多、承諾程度越小、對於關係的期望越不一致、婚姻形式越傳統，那麼在治療初期最好著重在接納的工作上。

治療要以接納或是改變來開始也許重要的決定因素在於這一對夫妻來接受治療時的「合作狀態」（collaborative set； Jacobson & Margolin, 1979）。這一種狀態是指夫妻雙方都有共識在於，他們的問題雙方都有責任，而且如果他們想要改善關係，自己就必須要做一些改變。當求助夫妻帶著這種狀態來治療時，改變的策略可能是較可能成功的；相反的，如果求助夫妻雙方都覺得自己是對方壓迫的受害者，而且希望治療師可以讓對方改變，此時也許該重視接納的策略。因爲很少有夫妻在來接受治療時就呈現合作的狀態，所以在治療初期可能要考慮使用接納的策略。在 1979 年時，我們認爲治療初期，可以在求助夫妻沒有合作狀態時引發出這樣的狀態，雖然這種方式有變成功的效果，但是不可否認的，我們還是有強迫夫妻去改變的性質在，這種性質導致了在治療結束後，問題快速的復發；因而在 ICT，我們反過來去觀察求助夫妻表現出什麼狀態，假如他們在剛接受治療時沒有表現出合作狀態，我們會接受他們缺少了這種狀態，而不會去勉強引發合作狀態。

促進接納的策略包括討論求助夫妻的問題，此時治療者是扮演中介者的角色。基本上，這種討論包含四個水準：對於他們問題的一般討論、討論將會誘發問題的事件、討論最近引起問題的負向事件以及討論最近一些正向的情境（通常是某天夫妻中某一方想要努力使關係變好，即使結果可能不是正向的）。對於一些問題，未來的誘發事件也許沒有討論，因爲對這些問題不太可能形成預期，但是討論最近的正向與負向事件，就適合於每一對夫婦，而討論最近發生的事件也可以用已瞭解求助夫妻的極端化過程。

在衡鑑的時候，有幾個方向可以幫助治療師形成良好的問題架構：（1）著重在一般討論上。（2）判斷在每一節治療間詢問哪些有關治療的事。假設現在有關 Harry 和 Beatriz 問題的主題是控制與責任（也許親密與疏離也可以合併討論），他們的極端化過程我們已經描述過，後果是他們彼此互相糾纏，問題沒有解決，反而變的更嚴重，他們都互相深陷於自我挫敗的策略中無法改變；最近幾次 Beatriz 沒有徵詢 Harry 意見就買東西，或是 Harry 完全否定她說明買東西的動機，這些事都形成負向的互動；不過有的時候，Beatriz 想要與 Harry 開放的討論他買這些東西的必要性，即使後來都沒有好的結果。撇開他們的金錢問題不談，討論一些 Beatriz 所希望的未來事件（或計畫）可能會有所幫助，這時候治療師可以透過明顯的示範來訓練他們建設性的討論問題。

回饋階段

在評估過後，治療師會提供給求助夫妻關於他們的問題架構與治療計畫，在這個時候，夫妻可以對於他們接下來要不要接受治療作一些決定。

我們在衡鑑階段問的六個問題，可以提供回饋階段的一些材料。當治療師嘗試詢問他們問題，而求助夫妻加以回答時，他們的答案就會提供給自己一些關於自己問題的訊息，更重要的是，通常會引領這一對夫妻往正向的方向去。

在回饋的時間裡，是治療師與個案互相對話的機會，而不是治療師在教導個案，此時，任何假設的想法都可以提出，而據此來引發回饋。這時候求助夫妻被看做是專家一樣，試圖去瞭解是什麼困擾著他們，並且試著建立他們問題的架構；這種方式的目的是希望可以產生雙方都可以接受的治療計畫。

在問第一個問題時，治療師指出這一對夫妻的困擾程度給他們知道。治療師也許會告訴他們相關量表的分數（例如 DAS、MSI），而且會告訴他們一般人的標準在那邊，以幫助他們瞭解分數的意義，在這個時候，很重要的一點是要再一次確定他們的困擾程度，尤其是有一些夫妻一來的時候就覺得他們的問題比其他人還要嚴重很多，若是這樣，可能救一把他們困擾的程度的評估降低一些。

接下來 ICT 的治療者會指出他們的承諾與親密程度給這一對夫妻知道，當承諾程度高時，治療師可能會說：「我可以看的出來你們兩位對於你們的關係有很多的承諾，即使是你們現在有些問題。」當承諾的程度中等時，治療師在陳述時就會強調承諾的程度和不確定性，他可能會說：「我想你們兩位都還想要維持這一段關係，但是你們之間的問題實在不小，這的問題讓你不得不想到要離婚或分開。」當承諾的程度很低時，治療師會反映這一對夫妻的悲觀想法：他會說：「我認爲你們會想把治療當作最後的一條防線，你們還是會想要做更多努力，但是你們雙方其實都覺得不太有希望。」不論是哪一種承諾的程度，治療師會使用晤談以及問卷上的資訊輔助自己的觀察。之前我們提過的 DAS 中的最後一題，和 MSI 中的題目都與承諾的程度有關。回饋階段的臨床目的，如果針對的是困擾的話，是要再確定這一對夫妻和其他人相比之下，他們困擾的嚴重程度是多少；另外，承諾程度低的夫妻，會被強迫去爲他們自己的治療成功或失敗負起責任；他們真的還想要這一份關係嗎？他們想要繼續一起走下去嗎？治療的成功就看求助夫妻如何回答這樣的問題，不過有技巧的治療師可能只會在求助夫妻真的想要他們關係改善，而且想要一起走下去時才會想介入。

有關第三個問題的回饋必須聚焦在主題上。首先治療師要指出求助夫妻的主題，例如 Harry 和 Beatriz 的「控制與責任」的主題上，接著治療師要指出求助夫妻雙方在這一個主題上的立場與角色，以及在這一個主題上他們的差異，治療師可能也要指出一些特殊的例子來說明他們在某一個主題上的不一致，以及如何導致相互攻擊的地步。這時候回饋的臨床目的是要幫助他們把互相批評的立場轉變爲相互接納；例如在給予 Harry 與 Beatriz 有關他們花錢衝突的回饋時，治療師可能會說：

> 很顯然的，你們兩位在怎麼花錢上有很大的衝突，我認為這個問題反映出你們在控制與責任上有很大的差異。Beatriz，妳想要主控花錢的決定，而妳的確也這樣子做；Harry，你也有另外一套該怎麼花錢和省錢的哲學，而你們彼此都認為自己的哲學是比較正確的。Beatriz 妳覺得今朝有酒今朝醉，而 Harry 則會考慮為明天作一些準備；你們的立場都是合理的，都沒有違反「十戒」，只是現在要很快的決定哪一邊是對的真的很難，因為你們都覺得不需要為明天準備，或是要今天就該揮霍一番。我覺得這只是著重的角度不同，這些你們之間的差異讓我覺得有興趣的是，原來就是這些差異使你們彼此互相吸引的，Harry 你說，你會被 Beatriz 吸引是因為他是一位很有自發性的人，而 Beatriz 妳說妳 Harry 給妳的舒適、安全感所吸引；事實上，你們當時認為你們之間的差異都是合理的，但是你們現在都認為自己的哲學才是對的，當你們在吵架時，其是就是在爭誰的哲學使比較優越的，而且也在爭誰才是這一段關

係中的國王或女王。

當在回答第四個衡鑑問題時，治療師會向求助夫妻解釋極端化和相互設陷的過程，這是希望求助夫妻將他們的焦點放在彼此的差異以及他們處理他們差異的辦法。治療師會指出夫妻雙方努力想要處理彼此的差異的方式，而且告訴他們的這些解決方式是如何惡化他們的問題而不是解決問題。做這樣子回饋的臨床目的是要將求助夫妻如何對他們的問題「有所貢獻」的情形呈現出來，而改變這些情況就可以使得極端化過程受到改善。在這個階段，治療師要強調自己對這個歷程的瞭解，所以求助夫妻可以不帶防衛的聽以及回饋這些問題，例如治療師可能會對 Harry 與 Beatriz 說：

> 你們之間存在的差異在於到底錢要今天花掉，還是要為了明天的需要存起來，這是夫妻之間常常有的爭執，你們今天就遇到了。Beatriz 想要買一些東西，我想妳以前有試過要告訴 Harry 買這些東西的潛在需要，但是妳發現你說了之後他只會責怪妳的想法，所以妳也許就想自己來管錢，妳可能認為這種方式才可以在這樣的關係中決定自己的前該花在哪，否則妳覺得可能沒有辦法買半樣東西，沒有錯，過不了多久 Harry 就會發現然後對妳發脾氣，但是最後，雖然被罵會不高興、不舒服，但是這樣才會使妳可以有權力決定要花什麼錢。從 Harry 你的角度上來看，你覺得 Beatriz 不跟你商量的行為是完全抹殺你對於經濟的決定權，除了沒有控制感之外，你覺得自己沒有重要性，而且被刻意忽略，所以這不難理解當她不跟你商量就做決定時或是你沒有被充分告知時，你會覺得生氣，你會覺得不管你說什麼她都會買，而且這是唯一可以控制她，讓她不再亂買東西的方法。

在討論極端化過程時，我們不只會指出相互設陷的過程，還會指出兩個一般夫妻都常會使用的概念：「雷區」(minefield)與「信任鴻溝」(credibility gap)。以 Erling 與 Lorna 爲例，Erling 對於衝突相當敏感，所以他會想要盡量的消除、最小化、或解決衝突，他的「衝突恐懼」使他的修養變的很好，因爲他是在隱藏衝突的家庭中成長，若是表現出衝突通常會換來懲罰；而 Lorna 則來自於可以自由表達衝突的家庭中，表達衝突的方式對她來說比較習慣。當 Lorna 被 Erling 惹生氣時，他會覺得很不安，他會想要跟她否認自己有惹她生氣，或是用安撫的方式來補償她；然而她並沒有辦法「關掉」她的邊緣系統，所以還是會一直很生氣（最起碼有一段時間是這樣）。當他努力想讓她不生氣卻沒有成功的時候，他會反過來對她發脾氣，從他的角度上來說，她控制自己脾氣的能力很差，所以才會讓衝突擴大；但從她的角度來說，他要她不要發脾氣的要求並不是她所習慣的方式，他的強求使她生氣。事情的最後結果是兩個人都被激怒了，而且都討厭彼此。

所謂的雷區是指會被觸及的地帶，一旦觸及就像地雷爆炸一樣會爆發嚴重的衝突。對 Erling 與 Lorna 來說，雷區是有關於金錢，每一次當他提到錢的問題時時，她都會發很大的脾氣，進一步分析，其實是有關他的花錢方式哲學，當每次 Erling 開始說她花錢的習慣時，她會相當生氣，因爲她決額自己沒有權利控制要不要花錢，對她來說，他會跟她提起錢是代表他的不信任，或是他缺乏關係的承諾（他一定想要在哪一天就丟下她），又或是他在關係中強勢地位。所以，不管用什麼方式來討論這個議題，一旦碰到這個按鈕都會導致他們關係的「大爆炸」。

所謂的信任鴻溝是指因爲當某一方的立場不被對方所信任時所導致的僵局。問題解絕對這樣的情境沒有什麼幫助，就像 Erling 和 Lorna，當 Erling 想要對她說某些意見時，她會不高興，即使是他不斷的道歉、澄清或是強調他並沒有批評她的意思，她仍然不相信他；而她總是不相信的態度，也使他不高興，因爲她一再拒絕他想要解釋清楚的努力。相互設陷、雷區和信任鴻溝通常是求助夫妻極端化過程的核心。

有關第六個衡鑑問題（治療如何幫助他們？）的回饋通常依據對於治療架構的回饋。我們會向求助夫妻說明治療的目標在哪以及達到這些目標的步驟，一般來說，目標是要建立一個有效解決問題的治療情境，解決的過程是透過接納與改變的某些合併方式，達到治療目標的過程包括：(1)討論一般治療的議題，和舉出一些有關求助夫妻問題的例子，(2)除了在治療室中的努力，在治療之外有哪些家庭作業要做。做這些回饋的臨床目的是要給求助夫妻未來要進行什麼事的一些預期，並且透過直接討論與溝通或其他的方式達到接納與改變的目標。例如對於 Harry 與 Beatriz 的花錢問題，我們會這樣給予回饋：

> 治療要如何才能幫助你們兩個之間的花錢問題呢？首先，讓我先說說治療的目標是什麼，其中一個目標是要使你們兩位都可以在花錢需求上有好的溝通，這個目標聽起來不難而且簡短，但是事實上是代表 Harry 你，必須要更開放地去聽 Beatriz 的意見，所謂的開放不是要你完全同意她的意見，而是你給她你在傾聽的機會；對 Beatriz 妳來說，更開放則是代表必須放棄一些隨性，妳花錢前要先做一些討論，但是討論才可能讓你們彼此都有機會調適。
>
> 調適以及接納彼此是治療這個問題時，接下來的二個目標，我不是很清楚這兩個目標結合時，對你們的詳細好處是什麼，但是我確定治療的成功一定需要這兩個因素。你們兩位對於花錢都有不同的立場，不過就像我們之前所討論的，你們兩位的立場都是合理的，治療可以探索你們可以接納彼此差異的可能性，而停止像你們以前一樣互相批評；治療也可以幫助你們妥協，舉例來說，你們可能每個月一起存一些錢下來，或是每次花錢之前都規定要和對方商量。
>
> 你們搖如何完成目標？答案是要在這裡透過我當中介者來談，我們將討論有關你們的「控制與責任的」議題，不過重要的是，我們將會討論這個主題更詳細的例子，我會比較有興趣在於正向的例子，不過你們也可以開放的討論有關花錢、買東西的事和對方如何惹你生氣的例子。舉例來說，Beatriz 妳覺得 Harry 都反駁、貶低妳的意見，Harry 你覺得都會不經你同意就亂買東西。我可能也會要求你們在治療時間之外做一些事，通常就像我們在這裡做的一些練習一樣。

除了要做到澄清治療架構以及解釋治療計畫之外，治療師還會利用回饋階段來開啓介入階段。一般來說，有兩種臨床介入技術適合在回饋階段做，第一是描述優點：當治療師花時間去描述他們雙方的優點時，求助夫妻通常會開始試著解決他們的問題，回饋本身可以改變他們的一些觀點，所以可以刺激改變的歷程，不過治療者必須注意的重要之處是，當描述他們的優點時，不要觸及他們的痛處，碰到痛處不會帶來正向的後果，反而會使他們在接受回饋後問題惡化。

第二個可以在回饋階段使用的介入技術是試探合作，這種試探也可以在個別晤談的時候進行，以作為接納或改變策略的指標。我們會試探性的問類似這樣的問題：「你對你們關係中問題的責任在哪？」和「如果你們的關係想要改善，你需要做的改變是什麼？」。這是因為每個人都有自己困擾以及需要改變的缺點，這些缺點如果繼續維持雙方就沒有辦法合作改善關係。有一點很重要，就是在試探時要有特殊性，因為當你試探時對方會有一些符合社會期望的回答，例如：「我知道我不是完美的，我會改進的」，所以在試探時有特殊性才可以找出不同於這類回答，以及雙方回答背後的合作性以及想要改變的可能，假如他們對於自我改變的傾向都很低，治療師可能就會假設他們的合作解決問題的可能不高。

結論

在這一章裡，我們討論了 ICT 中的衡鑑與回饋過程，當時間不會有太多限制的時候，我們通常會與求助夫妻雙方單獨晤談一次，然後在回饋時間在一起討論，第一次與求助夫妻雙方一起晤談的時間是要聚焦在回答我們之前所提出的六個問題或是觀察求助夫妻的優點。決定第一次晤談的焦點是什麼是受到一些因素的影響，其中就包括每一對求助夫妻問題的不同形式。不管是什麼個案，個別晤談的時候通常就是專注在問題上討論，雖然這個時候也會討論一些夫妻雙方的優點。我們也會倚賴一些衡鑑工具來幫助我們做澄清問題的過程，這種方式使得在健保有限給付下可以對於瞭解夫妻問題達到很好的效果。

回饋階段是要綜合衡鑑過程以及治療的開始，這是求助夫妻第一次開始嘗試用架構的方式瞭解自己的問題：有關主題、極端化過程、以及相互設陷，這也是我們向求助夫妻呈現治療計畫以及決定治療目標的時候，通常這些計畫與目標結合了改變與接納。

第5章

整合性婚姻治療（ICT）概論

一旦治療開始，治療的順序性以及程序會隨著不同的夫妻有所改變。最主要有兩種治療介入的方式：包括一種是促進接納，另一種則是促進改變。在任何一類的介入方式中，都有許多不同的治療技術，在第六章到第九章，我們將會詳細的討論這些有助於接納以及容忍度的技術，以及兩種與改變有關的治療策略（行爲交流和溝通／問題解決訓練）。不過我們將會先說明有關治療改變的理論、描述 ICT 的治療架構以及討論基本的治療程序。

治療性改變的理論

雖然 ICT 治療是一個新的名詞，但是我們還是要回到行爲治療的哲學基礎上討論，在婚姻治療中，以行爲理論爲主的治療稱爲傳統行爲婚姻治療（TBCT）。ICT 特別著重在婚姻互動中的控制因素，TBCT 則是比較標準化以及技巧導向的，因此他們較重視我們所謂的衍生因素，用一個例子可以較清楚的區分他們的差異；讓我們假設有一對夫妻（Margo 和 Dave），有關婚姻滿意度的控制因素是先生如果可以時常對她的太太說些甜言蜜語，而且可以常與太太溝通，因爲她小時候的經驗使得他必須要不斷的去確定自己是被深愛的以及值得被愛的，因此他找的另一半就必須要符合這一點才可能有滿意的婚姻；對 Dave 來說，他覺得最大的滿足來自於 Margo 做什麼都會讓他知道，而且也知道她信任和尊重他，因爲他小時候的經驗，他想要成爲一位作家，但是他卻因爲要身兼高中英文老師，而只能在下班時間寫作感到挫折，但是 Margo 卻認同他的才能，相信他會成爲一位成功作家，而且積極的鼓勵他朝夢想努力，就是 Margo 這一點使他覺得更愛她。

在他們結婚後數年中，他們彼此都著重在自己需求上，而且開始覺得對方對於自己的需求不但打擾自己還很煩人，最後的結果是，Margo 失去了他由 Dave 身上需求的資源，而 Dave 失去了他對於 Margo 的依賴，他們都覺得被剝奪了，因此開始不願意向對方提供原來在他們的愛中會提供給對方的資源，他們越來越少時間一起做一些事，反而是常常爭吵。

ICT 首先會描述他們性行爲減少的頻率，以及增加的爭吵頻率（爲了一些衍生的問題），這樣子的問題是主要來自於愛與支持的核心，而有關衍生的問題可能有他本身的動力，以及想要達到的人生目標，且通常是受到許多其他因素的影響。例如，Margo 和 Dave 在爲了穿什麼衣服而爭吵時，實際上的差異可能是在他們看到穿著的觀念不同；爭吵會爲雙方帶來受傷的感覺，而爭吵也會繼續擴大，尤其是其中某一方做出一些戲劇化的行爲時（例如把衣服撕爛）。然而，假如 Dave 並沒有對於 Margo 懷有那麼多的怒氣，那麼也許雙方就會妥協，不會批評或是忽視 Margo 的穿著；相同的，如果 Margo 沒有對 Dave 那麼不滿，她也許就會聽他的建議來穿衣服。

TBCT 重視特殊、具體以及現在的可觀察行爲，所以它通常著重在衍生的問題上，例如那些可以由配偶觀察檢核表（Spouse Observation Checklist）測量的行爲（Wills, Weiss & Patterson, 1974），以及那些想要加以改變的具體特殊的行爲，比如說是改變範圍量表（Areas of Change Questionnaire）（Margolin et al., 1983）；向這些衡鑑工具以及衡鑑的方式，都希望可以評估婚姻關係變調、性行爲頻率減少、爭吵的頻率增加等等這些 Dave 與 Margo 的問題，但是 TBCT 並不會評量 Margo 經驗中缺少愛與價值和 Dave 經驗到缺少鼓勵與支持的問題，因此，TBCT 可能會忽略了重要的控制因素。

行為的功能性分析

除了分析具體、特殊、可觀察和需要改變的行爲之外，有沒有其他的衡鑑方式可以選擇呢？若將個案的背景納入分析，就是一種功能性分析，並非著重在特殊的或可觀察的行爲的這些單一單位上；功能性分析是檢驗是哪些控制因素使之前的問題行爲塑造了問題情境，而這些情境又如何產生後續的問題，藉由觀察行爲如何在這過程中改變，以判斷控制行爲的情境是什麼。

我們對於夫妻行爲的功能性分析侷限在三個限制之下：第一，因爲我們並沒有辦法在夫妻生活的各個時間都在場，所以我們沒有辦法觀察到所有引起婚姻挫折的行爲，雖然我們轉而會著重在夫妻報告他們的行爲以及他們的問題情境，觀察他們在治療室中的情況也可以得到資訊，但是這僅只代表這些夫妻行爲中的一小部分。

第二個限制是指這些夫妻過去個別的學習經驗特性，這種學習經驗造就了許多不同種類的刺激情境，或是不同的刺激情境說不定會產生相同的功能；例如 Margo 可能會因爲 Dave 一整天都沒有說愛她而感到很沮喪，假如我們可以掌握這些訊息，對於掌握控制變相我們將會更有把握，然而我們觀察到 Margo 在 Dave 說愛她的時候會也會感到沮喪，我們是會被搞糊塗的，這是因爲如果 Dave 對他對她的愛的保證是出於義務不是基於當下的感覺，那麼她也不會得到什麼好的感覺。

第三個或者是最重要的限制是在對夫妻作功能性的分析時，我們沒有能力去影響他們生活中的情境。在我們沒有發現重要的控制因素時，我們沒有法力去操控他們的情境，而且選擇哪一個情境去操控也很困難，如果我們選擇的是不重要的情境，這一對夫妻可能沒有辦法載忍受我們去嘗試改變下一個情境時適應的痛苦。

舉例來說，假如我們認爲 Dave 與 Margo 之間的不愉快是因爲婚姻關係不夠親密，因此我們嘗試增加他們彼此之間的接觸；因爲他們問題的影響因素不是這個，而且因爲他們對對方都很不滿，所以他們很可能抗拒治療師這樣的建議，即便沒有抗拒，他們也會覺得很難一起去花時間看電影、吃晚餐等等；所以這種建議充其量只能產生有限的效果。

儘管有這些限制在，求助夫妻還是可以提供一些幫助我們作功能性分析（針對引起他們不快的困擾）的資訊。首先，求助夫妻會清楚的描述一些引起問題環境的因素，他們會察覺到他們並不快樂，而且他們可以找到一些理由，但不幸的是，對於這些理由他們還是很模糊，他們找的理由比較像是指責而不是解釋。Margo 可能指責 Dave 過於自我中心，而不是描述她在婚姻關係中有什麼不滿足；而且這些指控可能太廣泛、太嚴重以及過度類化，Dave 可能不會直接說他在當作家的生活中得不到支持，他反而會說：「他什麼事都不支持我」，最後，夫妻之間就不止存在原先引發問題的因素，而會再繼續參雜別的因素；Dave 和 Margo 可能最近因爲這些爭吵而感到很難受，所以他們可能就會把焦點放在衝突中的貶抑性因素上，而不是在引起他們問題的重要核心因素。因此，求助夫妻可以告訴我們一些有關他們問題的控制因素，他但這需要治療者的技巧，以分析哪些是重要因素而哪些是不重要的、因衝突所衍生的因素。

有時候求助的夫妻沒有辦法清楚描述是什麼事在困擾他們，他們可能沒有辦法用文字說出來，或者他們覺得講這些事可能太不好意思等等因素；儘管他們沒有辦法描述他們困擾的原因，他們也許可以透過治療者的幫助來瞭解，尤其是在治療者一方面分析卻又可以避免他們相互攻擊、防禦、指責的時候。

情緒是一種提示與線索

在尋找關鍵的控制因素時，每一位夫妻的情緒表達是一個重要的線索，如果談到某件事時情緒表達的較少，代表這件事的重要性較小；假如當治療者發現這一對夫妻花在親密活動的時間很少，但是在討論這件事時這一對夫妻卻表現出很少的情感，那麼治療師可能得換一換話題去深入比較好。通常前來求助的夫妻心中都有一些認爲重要的因素以及那些只要一被提醒就會相互攻擊以及受傷的挫折，這些引起他們攻擊與憤怒的事情，可能就是控制因素的重要線索；舉例來說，Margo 假如挑戰 Dave，說他除了當高中老師之外其餘一事無成，Dave 的憤怒反應可能就是他當作家卻又得不到 Margo 支持的線索。

不過有的時候，憤怒也可能是錯誤的線索。夫妻之間本來就相當痛苦，所以就會有很多憤怒，因此夫妻之間的怒氣可能來自於控制因素，或者是來自於其他的因素。

虛弱、沮喪的情緒表現可能是更重要的線索，通常這種情緒表現代表他們可能在婚姻關係中失去了一些東西。假如治療師指出 Margo 對於 Dave 不再時常表示愛意的事時，Margo 會默默點頭而且哭泣，治療師可能就可以進一步確定他關係中的重要因素可能就與之有關。

逐步塑造行為與以規範管理行為

我們的治療理論背景相當著重逐步塑造（contingency-shaped）以及規範管理（rule-governed）行爲之間的區分（Skinner, 1966）。當行爲是以規範管理的，那麼被增強的行爲是「順從規則」；例如如果違反規範的行爲就會被懲罰，那麼最後的結果就是行爲的學習是爲了與規則配合，而不是自發的想遵守這些規範；以彈鋼琴爲例，這時候學到的只是該怎麼配合音符的規則去彈。相反的，逐步塑造的行爲是要產生自發的行爲，而不是只是爲了要配合規則，舉例來說，這時候學習用鋼琴彈奏應該是耳朵聽到什麼聲音後，知道該彈什麼適當的音。

BE 和 CPT 幫助夫妻改變的方式是透過規範管理的行爲。在 BE 中，會使用一些規則來幫助學習一些促進關係滿意度的行爲，治療師對於符合規範的行爲予以增強，但是同時也希望夫妻們可以自發的維持這些行爲；例如，丈夫依照治療中發展的規則增加與太太的親密程度，然而這些行爲必須在太太也可以對於親密感產生一些自然的增強（微笑等）時才會持續下去。同樣的，在 CPT 中，當找到一個夫妻的問題之後，就開始找一些解決的辦法，並且看看夫妻是否同意用這種解決辦法來做改變，而這種辦法也是一種規則，治療者也對符合規範的行為予以增強，是希望夫妻可以產生自發的改變並維持下去；舉例來說，夫妻一治療者建議可能決定要一起排班做家事，但是治療者仍希望他們可以因為自然的增強過程而繼續維持一起做家事的規則。

但可惜的是，許多求助夫妻想要達到的改變並不適合用規範來掌控。規範管理行為以及逐步塑造的行為看起來雖然很像，但是他們有根本上的差異，就內在來說，逐步塑造的行為似乎比規範控制的行為更正確以及真實，而就外在來說，逐步塑造的行為也是比較可信的；舉例來說，在性生活中，如果夫妻依照治療的家庭作業而增加性生活的頻率，那麼性生活的感覺會與因為熱情或是喜愛對方時不一樣。

我們的治療取向認為要改變夫妻關係要使用逐步塑造的行為，而不是規範管理行為。增加信任，增加對性的興趣，或者是對於配偶成就有更多的尊重，這些都不容易透過規範來掌握，使用 BE 或是 CPT 並沒有辦法描述這些東西。以 Wendel 對於 Jody 不信任（起因於 Jody 最近的新工作）為例，當 Wendel 願意向他保證以後她不會在做這樣的事，但是因為他對她不信任，所以他不相信她會繼續維持這樣的保證，即使她很低聲下氣的向他道歉、保證或是悔改，他仍然不覺得滿意，因為他對於未來的不確定，所以相當的不舒服，事實上，她的那些悔改行為讓他覺得不真實。因此只有逐步的塑造他們的信任互動才可以使他們之間達到因的信任感。

因此，雖然規範控制行為的方式在 ICT 中也是存在的，許多的改變還是規範沒有辦法達到的，對我們來說，大多數的主題、極端化過程以及相互設陷使得夫妻來求助，但是透過規範控制並沒有辦法有效改善，因此當夫妻之間只是單純的無法同化、承諾或是合作時，使用 BE 與 CPT 之外的技術是有需要的，而當他們第一次進到治療情境中，這些問題是常常出現的，而不是特殊例子。

介入方式的基本類型

ICT 治療者最基本的任務是決定在某一個當下要著重在改變或是接納，在這種廣泛、一般的分類之下，治療師有兩種最基本的改變或是接納的選擇，每一個選擇之內包含有許多其他的技術。

接納的介入方式

使用接納將問題轉為親密的工具　有一些接納的策略是設計用來將衝突的來源當作引發親密的工具，我們目標在於這種轉換，即使我們有時候並沒有辦法成功，通常夫妻因爲衝突來接受治療是基於想要改善他們關係，因爲他們的衝突可以預期它們之間的根本差異，如果沒有辦法幫助他們看清楚這些差異是很難消除他們之間的衝突，或者是做更多建設性的事。理想上來說，我們要他們不止在離開之時接納他們的差異，而且還要他們根據此來發展他們的親密關係，雖然我們並不強求每一次都要成功，我們仍相信將差異轉換爲力量是很有可能的，當我們成功時，求助夫妻就不必要改變彼此，他們反而會因爲他們之間的差異更相愛，這並不是說這樣的差異並不會在造成衝突，但是不管是什麼差異，都可以在作爲促進親密的工具。

忍受　這是另一個基本的接納策略，當治療師使用忍受的技巧時，目的是要抵銷夫妻之間的負向行爲，所以使用這個技巧並不會如他們所預期的有災難化後果，當忍受的策略成功時，個案可能會仍然不會覺得衝突不再存在，負向行爲也不常發生，或者是正向行爲發生的頻率有所增加，然而，負向行爲或是缺少正向行爲所引起的衝突會變的比較不痛苦，而因爲一些無預期行爲所引起的不快，回復的時間也變的較短，整體來說，對於無預期行爲對於婚姻關係的衝擊是降低了，因此，著重親密的技巧與忍受策略之間的基本差異是，前者藉由引導衝突來發展關係，而後者雖然沒有消弭衝突，但是卻使得衝突可以更被接納。

在典型的治療過程中，著重親密以及忍受的策略都是必須的，即使求助夫妻已經可以自己做到著重親密關係的策略，治療師還是必須要使用忍受策略來增加治療成功的機率，因爲即使是最有能力自己負責的夫妻，也不是所有的問題都可以拿來作爲促進親密的手段，因此，雖然著重親密的策略的最高目標是促進接納，有時後最終的結果反而是忍受，簡單來說，區別治療所要達成的目標以及實際可以達到的結果是很重要的一環，治療的目標並非極端的二分，而是連續的選擇，在某一極端上，求助夫妻可能很不情願的忍受彼此差異，在另一個極端上，求助夫妻則是欣然包容他們的另一半，並且據此達到改變，一般來說，治療的結果是介於這兩者之間，不管我們使用的是著重親密或是忍受的策略。

改變策略

行為交流　在第一章，我們曾經提到過行爲交流策略是傳統行爲取向的婚姻治療的重點，目前我們仍然認爲，即使並不是所有求助夫妻都是用，行爲交流策略還是相當有用的，而且我們仍常常使用它。行爲交流策略是相當指導性的，使用的目的是要藉由正向的方式直接改變問題的行爲。因爲我們在第一章已經提過了，所以我們在第八章再接著討論。

溝通／問題解決訓練　我們已經說明許多的婚姻問題是不全然源自於缺乏溝通以及問題解決技巧，所以這些技巧訓練的重要性在 ICT 中是比較小的，不過仍然有一些求助夫妻藉由這種訓練可以達到很大的幫助，因此訓連夫妻一些溝通技巧，例如有效性、組織與冷靜是有助於一些接納工作的進行，這種技巧教導每一位夫妻去直接的傾聽以及表達，而不是用批評的方式，實際上，ICT 的方式即是要在不批評的情況下直接表達痛苦，而表達出來的訊息可以被另一方不帶防衛的接受；因爲有這樣的目標，所以溝通技巧訓練可以有助於增進改變以及接納。

這種技巧的合併以達到一些目標的方式，正符合我們整合取向的定義，就如我們所說，不管個別技巧的目的是什麼，最有效的介入策略都包括接納與改變，通常來說，當治療進行的不錯時，要很快的區分不同的治療策略是不容易的，因爲接納可以導致改變而改變也可以達成接納，就像我們之前所提過的，所有的接納與改變策略都是不同形式的「改變」。

介入順序的決定

使用 TBCT 理想的求助夫妻是年輕、想要在一起、可以表露情緒、關係平等以及對於雙方好的關係有相似的定義，他們也會在治療時表達合作的態度，就像是來買一個 TBCT 的模型一般，例如想要將他們的問題用缺乏溝通技巧，以及缺乏行爲交易的話來解釋；不過當然這種理想的個案是很少的。當我們使用 TBCT 時，即使是他們有些很明顯的不屬於理想的求助夫妻，我們仍最多可以幫助一半的夫妻，然而，當這些夫妻彼此的承諾很低（或其中一方很低），就不存在有合作的態度，此時 TBCT 的模式就不適用於這樣的夫妻而且治療就不容易成功，即使治療還是成功了，大概也需要 20 次治療以上才會有效果，而且他們的問題復發率還是相當高。

基於我們的嘗試使用 ICT 的資料以及使用的臨床經驗來說，接納要做的好的前提似乎不多，而且成功率很高，復發率則很低，而且就實際經驗上，在大多數的夫妻上都適用於接納策略；然而，我們並不會只由這些臨床經驗就認爲在治療一開始就要採用接納的策略。首先，我們之前已經討論過規範控制行爲以及逐步塑造行爲的差別，BE 和 CPT 都是規範控制的性質，目的是希望他們可以將規範類化至家庭環境中，直到他們可以用環境中自然的增強物來維持親密感；相對的，著重親密以及容忍的策略則都不是規範控制策略，這兩種方式都藉由改變自然增強環境的本質，使得求助夫妻對於他們的關係有更好的適應，因爲接納的工作不依靠規則，所以治療師不用太擔心規則類化的問題。其次，在健保政策的資助下，接納的可能是比較有效的，經由幾個禮拜訓練接納的技巧後，有些夫妻可以很快的有效果，因此可能可以縮短治療的療程。

有些例子需要接納的運作，因爲他們的狀況無法完全依賴改變的技巧；也有一些例子是，接納的工作可以達到改變的效果，而不必使用到 TBCT 裡的改變策略，另外，這種改變是夫妻之間良性互動的副產品，不是自然就會產生的。在有些時候，ICT 才會需要用到傳統的改變介入策略：只有在接納的策略並沒有辦法引起更多的改變，或是關係的常成長已經沒有辦法引發更進一步的改變時，才需要用到傳統改變技巧，因此雖然 BE 和 CPT 的治療方式似乎沒有辦法達到完美的效果，而且還需要較長的時間，但是如果是在合作的氣氛之下，就有可能產生平穩情緒以及接納差異的副產品，也就是說，在情緒接納的狀況下，BE 和 CPT 可以發揮更大更快的效果。

因此，我們要一開始就使用 BE 或 CPT 嗎？有兩種類行的求助夫妻最好以 BE 或 CPT 爲治療開始的策略：第一種是這一對夫妻接受治療時已經具有合作的態度，而且符合大部分 TBCT 理想的求助夫妻條件；第二是他們要求或期待溝通技巧訓練或是行爲交易的策略（不過我們在這裡並沒有包括夫妻一方想要學習問題解決技巧，而另一方則想要頓悟式的技巧這種情況）。我們一開始採用 TBCT 只有在夫妻都同意相同的目標，而且使用 TBCT 會成功的情況下。

有沒有因爲接納策略沒有用而必須要使用 BE 或 CBT 策略的例子呢？理論上是有，但是並不常見，就另一個角度來說，常有的情況是接納策略可以成功，但但是使用 BE 與 CPT 卻沒有效果，既然如此，爲什麼要在治療的一開始使用失敗率較高的技巧呢？因爲接納的策略會使用在婚姻困難、不夠親密、傳統、以及不合作的個案上，這些個案很可能不願意負起接納彼此的責任，但是他們可能剛開始在 TBCT 之下會覺得比較習慣。

即使求助的夫妻在一開始接受治療時採用的是 BE 與 CPT，他們應該在未來要轉爲接納的策略。在 1970 年代和 1980 年代早期，即使治療中已經有了負向的感覺，或是求助夫妻已經沒有把焦點放在治療上時，我們還是會繼續執行 BE 和 CPT，現在我們已經不這樣做；在 ICT 中，我們假設改變的策略會引起衝突，而且當夫妻抱持一些衝突來接受治療時，接納會比使用 BE 或 CPT 強求他們改變來的有更多成功的機會，首先，衝突通常與主題有關，如果夫妻因為主題上的衝突以及極端化過程而相當的痛苦，使用接納策略可以達到某些幫助，治療師可能會在治療室當下就引發求助夫妻的痛苦經驗，接著使用同情以致於接納的方式來減輕痛苦，而且，在求助夫妻雙方都恨死對方時，與他們討論建設性行為的規則無疑是浪費時間。

舉例來說，當 Jacobson 與 Margolin 在寫書的時候，家庭作業有沒有完成被他們視為一種問題，事實上，Jacboson 在他所舉辦的工作坊中，即著重在教導治療師一些防止作業沒有完成的策略，而如果必要的話，也可能會對於作業沒有完成的行為予以懲罰。現在，當我們使用 ICT 時，我們反而會把作業沒有完成看做是我們可能指派了一項不適當的作業，而且我們猜想求助夫妻之間的問題主體應該使用某種方式使得作業沒有完成，因此，作業沒有完成在接納工作中是會自然發生的，同樣的，當 BE 的衡鑑與改變行為的策略，因為這一個禮拜中夫妻的爭執而沒有完成時，我們反而不會去討論作業作了沒，而會立刻將注意力放到這個爭執上。

所有傳統的行為治療技巧都包含了接納的選項，事實上，我們可以將行為技巧視為一種是否執行接納工作的探測器：假如夫妻他們的問題變的較為平緩了，我們可能可以間接推論接納工作已經有效的運行，而假如他們並沒有變平緩，這可能代表你不應該在第一次治療中著重在「改變」上，因為接納的工作還沒有完成。

一個典型的 ICT 會談架構

一個 ICT 會談到底長什麼樣子？其實除了回饋階段不同之外，其餘的看起來都一樣。個案所帶來的素材決定了晤談的內容，我們不會在晤談一開始就在排定討論事項順序，這通常是在數十分鐘之後才會做，我們會讓求助夫妻告訴我們他們想要讓我們知道的事，通常在治療的早期階段，得到的都是糟糕的訊息，他們可能已經打過架，可能已經很少互動，或者已經冷戰一個禮拜了，這些有關他們最近一個禮拜問題的描述就可以引發之後的討論方向，通常這些方向大都反映出這一對夫妻衝突的主題，而且可以讓治療師有機會將會談的重點轉到「爲何他們還忍受在一起」的討論上，而不是還停留在彼此的差異和極端化過程，這麼做本質上是進行接納的工作。如果求助的夫妻在前一個禮拜中情況還控制的不錯，那麼治療師就要趁機爲他們可能日後擦槍走火做一些預防，主要的目的不只是要防止它發生，而且還要幫助他們控制在無法避免情況下發生衝突之後的後果。在晤談的後半段，一旦接納的工作奏效，接著如果改變是他們最想要的，那麼討論的方向就轉到 BE 或 CPT，不過即使是在晤談的後半段，我們還是很小心的轉到改變的方向，隨時準備轉回接納的模式下(假如有任何跡象顯示接納的工作作的不夠完整)。

在治療結束之前，我們通常會轉而回顧治療進行的過程，回顧治療的架構以及讓個案告訴我們他們認爲在這一次晤談中得到的幫助（如果有的話）。接著我們可能會拉長下一次晤談的時間，或不在行程表上排下一次的晤談，一直到讓求助夫妻自由決定，他們需要我們時再與我們約定時間。ICT 的晤談架構就是這麼簡單，事實上，這些技術也不需要花很多時間訓練，不過這中間的臨床技巧就不是很容易就可以累積出來的。

ICT 的臨床技巧

專注於適當的素材作功能性分析

ICT 治療者必須是一位好的傾聽者，因爲治療的取向是相當自主性的，而且相當倚重對於互動歷程動力的功能性分析，所以 ICT 治療者要相當敏銳的去形成與調整問題架構。專注不只是傾聽而已，他還包括要察覺面部表情、肢體動作以及身體訊息等有關情緒的線索，雖然使用量表等工具來評定情緒有不錯的信度與效度，但是我們認為，我們對於情緒經驗的辨識能力，將會影響到我們在面對不同的求助夫妻時，決定不同的治療方向，以及採用不同的治療策略，舉例來說，有一些夫妻，治療師發現在做問題解決訓練時，從他們的面部表情觀察到有一些生氣的訊息，這時治療師通常就會調整治療策略，將問題解決訓練再轉到接納的模式上。

在功能性分析取向中，專注力是相當重要的，因為對於求助夫妻功能性分析通常是根據間接而非直接的觀察；我們可以直接觀察精神分裂症病患、自傷兒童在醫院的互動，也可以直接觀察兒童在學校與師長的互動，向這樣就可以使用直接觀察的線索來做功能性分析，但是這樣的觀察在非住院病患以及夫妻治療上就不適用，因為這些直接線索都是別人的隱私，所以通常治療師是倚賴他們對於家中發生事情的口語描述，就如 Kohlenberg 和 Tsai（1991）所提過的，觀察個案在會談中的功能性互動關係是相當重要的一件事，無論是夫妻之間的互動或是夫妻與治療者的互動訊息都很重要，而我們認為，根據求助夫妻對於他們生活環境的口述來觀察他們的功能性關係，需要另一種專注能力，包括視覺與聽覺，不過這並不容易教導。

對於治療當下的敏感度

在 ICT 中，治療者通常是處在隨時準備臨機應變的情況，而且都不會理會什麼談話的流程表。為了要將治療室中的刺激簡單化，治療者會企圖發展遊戲規則，將一些訊息集中起來，但是卻會遺漏了重要的機會。例如，一位治療者若只跟夫妻其中一位交談，另外一位就會覺得自己一開始多的話不被治療者喜歡，這種不被喜歡的感覺是來自於他覺得被疏遠以及不被瞭解，這時候治療者最好可以馬上放棄這種單向的對話，轉而去處理他覺得被疏遠的感覺，而且重新開啓新的對話。一位 ICT 治療者是會很動態的轉移與任何一位夫妻對話的角度，因爲沒有任何的計畫比得上在當下觀察到的重要線索。

接納

對於 ICT 治療者來說，並沒有「你現在該做什麼」或「你現在不該做什麼」的規則必須要嚴格遵守，ICT 治療者的技巧在於發展同情與同理每一個的能力，即使夫妻中任何一位本來並不具有這樣的能力，我們的立場認爲，一個人不會處理親密關係的問題，是因爲他們在這關係中受苦（而且都是以他們所不知道的方式），爲了要營造使他們可以將受的苦透過同理的方式來接受的環境，治療師就必須要負責許多的事，這些事就號之前所說的沒什麼不一樣：ICT 治療師要盡力的去促進夫妻雙方的接納（即使他們還沒有接納的能力），用不帶強迫或是指控的方式來達到接納的目標。

其實，有促進接納能力的 ICT 治療師，就和 Rogers 所說的同理心和無條件正向關懷很像，我們當然不是說我們做的和 Rogers 做的是一樣的，而是說這些技巧是成功治療所必備的，在 ICT 治療中藥達到相當的效果，我們認爲 Rogers 說的這些重點都是必要的。

深入與聚焦在問題架構的能力

讀者在讀第三章第四章的時候知道我們把重點放在問題架構上，不只是要組織治療的進行，同時也是要深入的促進接納的工作。一開始比較不清楚的是問題的主題、極端化以及相互設陷的過程，這些需要許多的「原始資料」才可以判斷得出；因此，在問題架構上持續維持焦點，教導夫妻如何去辨識彼此極端化歷程的發生，以及引導他們將問題架構與他們的婚姻關係問題做合併，這樣的過程都需要治療者相當的耐心，治療者必須要可以辨識夫妻問題中的核心部分和其衍生的問題。

有一些跡象可以讓治療者判斷是否求助夫妻已經可以用問題架構的形式來陳述他們的婚姻問題，如果夫妻可以用這種方式來陳述它們之間發生的問題，你會發現治療會進展的很快，這種跡象可能會在治療過程中都會出現；治療者也可以判斷求助夫妻是否已經將最近生活發生的事件放入問題架構中，舉例來說，Jacobson 有一次問個案說：「你已經向我說明了你們昨天晚上吵架的情況，你有沒有發現昨天這種吵架聽起來很熟悉？」妻子回答：「沒有錯，這就是我們平常一直在做的事。」Jacobson 接著問：「什麼是你們一直在做的事？」丈夫回答：「我們都是爲了親密的問題而爭吵。當她覺得我沒有達到她想要的親密感覺時，他會強逼我跟他親近一點，但是我卻退的更遠，這導致她施加更多的壓力；當然囉，有時候我會先退開，讓他沒有機會對我施壓。事實上，每次都是因爲這樣才開始的，而昨天也就是因爲這樣就發生了。」向這樣的夫妻就已經相當接近要進入治療結束的階段了。

維持治療氣氛的能力（即使衝突還沒有消除）

有時候，夫妻雙方都很憤怒，彼此責怪對方，而且似乎不管治療師做什麼，都不太可能會消弭衝突，不過治療師並不能繼續保持治療師的無能和對於他們衝突問題的無望感，治療師必須要採取一些動作來停止這種破壞性的互動（不過不是使用責怪或批評的方式），換句話說，治療師要保持不批判的角色，這時重要的治療技巧必須是有能力消弭爭吵與批評，而不是要選擇站在哪一邊，治療師要保持中立與自然，以盡力產生促使雙方冷靜的效果；當然要完全避免爭吵與批評很難，不過 ICT 面對這些問題必須要有技巧來因應。

當促進冷靜的一切嘗試都失敗時，可以考慮暫時將夫妻分開，個別進行「小型的」個人晤談，這種方式有助於阻斷破壞性關係的循環，通常在一段時間的分開晤談後，求助夫妻應該可以重新開始一起接受晤談。

巧妙應用語言的能力

ICT 治療師會技巧性的使用象徵的方式，一旦求助夫妻可以瞭解這些意義，治療師就可以幫助夫妻清楚的瞭解治療師所想要描述的觀點。使用這些抽象的語言需要專注於夫妻所使用的語言，因爲有些人不一定對於社會中常用的諺語都感到熟悉，而一些心理學裡面的用語（例如失功能家庭、共生、害怕親密等），會使個案產生已經瞭解的錯覺，但是實際上卻對治療進展沒有幫助。

如果有一位太太形容自己是「呆頭鵝」，而且這個形容對她來說很有趣時，治療師可能就會把這個用語在晤談中使用；對於其他人來說，使用這樣的字彙帶有貶低的意思，但是對這一位太太來說，反而相當的親切。

有效的使用幽默也可以幫助治療的進展。不過讓求助夫妻在治療情境中談笑是一件有危險的事，我們必須要讓他們知道，我們是很嚴肅的在看待他們的問題；換句話說，使將幽默穿插在治療中，可以鼓勵個案不要將他們的問題看的很嚴重，一旦他們不會把自己的問題看得太嚴重，此時就有利於接納彼此。

察覺何時要停止治療

在強調接納與改變的治療中，對於治療者與個案都有相當的負擔，並非所有的問題在治療結束前都可以獲得解決，知道何時要停止治療是一種藝術：在我們執行 ICT 的經驗中，發現治療很少隨著既定行程結束，無論是求助夫妻不再需要我們，或是我們的治療技巧已經用的差不多了，都會使得治療的頻率逐漸降低，這時要專注於傾聽求助夫妻所說的話，妳就會知道何時該要結束治療。這種傾聽以及判斷要練習並不容易，這也就是爲什麼我們認爲說起來很容易，但是做起來很難的原因了。

第 6 章

透過接納增加親密感

本章所提出的接納策略是一個探索婚姻問題的新經驗，雖然求助夫妻最想要彼此沒有任何的問題，我們還是希望可以透過處理彼此的衝突來增加他們的親密度。Wile（1981）就曾建議治療師幫助求助夫妻「在問題存在中建立親密的關係」，這也是我們的基本想法。

依一般的程序，治療師開始嘗試使用 ICT 時，是將夫妻之間的問題當作促進親密感的手段，或是當作增加關係強度的工具，換句話說，ICT 治療師會以促進親密感的接納策略來開啓治療，在本章中，我們將討論兩種主要用來促進親密感的接納策略——「同理問題」以及「抽離」（這兩種策略我們在給求助夫妻閱讀的書中也有提到）。

同理問題

當夫妻初次來求助時，他們在親密關係上可能已經有了很嚴重的挫折，他們可能爲互相批評，有時候，他們會把另一半貼上「心理不正常」、「太情緒化」、「歇斯底里」、「過於依賴」、以及「害怕親密關係」的標籤；當然假如這些夫妻都是心理專家，那麼這些標籤還可能像 DSM 系統一樣的有力，但是他們實際上知道他們的另一半沒有真的嚴重到病態，卻還是用這些標籤來指責對方，例如：「我不能溝通」、「我過於依賴」、「他心理有病」等。要接納另一半令自己無法忍受的行爲，是一件相當困難的事，尤其又是在自己覺得對方有上述這些標籤的情況下，因爲他們會覺得對方如此討厭是因爲他病了、人格不好等，若是如此，夫妻即使接納對方的這些行爲，他們可能在心中還是會對雙方的地位做出了評價，例如「即使你有病，我還是接納你；我沒有什麼問題，有問題的是你。」

透過加入同理來建立接納感，治療師就可以幫助夫妻重新架構他們的問題和負向的行爲，這些負向的行爲會被重新視爲人之間基本的差異，而極端化過程也可以被視爲正常的、可理解的而且本來這些差異就會引起許多的情緒反應，如果可以理解這種差異所造成的痛苦，那麼就可以避免他，但是如果無法成功瞭解，就會使得雙方都被痛苦包圍。

一開始，治療師會在回饋階段簡單地給予這種重新架構問題的觀念，舉例來說，如果是要對 Cal 和 Tanya 以保守／不保守爲主題的問題提供重新架構的觀念，治療師可能會說：

> 我觀察到你們最嚴重的問題是來自於你們對於生活形式選擇上的差異。Cal，你希望有一個保守穩定的生活，而且你會選擇 Tanya 也就是因為你覺得她可以支持你這一部分的願望；而 Tanya，妳不希望有太平凡的生活，妳希望生活可以多一點變化，事實上妳選擇 Cal 也就是因為妳覺得他剛好符合妳對於生活的期望。這是一般人都會存在的差別，但是當你們想要採去行動解決這樣的差異時，你們開始感覺到相當的痛苦，這種痛苦開始於你們都想要回到一開始認識對方時，你們覺得對方所擁有的那種生活形態，但你們發現對方其實並不是那樣子時，失望造成了你們的痛苦。Tanya 在這個時候，採取了一些行動來面對這種失望，妳用一些方式強迫家裡發生變化，而你，Cal，卻在此同時變的更為保守僵化，以防範 Tanya 所帶來的改變。這不只是生活形態上的衝突而已，Tanya 妳因應你們之間差異的方式就是我們所謂的「極端化」或是「情緒失控」，妳變的憂鬱，想要毀滅自己，過量飲酒，而且變的對女性有興趣；而 Cal，你的確變的更為僵化，開始在超級市場花大錢、不斷的存錢、而且不停的買衣服，但是你越保守僵化，你發覺 Tanya 卻越來越混亂，而 Tanya 你變的越混亂，你卻發覺你的丈夫卻越來越封閉，直到

最近，Tanya 妳已經像是一位精神病患，而 Cal，你卻完完全全變成守法的好公民。

在回饋階段，求助夫妻通常都會同意這種對於問題的重新架構，不過這並不代表他們已經接納彼此了，不過已經接受了這第一步，他們將需要將他們的問題放在這種新的架構上多經驗幾次，才可以達到接納彼此的目標。

接納的語言

ICT 的治療者會教導求助夫妻以不同的方式討論問題以促進接納的達成。在表達的方式上，接納的語言應該強調自己的經驗，而不是只陳述對方做了什麼或說了什麼，治療師會鼓勵夫妻陳述自己的經驗，而不是述說對方做了什麼或是自己認爲對方在想什麼，他們可能會鼓勵夫妻這樣說：「Cal，你已經說了很多 Tanya 在喝酒前會有什麼樣感覺的推測，可以換你說說看你在這之中的感覺嗎？」又或是治療者也可能指出個案可能的感受，例如：「Cal，我不是很清楚知道你當時的感受，但是如果是我，我會被嚇到。」（這種說話方式的訓練就是心理治療理常提出的，以「我」爲發語詞，而不是以「你」爲主。）但是我們主要關心的不是文法上的使用規則，強調文法反而會搞混治療師教導的目的。

當個案在談他們自己時，ICT 治療者會鼓勵他們使用我們所謂的「軟性」陳述法，而不是以「強勢」的方式，強勢的陳述方式是以強硬且具支配性的立場與配偶去談，這種陳述方式通常包含憤怒、攻擊與控制（例如，「我不能讓你佔我的便宜」，或是，「我要得到我要的東西」、「我不想被控制」。）軟性的陳述則是指出自己被對方所傷害的感受，反應被傷害、恐懼以及失望、懷疑、憤怒和危險（例如：「我不確定你是否關心我」、「我不知道我能不能獨自完成這件事」、「我想他會很難受」、「我想要讓他開心」。）通常強勢的陳述方式比較好說出口，但是對方卻很難聽的進去，因爲這種陳述傳達責備、操控對方的訊息；但是軟性的陳述方式能激發對方的關心因此有助於促進親密感。

ICT 治療者相信在強勢的方式中仍包含軟性陳述的訊息。傷害通常包含在憤怒中，失望通常包含在憤恨中，害怕通常根植於攻擊之中，當治療者鼓勵病人自我揭露時，「強勢」的陳述方式通常會先冒出來，這時候陳述的內容相當重要，因爲他反應出個人的經驗，但是，這種陳述方式對於接納的工作沒有任何幫助，除非在強勢的陳述方式中加入「軟性」的陳述，Cal 如果只聽到 Tanya 對他的是情感到很生氣的話，他不會選擇要接納她，但是，若是他聽到她感到害怕被遺棄、單獨與三個兒子待在家的孤單感以及他對於現在生活的失望，他可能會選擇接受她；Tanya 也不會選擇接納 Cal，如果她認爲 Cal 只想要把所有的問題怪罪到他的酗酒問題上，但是若是她知道 Cal 的嘮叨是爲了怕會失去她，那麼他可能會選擇接納他。

軟化每一次的陳述的工作，主要的目的是要誘發出同理心。在 ICT 裡，我們是用機動的態度來執行軟化陳述的工作，而非制式的態度，有關這兩者的差別我們會在功能性分析那一章節做更多討論，簡單來說，機動性態度是指我們會找出最適當的方式來促進接納，而沒有預設一定要把陳述的方式「軟化」到什麼程度。

雖然，憤怒的情緒通常都是用強勢的方式來陳述，但是仍有一些夫妻可以用軟性的方式來表達憤怒，舉例來說，Alex 多年來都逃避表達任何憤怒，Hilda 在治療的過程終究幫助他把他失去的「脾氣」以軟性的方式表達出來。換句話說，憤怒不一定是用強勢的方式來表達，他還是有個別差異的。

同樣的，那些通常被認爲是軟性的情緒不一定具有軟性陳述的效果，有一些人會負向的表達他的痛苦和沮喪，他們是透過這種方式來掌握他們在溝通上的優勢，而事實上，這種表達方式可能與過去家庭經驗有關，這通常是創傷家庭經驗所養成的表達方式，但是並不是所有的人都可以瞭解他們的另一半這樣負向的表達是兒童期時向父母學來的行爲，他們可能會說：「就算是他跟他媽媽學的好了，我要他立刻改掉。」

我們嘗試在治療中營造可以讓夫妻放心表露自己心中痛處的氣氛，但是這種談論這些痛處的過程不是自然發生的，治療師必須在治療當中把這些反映給個案知道。當 Cal 表達他的憤怒以及不想被 Tanya 的酗酒問題控制的堅定立場時，治療師可能會說：「Cal，我想知道你是否認爲如果你不使用這種立場，則你的生活就會被 Tanya 完全的搞亂了。」或者是：「聽起來你想要採取一個強硬的立場來面對 Tanya，你似乎害怕如果你不這麼做，你的生活會失控。」

目前爲止，我們都還在討論接納語言的「表達」層次，到底個案都在做什麼？假如個案可以傾聽治療者不帶批評的描述他們的另一半，或是他們的配偶可以著重在陳述自己的經驗，那麼他們也不用急著要擺出防衛的姿態，想要隨時針對對方話中的攻擊成分加以反擊，如此他們可能就可以嘗試去傾聽與瞭解。也就是說，如果他們可以在治療者的引導下擺脫防衛的姿態，他們就可以更有動機去傾聽與瞭解對方在說什麼。

三種主要策略的優缺點

當治療者要引發個案的同理心來達到接納的效果，他們通常會採取以下三種策略：(1)嘗試教導合宜的溝通技巧；(2)促進軟性的溝通方式；(3)使用夫妻既有的互動方式來促進接納。這三種方式都有好處和壞處，接下來我們即簡單的討論他們。

溝通技巧訓練　促進同理心方法的其中一種是傳統的溝通訓練，也就是向一位好的案主中心治療者一樣教夫妻如何和對方溝通，這種技術是由 Guerney（1997）首先應用在婚姻治療，再由 Gottman 等（1976），最後才應用在 TBCT 上。溝通技巧訓練中著重在透過「積極傾聽」、「自我陳述」、以及「真誠」來訓練同理心，對一些夫妻來說，透過這種結構化的溝通訓練他們可以練習得很好，但是多半他們都沒有辦法透過這樣的技巧來促進接納。

我們認爲有兩個原因可以解釋爲何這種溝通訓練對於促進接納幫助有

限。首先，這種用標準程序所教出來的溝通技巧無法在夫妻雙方情緒不舒服時拿出來使用，在 Jacobson 的 ICT 臨床工作坊中，他曾經詢問成員有多少次在他們對配偶生氣的時候會記得使用積極傾聽的技巧，通常兩百人中只有一兩位會使用這樣的技巧，更何況這些成員還都是治療者！當心理健康機構的人員都在這樣的關係中無法使用這些技巧，我們如何能期待我們的個案可以透過積極傾聽來引發同理心？

有一個很好的原因來解釋爲什麼人們不會在他們的關係中使用積極傾聽的技巧（甚至是心理健康機構人員），當人們對配偶發脾氣時，積極傾聽不是一種常見的自然表現，大吵、諷刺和批評才是此情境之下的常態，Gottman（1979）的研究發現，即使是「幸福的夫妻」也會爭吵，然而與「痛苦夫妻」不同的是，他們會很快的停止爭吵，然後再想辦法解決衝突，Jacobson 等人（1987），大多數接受 CPT 或 TBCT 的夫妻，在兩年的追蹤期中都鮮少練習上述技巧，因此他們這兩年的婚姻滿意度與是否做此練習並沒有關連。

第二點，所有的溝通技巧訓練（包括我們的）都傳達一個錯誤的訊息，即是婚姻中有一個共通的標準來判斷什麼溝通是對的，而什麼是錯的，我們懷疑所有的訓練計畫都包含這種「對與錯」的觀念，事實上並沒有所謂適用於所有夫妻的溝通準則，許多人在配偶表現出「積極傾聽」或「我……語言」時感覺會很不耐煩；如果使用我們所說的功能性分析法，我們試圖找出適合每一個個案的方法，也許這條路適合幫助他們找到接納彼此的方法，但這條路也只適合這一對夫妻，當面對下一對夫妻時，又是一場新的球賽，因此，在我們的臨床工作中，溝通技巧訓練只是促進接納的方法之一，但卻不是最常用的。

促進軟性的溝通方式　在理想的狀況下，我們會鼓勵說話的一方軟化他們的陳述方式，使接話的一方也可以軟化立場，假如說話的一方可以軟化他們的表達而不用治療師逼他們說，接話的一方才有可能會覺得對方是真誠的，然而，這種策略還是有缺點，成功的鼓勵過程決定於個案是否瞭解如何將原來想說的話轉成較軟性的陳述，假如個案既不瞭解治療者想要鼓勵的意思是什麼，又執著於他們強硬立場，那麼治療者的鼓勵就會逐漸演變爲負向的溝通。

舉例來說，如果治療者說：「我瞭解你現在氣炸了，你可以告訴我們你現在感覺到的事嗎？」個案可能會回答：「沒什麼，我想要折磨他、羞辱他、把他撕爛、告訴他老闆他有多沒種，這樣你瞭解了沒？醫生！」很顯然的，這一次的介入是失敗的。假如這一個策略有效，通常可以導致接納彼此的結果，但是萬一沒效時，反而可能造成更多的障礙。

使用夫妻既有的互動方式來促進接納　許多人發現他們很難使用可以軟化他人立場的方式來描述自己的經驗，而也有些人他們可以使用理想的軟性溝通，但是這種陳述方式是來自於良好的社會化，所以當他們表達這些訊息時，已經不帶有個人的情緒經驗，更有一些人他們可以使用軟性的溝通，但是他們卻無法使用治療者所預期的方式。

因爲上述情形，我們發現我們無法要求所有的個案都可以完全遵從軟性的溝通，一旦治療者可以用軟性的法則重新架構個案既有的行爲，那麼就可以引導出接納的效果，而當治療者可以達到上述的努力，則就不用擔心溝通雙方會因爲治療者的鼓勵反而說錯話的危險發生。

但即使如此，當治療者希望夫妻雙方可以使用軟性溝通時，仍會付出一些代價，因爲相對於對方是自發性的陳述，接話的一方有許多理由相信對方談話內容的真實性，治療者並無從去確定真正陳述的一方所經驗到的是什麼；然而，使用這種方式仍有一些收穫，夫妻雙方會擁有一些他們以前所沒有的東西，亦即「治療者的看法」，這會變成他們學進步歷程的一部份，而且會影響他們問題對他們的衝擊。假設夫妻雙方都對治療者有信任關係，而且都可以因爲信任治療者的權威，而在治療者的觀點下不斷進步，那麼治療者所採取的重新架構策略就會有效。

無論同理心可以透過溝通訓練、促進軟性溝通或是重新架構個案行爲等方式來引發，夫妻雙方都可以很快的從爭吵的情境中恢復，而不再使用相互批評的溝通，即使是他們仍會爭吵，但是他們卻也能更接納彼此不可避免的衝突。

治療對話的焦點

在治療者促進接納的歷程中需要討論什麼呢？大部分的時間，我們會著重在四種對話：討論夫妻彼此的基本差異以及他們互動的模式；討論即將會引發問題的事件；討論最近發生問題的負向事件；討論他們最近可以處理得不錯的正向事件。

一般對於夫妻問題的討論會在討論相關事件或任何突發的事件之後，而一般討論的目的會在於凸顯夫妻之間彼此的差異，同時引發其同理心去面對這些差異，這樣的討論會放在雙方可以瞭解對方爲何與自己有差異的角度上，例如，個人成長史、最近的環境壓力、以及與之有關的差異上，舉例來說，Cal 的家庭中因爲酗酒的父親和有虐待行爲的母親而變的很混亂，Tanya 則來自於貧窮，但是卻想要努力裝出具有中等經濟能力的家庭，這種家庭的差異可以解釋他們爲何會有不同的立場；Tanya 對於自己的三個孩子和傳統的家庭主婦角色感到透支和厭煩，相反的，Cal 則想要在事業上做更多的衝刺，這樣的差異也許可以解釋他們對於日常生活中需求的不同渴望，而且他們的差異也可以用性別刻板印象來解釋：她極力擺脫她的，而他則緊抓住他的。

我們並不打算分析這一對夫妻的個人成長史、環境壓力或是性別的刻板印象等議題，相反的，我們會利用任何可以凸顯夫妻雙方的差異，並將這些差異重新架構爲一般人經驗中都會經歷到的事件。

在一般討論中，我們也會嘗試向他們解釋極端化互動的過程，我們嘗試將這種痛苦的互動重新解釋爲他們由彼此基本差異所衍生出的互動和反擊行爲。Tanya 會用這麼極端的行爲一部份是因爲她覺得她被傳統的性別角色綁住，同時 Cal 也用傳統的標準來要求她；同樣的，Cal 會那麼強調傳統的夫妻關係，一部份是因爲他認爲傳統的生活方式很重要，同時 Tanya 又故意挑戰傳統生活方式。

做這種討論的好處在於，著重在個人經驗的討論對於接納工作的進行是必要的，而聚焦在討論即將發生或可能發生的問題時，治療者與夫妻可以事先規劃要如何反應，如此有助於發展同理瞭解與接納的反應。舉例來說，Cal 和 Tanya 在聖誕節時要去參加一個跟 Cal 生意有關的聚會，但是他擔心 Tanya 又會喝醉，Tanya 可以保證他不會喝醉，但是卻堅持他要「喝一點點酒」，這中間就包含了一個很重要的議題：她堅持使用「控制」的策略而不是「戒酒」來處理她喝酒的問題，但是他認爲除非她完全遠離酒，否則她很難避免酗酒，在討論這一個宴會之前，他對於她故意要作對的行爲感到很憤怒。又或是 Tanya 希望他可以跟 Cal 不要在家裡當保母，可以離開孩子去旅行幾天，但是她也知道 Cal 將不會同意兩個人同時離開孩子數個鐘頭以上，而她對於他的預期使他非常生氣，因此他們在討論這個計畫時很難不是負向的溝通。在治療中討論這些即將發生的事件對於促進接納有幫助，而且可以使溝通更爲彈性。

因爲夫妻只能預期未來可能發生問題的片段，因此治療者通常會選擇處理當下的動力，而非即將發生的問題，治療師應該把握任何當下與問題相關的事件；假如 Cal 和 Tanya 想要討論如何在聖誕節舞會上如何控制喝酒，我們會想要把這些拿到治療情境中觀察他們如何變化。

討論正向事件有一個好處：可以幫助夫妻準備去面對無可避免的齟齬，沒有比事件當下更好的時間來處理這種相處上的齟齬，在正向事件已經被討論後，我們通常會問：「如果下次事情沒有這樣發展該怎麼辦？」這樣的問題通常可以塑造挫折容忍力（見第七章的討論），或者可以再進一步討論此問題的氣氛，討論這些事情可以幫助夫妻去接受無可避免的一些衝突，如果沒有這些討論的準備，那麼在下一次衝突發生時他們將會感到很沮喪。

我們通常不樂於只當一個處理正向事件的治療者，尤其是在治療的早期，治療者應該處理許多夫妻之間的負向衝突，和衝突之後的情緒反應，爲了要促進接納感，而不是只是單純的反映這些負向的情緒而已，治療者也應該在治療初期就聚交在這些情緒事件上，而不是在治療中期後期才處理，在治療初期時討論，可以使夫妻互相更加瞭解與接納。

讓我們來看看 Michel 這個人，他是一位疏離者，某天他因為工作而晚歸，而 Donna，他是一位親密需求高的人，一見到他時就開始質問他：「你一點都不關心我，對不對？」Michel 對於這些話感到相當憤怒，尤其是他會遲到完全是因為高速公路上塞車；他們互相回嘴了幾句，接著就開始冷戰。當在治療中討論這一件衝突時，治療者會想要先瞭解 Donna 在 Michel 回家前心理在想什麼，也許他因為 Michel 長期疏離的態度感到相當的沮喪，而最近的這件衝突只是一個爆發點，她真正想傳達的意思是：「我對於我們之間有距離感而很難受，我覺得你不夠關心我，而你從來沒有機會讓我說這些事。」Michel 則是認為，他也覺得兩個人有些疏離，但是他覺得沒有機會去想這些事，因為他害怕她的反應，為了要避免她氣炸了，他盡量按時回家；而今天，即使他按一般的時間回家，他還是遲到了，他覺得這樣並不好，不過他告訴自己，這並不是他的錯，任何來自 Donna 的批評都是不恰當的，他可能會這樣說：「沒錯，我們的確比較疏離了，但是我已經進我所能做我可以做的事，我無法忍受的是我已經盡力了你卻還要批評我。」當焦點回到他們早期的婚姻生活，治療者不僅要促進接納感，同時假如他們還沒有能力處理這樣的衝突；還可能會教導他們如何在這樣的事件中做適當的回應。

當個案傾訴負向事件時，對於夫妻問題的回復是有幫助的，通常夫妻門會嘗試在同樣的問題發生兩次之後，修補他們的關係，而使用軟性的方式來重新架構他們的問題，包括「積極傾聽」練習，這種方式可已有助於促進同理心。

當夫妻他們在討論前一週的負向事件時，通常事件當時的情緒就會重現在治療中，由於 ICT 很強調當下的經驗，治療者應該轉移原本討論事件內容的焦點，而強調「當下」的情緒經驗，舉例來說，治療者可能會說：「你現在似乎真的相當挫折，而且是在他離開房間時這種挫折感最強烈，然後他可能會說：『我要先走了！』因為他也感到被傷害了。所以，你們都感受到挫折和傷害，但是你們都沒有感受到對方也受傷，因為彼此都表現出威脅和挑戰的行爲。」

Henry 和 Fran

我們以在我們的研究計畫中的依個案例來說明治療者如何運用「使用同理心」的策略。

當 Henry 和 Fran 來接受治療時，他抱怨 Fran 的脾氣不好，對他來說，還時常變成暴力行爲，而她也知道她自己控制脾氣的能力不好，不過是因爲他缺少性需求才使她很不爽。接下來就是就是使用同理心的來促進接納的例子。

治療師：你說你會使用別種方式是指？

夫：我會挖一個洞把自己藏起來，試著反抗他的要求，不過這使我很挫折、很生氣。

妻：因為我告訴他他必須要改變，而每一次他嘗試做了一點改變後，卻又很快退縮回去，他最後都會回到原點，所以基本上我會告訴他假如他再不改變，我就要離開了。

治療師：所以，假如他沒有找到可以對你重新燃起興趣的方式，你就會使用你的策略，試著離開他。

妻：沒錯，我會告訴他我愛他，而起仍想跟他在一起，但是我不知道怎麼樣才能傳達，所以我寧願選擇疏遠一點。

夫：我也會這麼覺得，這種挫折、憤怒和失望的感受對我們都不好，同時也對孩子不好，所以現實上來說，我們不能再這樣下去，所以我們必須要做一點改變。

治療師：妳已經提到妳看到他如何做妳要求他做的事，妳可以告訴他妳看到哪些他做的正向的部分。

在此，治療師在幫助妻子聚焦在丈夫的正向貢獻上，這是一種標準的 BE 治療法，然而，這個問題使她變的更生氣。

妻：你每次都承諾我會更愛我，你說：「好吧，我們需要做一些改變。」而後你會試著用你的方法安撫我，這的確很溫暖，我的確會停止生氣，但是很快的，情況又會跟以前一樣糟糕，因為你會忘記，因為你不認為這是你日常生活所需要常做的事，因此我嘗試給你時間去回想你該做的；你有發現我不曾因為馬桶坐墊沒拿起來而煩你嗎？因為你都會主動的去做嗎？

夫：這是一種習慣的問題。

妻：沒錯，你曾經做過，但是卻不曾持續的做，但是你就會記得馬桶坐墊要拿起來嗎？

夫：恩，因為我對它不會有任何感情，而且你不會為這事而抓狂。

妻：但是我也提醒過你，也跟你吵過架，所以我不想再說，然後你又繼續忘記把馬桶坐墊拿起來。

夫：我的意思是說，馬桶坐墊是機械化的東西，不過是忘了拿起來。

妻：但是這仍然是你該做的事，就像你和我做愛一樣，這是你該做的，你對我的態度就像你對馬桶坐墊一樣。

夫：但是馬桶坐墊又不會要求什麼，是妳硬要說這是一種習慣。

妻：而你又把我當成什麼習慣？如果你又我當成什麼？

夫：嗯，畢竟我沒有辦法自己來。

妻：你看，假如你說你也知道這些事，就像你知道馬桶坐墊要拿起來一樣，那，你為什麼時常告訴我說你還有很多工作要做？

夫：沒錯，我曾經告訴過妳我很怕妳，我想這樣要對妳有興趣是很難的。

妻：我知道，所以你曾嘗試過一段時間，但之後卻又停下來了，我嘗試壓抑自己，但是你還是主動疏遠我。

夫：但是有些事發生了，所以我開始對你生氣。

妻：沒錯，這使所有的事都被毀了，你一下子就退回去了，但是沒有人要你退縮回去，不過你說：「唉壓！我必須退回原點」，這使我被你嚴重的傷害。

現在，這個太太開始用恐怖的音量吼他的老公。而基於對於這一對個案事情的瞭解，治療者假設使用推動的方式會比重新架構問題的介入好，之後這個太太在治療者的推動下反應很好，因此同時軟化了丈夫的態度。

治療者：我可以看到許多憤怒在這裡面，而且我們都知道還有許多怒氣會像火山一樣爆發出來，但是在你們心中，還有哪些其他的感覺呢？假如你們可以「看看這一堆憤怒背後是什麼？」，那你們會發現什麼？看看自己還有哪些感受，並嘗試把這些感受向對方表達出來。

妻：嗯，我覺得是很悲傷。

治療者：好，試著告訴他有關這個悲傷感，嘗試轉換你的感受，並試著告訴他你轉變為悲傷後你真心的感受。

妻：我覺得我們一直在爭吵，我能感受到的其他感覺是你不夠愛我，我在其他的人際關係中也很努力，但這是我第一次向人乞求跟我做愛，而後我會覺得我不夠好，也許是因為我沒有工作，我感覺很孤單，就像被困住一樣。

有趣的是，雖然太太的態度表達方式已經很明顯由治療者的推動而軟化，但是他的語調還是有點平淡，因此接下來的工作在於使太太的立場軟化；接下來治療者請丈夫試著摘述他所聽到的話，當丈夫可以用溫柔、溫和的語氣時，代表他已經被太太剛剛的說法所改變了，而當太太聽到他的溫柔，他的立場也會軟化，而這對他來說是一種深刻的親密感。

治療者：你可以（面對丈夫說）告訴她你從她說的這些話中聽到什麼嗎？只要對於你所聽到的給予一些回饋就好了。

夫：我聽到他覺得我似乎沒有放像以前那麼多的精力在她身上，我不是隱瞞愛意或是不夠愛她，而且也不是故意要做那些對他造成任何傷害的事，我想是我讓你覺得自己不好。

妻：我覺得是……（她開始哭泣）

治療者：試著說下去看看，嘗試把感覺說出來。

妻：（嗚咽）我覺得很罪惡，因為你是一個好男人，而我應該覺得很高興才是，因為你給了我許多，而且你也為我做了許多事，我覺得我要求太多了，也許我應該要為我所擁有的感到高興，因為我真的想跟你在一起。

夫：（牽她的手）我不覺得妳要求的太多。

雖然這種親密感的經驗對於許多夫妻來說是轉捩點，但是對其他的夫妻來說也許只是藉由同理心達到相互接納過程中的一小步，而甚至也可能某些夫妻在上述情境下還是會互相罵來罵去，然而，即使是這樣，在他們越來越可以同理對方時，接納的過程就會變的更穩定。

在促進接納的過程中，治療師不只利用雙方的同理心，同時也會討論雙方的源生家庭，就如下一個例子。

Sally 和 Fred：衝突中的衝突

在第三章中，我們舉 Sally 和 Fred 的例子來說明親密－疏遠的主題，Sally 想要另一個小孩，也想要 Fred 多參與家庭活動，而且不要每次吵架都威脅要離婚；Fred 不確定自己自己與家庭的關係，但是他覺得他已經盡力參與家庭活動了，因為他已經對於高頻率的爭吵感到相當厭煩，他希望可以藉由婚姻治療來減少衝突；而 Sally 對於他們的衝突不是很關心，她只關心他對於家庭不夠用心這件事，她覺得 Fred 有「衝突恐懼症」。可以預期的是，他們大部分的衝突是來自於夠不夠關心家庭的問題，或至少是由這些事所引起的。

在他們第四、第五次治療的兩個禮拜中，他們在週日才吵過架，而且因為 Fred 威脅要離婚使得爭吵更嚴重。這一次的爭吵始於 Sally 提議家人（包括他們 4 歲的女兒——Teresa）一起出去郊遊，Fred 並不想去，但 Sally 硬拖他去，卻使他生悶氣，Sally 對他在郊遊時生悶氣感到很不爽，Fred 也知道 Sally 不高興了，所以常識很多方法想要補償他，但是她仍然在生氣，後來 Fred 也生氣了，爭吵中 Fred 就揚言要離婚，當他們在來治療的幾天前，Fred 悶悶不樂，因為他認為離婚是不得已的，而 Sally 則覺得很生氣，因為 Fred 沒有給她任何的機會就做了這麼大的決定。接下來就是在治療中誘發同理心的一個例子。

妻：我希望他跟我做一些式的時候可以有精神一點。

治療師：所以這就是禮拜天他為什麼讓你生氣的原因？

妻：沒錯，這就是最近一次他惹我生氣。

治療師：嗯，禮拜天發生的事對妳來說重要性在哪？

妻：對我來說，禮拜天的重點是什麼。我會生氣是因為同樣的話題又被提出來了，它就像「又來了！」的那種感覺，我們之間有許多東西引發我們的問題。早上的時候我生氣了，而之後 Fred 決定他要帶 Teresa 去海灘……

夫：這是在休息的日子裡唯一可以做有意義的事。

妻：不管怎樣，我很生氣，我覺得我去的話不是一件好事，我想要留在家冷靜，我覺得這對我來說很合理，總比我去了之後一個人生氣來的好，他可以帶 Teresa 去然後玩得很愉快，而我只要留在家冷靜就好，但是 Fred 對於我生氣這件事也很生氣。

夫：沒錯，這句話說的沒錯。

妻：我的憤怒會被他不體諒我感受的行為而加重，然後他就會覺得他一切都被我控制，換句話說，他會生悶氣或是不做我要他做的事。

夫：沒錯，他的確不會氣消，我試過很多次在發現他生氣之後嘗試彌補他，結果就像踩到什麼開關一樣，轟！我就被釘死了！

妻：他說的沒錯，他被釘死了。

夫：然後你不會放我走。

妻：不是，這個問題相當嚴重，這已經是個歷史問題。

夫：我最好就一直跟著 Sally，看他想要做什麼就做，不要有任何的生氣或反對。

很明顯的，Fred 認爲 Sally 是故意生氣，而且是爲了懲罰他才把他拖住，治療師的目標在於重新解釋 Sally 的憤怒，使 Fred 可以瞭解，一旦她開始生氣，她通常無法使自己不生氣，假如 Fred 可以不把她的憤怒解釋爲故意的，他就可以對她有更多的同情，同時也較可以接納他，但是同時需要注意的是 Fred 也已經開始與她一樣形成「抽離」（之後會詳細討論）的狀態中。

治療師：所以當 Fred 開始生悶氣時，尤其是在從事家庭活動中，妳的憤怒就忍不住了，這讓你很不舒服，而且一旦妳開始生氣，妳就會無法完全控制它，妳無法說：「好，從現在起我不要再生氣了。」妳的感覺是，妳無法覺得無所謂，無法停止妳不斷經歷的感覺；妳可以感覺到他已經再說：「夠了！」，但是妳就是沒有辦法終止妳的憤怒，有時候他引起妳生氣的程度低於妳所表達出來的憤怒，但是妳就是覺得沒有辦法掌控妳的憤怒。

夫：老兄！你敘述的太正確了，因為我的確要她立刻停下來！好吧，是我惹妳生氣，我也說了對不起，而且我下次會改，假如她可以給我一些回饋，我就會覺得很好，但是實際上她卻會毀了一天的生活。

治療師：所以 Sally，妳覺得妳的困惑在於不知道怎麼樣控制妳對他發脾氣，妳可以假裝妳已經不生氣了，但是他可以一眼看穿，然後，妳對於無法控制妳的憤怒感到越來越生氣。

妻：沒錯。

治療師：但是 Fred 從你的觀點，他的憤怒完全失控，而且他的憤怒傷害了你，在他的憤怒一直繞在你耳邊時，你無法覺得無所謂。

夫：是。

治療師：所以你也覺得困惑了，你不知道怎麼樣使情況好轉，而不知道怎麼使情況好轉使得你開始氣自己，他的憤怒對你來說很沈重，在她生氣時，你不知道要怎麼樣維持一個家庭的功能；而（面向 Sally）也許妳覺得這應該不會對他有影響，但是實際上，現在有個很大的傷口，而對他來說面對此傷口他很難正常的反應，所以（面向 Fred 說）嘗試將傷口癒合，但是你與 Sally 都無法控制憤怒，因此傷口仍持續存在，那你們之後該怎麼辦呢？我如果要妳（面向 Sally）盡量控制妳的憤怒，結果妳還是很困惑；現在，你們都瞭解自己的困惑，但是你們知道對方也被陷住了嗎？你可以（Fred）看見她的困惑嗎而妳（Sally）有可以看見他的嗎？

夫：嗯，實際上我在你剛才說的時候有一些感觸，當你問說他為什麼在開始生氣後會持續的經歷憤怒，他面對的難題是什麼，而如何才能結束，她似乎無法結束她的憤怒。

Fred 所說的這些話是很大的突破，治療者將 Sally 的憤怒由蓄意生氣重新詮釋爲非自願性的，而在他發現她無法停止憤怒的感覺時，他的態度也軟化了，在達到這個突破後，治療師繼續嘗試重新詮釋的方式，以使 Sally 瞭解 Fred 無法容忍她的憤怒。

妻：當 Fred 發現有衝突出現時，他會趕快躲開，因為他在衝突中會不舒服。

治療師：嗯。

妻：而有時候，他這種方式反而使問題更嚴重，因為他會逃避，有時候甚至當作沒有發生過這些事。

夫：在逃避之前我通常會努力嘗試，然後我心情就會變差，因為我面對一個不講理的人，我會自問：「他為什麼不把我當人看？有人犯了什麼大錯嗎？」

治療師：所以說 Sally 比你更能承受挫折，不過她沒有太多的時間瞭解是什麼原因使你惹她這麼生氣，而 Fred，我的問題是，這些事會讓你想到過去的什麼事，你只希望 Sally 不要對你生氣嗎？

夫：不是。

治療師：那麼，你這種預期是來自於哪裡呢？

夫：我不是很清楚，但是也許是來自於我的教育，因為我媽媽從不生氣，但是一旦她生氣，就像是要與你斷絕關係一樣，直到你改變為止，你不會想要把他惹到這樣，我的意思是，因為他會一直氣到這個事情過去，所以在我們加我們會保持「不要惹火她」。

妻：但是還是會。

從非語言行爲上來看，Sally 已經可以更融入討論之中，他開始可以帶著支持的聽與看對方。因此，從 Fred 過去從環境中學習到的是生氣是危險的訊息。

夫：還是會沒錯，不過坦白說我很少惹她生氣。

治療師：是。

夫：我通常很少惹她生氣，我想妳（Sally）記得我曾經為了學校的是跟她吵過兩次。

妻：我現在想起來她當時生氣的情形，你爸你媽沒有吵架，但是他就不見了，顯然是跑掉了。

夫：他們結婚 20 多年，可能只有吵過幾次架，不過他們爭吵時，我都很緊張，我記得小時候有一次很嚴重的爭吵，都是一些失去控制的行為，然後我爸就會離家，之後他們就離婚了，而後我爸就會開始做一些奇怪的行為。

治療師：譬如說什麼？

夫：在我小時候，他曾經試圖闖入家裡，而她則拿把槍把他趕出去。總之，他們很少有爭吵，但是一爭吵馬上就離婚了。

治療師：嗯。

夫：我記得有一次，他進屋裡來了，而且是我讓他進來的，結果他就將家裡所有的盤子的都打破。

治療師：我正在思考這樣的人生會有什麼影響，可以確定的這故事與 Sally 不同。

妻：我爸媽不會爭吵。

夫：不過看起來好像隨時都在打仗。

妻：不是，是像游擊戰（三人笑）。

夫：不過你爸爸很會批評不順他意的人。

妻：沒錯：

治療師：不過 Sally 你不會因為這些是而覺得吵架是警訊。

妻：不會，因為只要跟他講話就會跟他吵架。

夫：嗯，的確是。

治療師：所以妳很習慣了，妳覺得妳很難站在他的立場來想，不過我可以從他的故事看的出來，他會認為衝突是危險的，畢竟，你沒有太多衝突的經驗，而且衝突之後所有的東西都毀了。

夫：而我覺得我的另一半應該可以隨時支持我。

妻：結果他用核子彈攻擊你（三人笑）。

夫：直到你惹她生氣。

治療師：所以現在可以理解為什麼你們兩位對於吵架有不同的忍受力，但是當你們互相不滿對方時，這個差異就會產生摩擦，如果你們這時沒有放入更多的同理心，那麼你們就會被過去所牽絆住。

妻：我與來自於每天爭吵的大家庭中，我沒有高的忍受力，反而我希望他高一點，但是我還是要承認我剛剛對自己說：「我可以理解這些，這就是為什麼我們會越陷越深」。

這對 Sally 是一個經驗上的突破，即使他自己不覺得自己有害怕衝突的毛病，但是她會希望他可以脾氣好一點仍源自她在原生家庭中學到對於衝突的害怕。這一次晤談中，相互同理的效果已經增進他們自家中的關係，他們的爭吵減少了，即使他們吵架了，以比以前更快恢復。

另一個在這一次晤談中的重點是，他們可以投入在一種「抽離」的狀態中，他們在晤談中討論他們所發生的問題，而不是在晤談中發生爭執。他們可以在晤談中討論爭執的原因以及和爭執有關的事。讓我們更進一步說明「抽離」的狀態，以及治療師是怎麼引發這種狀態的。

抽離

我們（治療師）的第一個原則是透過引發夫妻互相同理（或同情）對方以減少爭吵以及增進接納感，而第二個原則就是要促進抽離的狀態，讓他們用敘述的觀點去看自己的問題，這一個原則並不是要避免情緒表達，而是要帶領夫妻雙方理性的看待自己的問題。治療師首先帶領夫妻雙方討論他們發生爭吵的「步驟」，什麼樣的事情和什麼樣的主題會「觸發」雙方動怒，這些事件和主題之間的關連性是什麼，在這樣的討論中，治療師必須要小心避免任何評價性的分析或是責備或覺得任何一方需要改變的態度，帶領的重點在於抽離的敘述他們的問題產生的步驟，這個問題不是「你」或「我」的問題，而是「它」的問題。

幽默感和隱喻是可以促進抽離分析問題的方法，只要夫妻雙方不會覺得被貶低、不好意思或不舒服就好。來看看這個例子，Georgia 和 Susan 是夫妻，他們在分擔家務和照顧小孩上有歧見。當 Georgia 覺得生活壓力很大，而且覺得 Susan 都沒有幫他分擔家務時，她會很生氣，而且會要求 Susan 幫忙多做一點家事。但結果是，Susan 會找任何藉口去避免這種情況，而這樣會讓 Georgia 更爲生氣。在討論這個問題時，如果可以幽默的把這問題看成是 Georgia 將軍與逃兵 Susan 之間的衝突，那麼這一對夫妻就可以用這樣的標籤來敘述自己的問題，也就是繼續保持對於問題抽離的狀態。他們甚至可以用這樣開玩笑的標籤來使衝突降低，比如說吵架時代表「Georgia 將軍和 Susan 逃兵又跑出來了」。

就像引發同理心一樣，透過抽離在四個層次上的討論可以促進接納的感覺：包括討論問題、討論未來可能引發問題的事件、討論最近與問題有關的正向事件、以及討論最近與問題有關的負向事件。不過呢，雖然我們在這裡將促進接納的策略依照概念核心的不同而分成兩種（同理心與抽離），但是在訓練治療師的時候，這兩種策略通常是一起訓練。以 Fred 與 Sally 的例子來說，雖然治療師在這裡的既定策略是要引發同理心，但是這一對夫妻在晤談中仍是以抽離的方式在討論。

包含在抽離這個策略中的兩種概念可能是「敘述性」和「連續性」。如果抽離進行順利的話，夫妻就應該可以增加他們對自己問題過程以及關連性的體驗。爲了增加連續性，治療者必須要記得這一對夫妻上週發生的事，同時將這一次晤談的事件和對他們的問題架構的關係都加以連結，因爲很有可能發生的事件就跟他們問題主題、和極端化過程有關，夫妻必須學著不以責備或爭吵的方式去敘述彼此不斷發生的問題。

在這個治療過程中有兩件重要的事，夫妻如果不是透過用「它」的語言討論問題而增加對於他們問題的容忍力的話，就是起碼可以改變他們爭吵後討論問題的方式。在爭吵後，他們可能可以用抽離的方式敘述他們的問題，而不是用責怪的語氣，所以最起碼，他們可以學會用不責備的語氣討論以前會讓他們爭吵的事。

我們會用很多練習來幫助夫妻可以從他們的問題中抽離出來，有時候我們會很簡單的再放一張空椅子然後說：「讓我們把問題放在上面，來討論看看；不過當你們要討論時，請用『它』來代替坐在椅子上的問題」。

另一個練習方式是要夫妻想像治療者在他們在家爭吵時也在場，也許還可以請他們指定一張椅子來代表治療者，通常在治療者在場時，夫妻這時候比在家中還容易以「它」的方式來討論問題，這可能是因為，他們也必須跟治療者對話的關係。我們有時候也會鼓勵夫妻在家中也可以向一位想像的治療師解釋他們發生什麼事，因為這通常比直接向配偶解釋來的容易，這種方式使夫妻可以去陳述他們想要責怪或指責對方的念頭，而不是直接去責罵對方，當雙方可以陳述責怪對方的念頭，而不是真的直接責罵的話，接納感就會由此產生了。

執行接納時有趣的是，放棄執行改變的策略通常會導致雙方的改變，當夫妻雙方開始停止使用無效的方法去解決他們的問題時，問題反而可以很快獲得解決。舉例來說，當 Gus 與 Jill 若可以停止為了 Gus 應該如何改變他生活的優先順序而爭吵，而是討論 Gus 在改變生活優先順序上的困難，他們的關係反而更緊密，同時 Gus 的生活順序也因此改變。所以，接納中或含有促進改變的效果是有效的策略，而且，就像我們所舉的例子一樣，抽離的敘事方式將為促進改變的技巧做有效的鋪陳。

John 和 Mary：不要說你愛我；先管好你自己

我們在第三章曾經討論過 Mary 與 John 問題的主題是，控制與責任，Mary 控制的慾望強，而 John 比較被動，而且不喜歡受控制；雖然這個問題在他們剛認識時就已經出現，但是在多年的極端化過程後，轉變成水火不容的大問題。當 John 因為經濟危機而提早退休時，剛好 Mary 開始發展自己的事業；由於必須每分每秒的工作，John 開始擔任類似 Mary 助理的角色；但是如果 Mary 可以開除他的話，她覺得會毫不猶豫的開除他。他對於他的被動和健忘感到相當不高興，漸漸的他們會因爲這些是而有過大的爭吵，在這種狀況下，他會帶著道歉說：「我愛你」，但是在這種狀況下，她會說：「這對我有什麼用？我需要的是工作伙伴，你想辦法讓自己有些用處吧」。

在經過兩個禮拜的治療晤談後，John 與 Mary 開車去旅行，在出發之前，Mary 發現車子的煞車壞了，她告訴 John 這個情況，但是他回答：「應該不會怎樣，可能只是什麼東西卡在裡面而已。」Mary 對於這個回答並不滿意，而且他覺得他不把煞車馬上修好是不在意他的警告，而且讓他們可能發生危險，John 沒有再說什麼，這更讓她覺得他沒有認真看待她的問題，並覺得她不被重視，就在這時，John 默默把煞車修好了。

隔天早上，當他們開到目的地時，John 發現他們車子的煞車出現問題，煞車竟然壞了，她聽到這件事簡直氣瘋了，因爲他覺得如果他早一點接受她建議的重要性，她現在就不會覺得這麼不爽，但是 John 也很困惑，他覺得他明明就已經修過煞車，而這個動作不就是她最在意的嗎？現在治療師就要跟這一對夫妻討論這個事件：

夫：一開始當他告訴我這個狀況時，我們把車停在路邊，而我檢查過後發現問題不大，所以我下車修了一下。

治療師：所以你認為你已經解決這個問題了，而且也已經回應了她的需要，她很清楚的傳達她的需要，而你做了，所以你想：「好了，現在沒問題了」。

在這裡治療師簡單的以非責備的語氣描述了他的思考歷程，治療師用中性、易懂甚至老練的語氣做這樣的描述。

夫：對。

治療師：你瞭解為什麼即使你已經修好車了，她仍會這麼生氣？

夫：嗯，我想了很久。我想我們除了這台車，家裡還放了一台車，如果我們改開這一輛車呢？我想到：「我們也許不需要修這一台車，只要開另外一台就可以了」。

雖然丈夫沒有回答治療者的問題，他仍表現了可以用抽離敘述的方式同理對方的能力，因為他用了「我想了很久」這種說法，這表示即使他沒有將他對她的重表現出來，他仍對她的問題很在意，因為他「想了很久」她所在意的問題。當他的被動態度被解讀為不回應或不關心時，從這裡可以看到這一對夫妻爭吵極端化的過程。在這裡，治療師的目標將會是重新詮釋他這種表面上看來漠不關心的態度為一種默默的關心，而且要教導他們以中性、不指責的話來互動。

治療師：嗯，所以你會考慮很久。

夫：或者是我們也可以把車修好，但是今天是禮拜六耶。

治療師：所以你就是在考慮這些東西。

夫：恩，所以我就會照我想的去做，幾乎每天都這樣。

治療師：所以聽起來你需要花很多時間來處理一連串的「困境」：「現在是車子的狀況，而這搞不好還不是最糟的，另外還有煞車的問題，不過我的經驗告訴我在開的時候它應該就會比較正常了，所以呢，我們下一步怎麼做？」你會在心中一直思考這些事情，這是一種現實的困境。

治療師的「困境」、「現實的」用詞是為了強調，也許有一方把表面上看起來被動不關心的行為所代表的意義誇大了，她將煞車的問題視為需要複雜的訊息處理歷程才能解決的大問題。當妻子這一方在聽前一段對話時，他可以慢慢瞭解到這些「現實的困境」，而漸漸減少對先生的怒氣。

夫：我後來想到，禮拜六可能沒有地方可以修，但沒想到我找到一間。

治療師：所以你本來在想禮拜六沒有地方可以幫你修車。

夫：我去找了很多地方。

治療師：所以你一直在想，想：「我不知道我可不可以在星期六找到修車的地方」。

夫：嗯。

治療師：所以你的確滿腦子都在想這些事。

夫：嗯。

治療師：所以你就一直在想解決這個困境的方法，你在想：「這一間有沒有開呀？」

夫：我甚至認真考慮是不是要租車。

現在丈夫已經表達他在這個複雜問題裡，所採取的主動態度和他的觀點，他將租車的可能性也列入考量，也許他已經依照治療者對他們問題的重新架構去回應：當他聽到自己陳述自己是一位主動思索並解決問題的角色時，他也許會覺得受到鼓勵了，因爲這些他平常不會從他太太口中聽到。

治療師：所以你考慮了了一大堆的事，而妳（面向 Mary）完全沒有發現，妳覺得他可能忽略妳的提醒，而被他忽略，就是你最害怕的情況。

夫：要租車的那個想法也不是麼肯定啦。

治療師：不過你的態度很主動，在你腦子裡忙著想問題解決的辦法，對嗎？

夫：而且要想什麼樣的方法才是在星期六這一天裡最好的解決方法。

治療師：所以你忙著解決他所提出的問題，就是「這車壞掉了」，你很明顯聽到這個問題了。

妻：但是他並不相信車已經壞了，他只記得他只要開上路就不會有問題。

治療師：嗯，這也是現實困境的一部份，你說的沒錯，他把自己以前開車的經驗納入考慮了。

妻：「喔，她又反應過度了」。

治療師：妳（面對 Mary）認為他覺得你反應過度，而且變得不可理喻，而你（面對 John）看到她的反應時，你將它解讀為過度反應嗎？

夫：不過當我真正開車出去時，我知道它真的壞的很嚴重。

治療師：所以我想這是讓她不高興的原因，不過我們暫且將這部分略過；真正重要的是，你聽到她以為你忽略的關心了。

夫：我並沒有忽略她啊，只是我有一下子被搞糊塗而已。

治療師：你被搞糊塗是因為你不知道她為什麼生氣，而且你印象中只要開上路應該不會有太大問題。

夫：沒錯。

治療師：嗯，所以直到你開車出去前，你一直不知道車已經壞的很嚴重。

夫：嗯，接下來我不確定的事是我接著該做什麼。

治療師：所以現在你有兩個困境了，你的經驗跟 Mary 的想法不一樣，而且你也要決定該如何解決這個問題：「今天星期六，我不確定哪裡可以找到修車的地方」，所以你一直在想這些事，這些你覺得重要的事，都在你體內發生，而她卻不知道，你平常不會說這麼多，但是你現在說了出來，在當時，你並沒有不在意她說的話，你一直在想解決辦法，只不過這都：是看不見的，瞭解嗎？

夫：現在的確是這樣。

治療師：那，Mary 現在就在這裡，且仍然對於車子的事很焦慮，仍然想要知道問題的答案，仍然試著想要告訴你「我很害怕，開這台車我很害怕。」而她看著你，覺得你都不關心她。

夫：我漸漸可以理解一些，但是我不知道該怎麼做。

治療師：很明顯的，你一直想要回應她的需求，你聽到她的需求，你也在想解決辦法，你想過很多種解決方式。但是，就在同時，Mary 覺得她的意見被忽略了，他覺得她的意見沒有被你聽進去，他覺得她自己不重要，她的安全不重要，他不覺得自己是被尊重，或被照顧等等的，是不是，Mary？

妻：為什麼他不聽我說，為什麼他不告訴我煞車果然像我想的一樣壞掉了，我到底算什麼？我對他來說是什麼？

治療師：妳都在想這些事情，當妳看著他時，妳感覺到這些事情，因為妳看不到他的腦子忙著解決問題，所以妳覺得很生氣。當妳越覺得他很被動，妳就越生氣，但是在這同時（面對 John），其實你並不被動，妳腦子理可忙碌得很。

在這摘錄對話的最後這一段，治療師已經將同理心加入抽離的敘述中，同時將 Mary 的憤怒重新詮釋爲焦慮與害怕。在這裡，有幾點是執行 ICT 時的重點，首先，治療師促發夫妻雙方以中性、瞭解對方以及不批評的方式來溝通互動，第二，她（治療師）成功的讓這一對夫妻從爭吵中抽離出來，然後可以一起保持客觀角度面對同一個敵人，第三，她在他們的互動中促發雙方足夠的同理心，同時重新詮釋 John 的忽視態度爲默默的關心，而將 Mary

因爲覺得被忽視所產生的強烈情緒重新詮釋爲不被愛，不被尊重。

對於 John 與 Mary 來說，要達到相互接納並不容易。Mary 希望 John 可以多幫一點忙，在這種情況下，改變是必要的，這需要之後治療在 BE 上的幫助，但是從 ICT 的角度來說，在他們的親密感增加後，改變的介入將會更有效率。

促進同理心與抽離的敘述並不一定都可以用在每一對夫妻身上，即使這兩個技巧有效，接下來培養忍受力是必要的步驟，我們將在下一章討論。

第 7 章

由建立忍受力增加情感的接納

所有的有機體，包括人類，都很難忍受痛苦。我們的基因裡很自然的就會避免、防止、逃避任何的痛苦。在婚姻關係裡，造成接納彼此困難的關鍵，還是在雙方互動包含了痛苦在內，所以要增加接納感的方法之一，是要增加夫妻中任一方對對方行爲的忍受力，讓這些行爲所造成的痛苦少一點。但是忍受力要建立的首要條件是，雙方必須停止爲了要避免或逃避痛苦，而不斷要求對方改變的這種行爲，必須要他們體認到對方這些行爲改變的困難度，同時轉而相信頂多只能減少這些行爲的傷害性時，他們才能接納這些行爲。所以要建立忍受力的關鍵是，在治療中讓他們瞭解要求對方改變行爲很難，但是建立「隨他去」的態度反而很容易。

在這一章和這一本書裡的一些地方，我們時常提到透過治療晤談達到概念的轉變。而概念的轉變，我們指的是夫妻雙方互動和個人學習經驗的轉變。在任何時候，夫妻雙方對另一方的回應，是源自於個人基因、個人的學習經驗，以及雙方互動之後的學習經驗，這種學習並不是靜態的，而是不斷改變，所以我們所指的概念轉變，即是透過這兩種學習經驗的轉變，當不同類型和新的經驗加入學習歷程時，集會產生轉變。舉例來說，當媽媽告訴小孩子陌生人很危險，最好不要跟陌生人說話，通常小孩子會一直遵照這個警告，直到這個警告已經不適用爲止。同樣的，在治療中，需要藉由治療師的安排、提醒，與夫妻雙方實行所得到的經驗，新的學習經驗才會產生，這樣的過程，我們就稱爲概念的轉變。

忍受力的訓練是一種與行爲理論中治療焦慮疾患的暴露療法相似的技

巧，暴露療法的關鍵在於非增強的暴露在恐懼刺激下，使得焦慮感降低，在個案逐漸暴露在個案害怕的刺激下時，治療師可以控制呈現刺激的內容，假如技巧執行正確，且刺激暴露的階段適當，在每一個治療階段中，害怕的反應將逐漸降低，最後個案面對刺激時將不再害怕。舉例來說，有社交畏懼症的個案，可能會逐步暴露在某些社交公開場合，直到他們不再害怕某一原本讓他們嚇壞的社交場景。同樣的，為了增加夫妻雙方的忍受力，治療師會在安全的環境下，嘗試讓他們暴露在衝突或其他負向行為下，使得這些行為逐漸可以被忍受，同時也可以更容易被接納。

培養忍受力的技巧與促進同理心、抽離等技巧不一樣，後者是促進接納的兩種方法，之所以會促進夫妻關係親密感，是著重在接納彼此問題，而不是忽略問題；而對於忍受力的培養技巧來說，目標是比較保守的，即使忍受力增加了，關係親密感也不一定就會產生，反而是可以阻止夫妻繼續衝突，讓衝突的影響力降低或者更快從衝突中恢復，事實上，即使忍受力增加目標達到了，我們仍可以預期夫妻雙方可能還是會發現對方某些行為上的缺點，只不過影響力變低而已，因此，這個技巧的效果在於衝突後果的忍受力提高了。對於某些夫妻來說，或者是對幾乎所以夫妻來說，負向行為幾乎是不可能增加親密感的，有些問題，即使使用 ICT 的技巧，仍是不會加強兩人的關係，然而，即使不能增加親密感，忍受力的訓練仍然可以有效的幫助夫妻去因應負向的行為。

增進忍受力的策略有四種：指出負向行為的正向特徵、在治療晤談中演練負向行為、在治療中假裝負向行為，以及自我照顧。下文將更進一步說明這些策略。

指出負向行為的正向特徵

ICT 治療者會指出夫妻雙方負向行為的某些正向特徵，假如他們可以看到正向行為的益處，他們也許更可以忍受這些行為。這有點像是家族治療中

「正向意涵」（positive connotation）的技巧，不過在 ICT 中，會用兩種與正向意涵不一樣的方式指出正向特徵。

首先是，ICT 除了指出正向特徵外，同時也會強調這些行爲也有負向特徵，因爲這技巧並不是要完全將這個行爲完全視爲正向行爲，我們關係的是，夫妻雙方是否把問題全貌都看到了，尤其是因爲問題的痛苦而忽略現實上存在的正向特徵。

其次，ICT 所找的是真正符合這一對夫妻互動情形的正向特徵，這跟正向意涵是公式化的指出任何正向特徵不一樣，ICT 所做的正向特徵解釋都是基於這一對夫妻的現實情況。Jacobson 曾經在一個工作坊中，舉過依個例子來說明純粹公式化技巧的問題：他播放一段案例，一個有娘娘腔的矮小丈夫，和一個粗聲音的高大老婆（這樣的夫妻對比相當有趣，也讓工作坊成員覺得好笑），這一對夫妻的問題是，丈夫都不主動有性關係，接下來治療師便公式化的做正向意涵，他說：「妳（對太太）沒看到他爲什麼不願意主動和妳有性關係？他害怕他滿腔的熱情爆發，他怕他的性慾太強，他怕這種慾望會摧毀你啊！」這段話後，鏡頭又帶回矮小的丈夫時，工作坊的成員各各校的東倒西歪，爲什麼呢？因爲這一段話相當詭異，他並不符合這一對夫妻的現實，而且這樣的介入也是完全無效，我們甚至猜測，這種方法反而會挫敗個案。

我們強調的是夫妻過去與現在關係中，負向行爲的正向特徵，而不是公式化的正向解釋，不過這不表示我們的方式比公式化的解釋更代表這一對夫妻的互動事實，因爲人類所形成的「觀感」，不一定等同於客觀的事實，我們在此所關心的，只是這一對夫妻主觀上對於他們問題的觀感。

舉例來說，假如治療師瞭解 Donna 會罵 Michael 的原因是因爲她生他的氣，所以想要藉由罵他來發洩，那麼治療師就不會解釋 Donna 的行爲是要幫 Michael 什麼忙，治療師反而可能指出，Donna 是爲了讓他不舒服才罵他，而罵 Michael 是 Donna 唯一可以發洩怒氣的方法，因此治療師會讓 Michael 知道，Donna 罵他並不是因爲他不好，而是想要告訴他，她不舒服的感受。

當 ICT 治療者可以發現夫妻間的負向行爲，可能是原本他們欣賞對方

（或是現在仍是）的優點，則要從負向行爲中指出正向特徵就容易多了。舉例來說，如果跟 Donna 討論 Michael 和其他男人有什麼不同，他可能說其他男人可能會要求她有更親密的性關係，也許他們滿腦子只想把自己放到床上，但是 Michael 不會這樣，他從不會要求他有更多的性關係或親密的情感交流，而且實際上，他們的性關係都是由她主動；當他們在討論 Michael 缺乏性的興趣和親密感的問題時，ICT 治療者將會討論 Michael 與其他男人這個不同點，舉例來說，治療者可能會對 Donna 說：

> 一開始你欣賞 Michael 是因為他總是尊重妳的界線，而且讓妳自己決定你們的親密距離，而現在你希望他可以主動一點，因為他不主動時妳會很不高興。他也許還是讓妳決定親密距離，也許這樣他比較習慣，不會不舒服，這樣做也許可以讓妳自己拿捏親密感，而且也讓他不需要去煩惱你們之間的界線放在哪裡，不過現在你完全看到他這個習慣的負面部分，妳覺得自己是關係的提供者，而不是在享受這一段關係。

即使求助夫妻沒有提供治療者指出負向行爲之正向特徵的資訊，治療者仍然可以指出夫妻雙方關係中，具有平衡關係或抒解緊張關係功能的個別差異。舉例來說，治療師可能對 Michael 或 Donna 說：

> 你們兩個會成為一對我一點都不覺得奇怪，因為你們需要的對方剛好都具有，假如 Michael 你跟一位和自己一樣的人在一起，你們的關係會很疏遠，而且很快就結束，反過來說，Donna 假如妳和跟自己一樣的人在一起，你們都會妳膩在關係裡，這反而阻礙妳成長為獨立個體。所以在你們的關係裡，Donna 保持關係的親密感，而 Michael 保持關係一定的疏離感。

將夫妻之間的差異點詮釋爲正向的平衡互補可能可以促進接納與改變，所謂的平衡意指彼此可以提供這一段關係所需要的部分，同時也意指可以滿足對方的某些需要。舉例來說，如果一位太太很會批評先生，而先生被罵都不會回嘴，那麼治療者可能會指出太太是一位嫉惡如仇的人，而先生則是有很好雅量的好好先生，治療者接著也會指出這兩種特點必須存在於他們的關係中，他們的問題只是這兩種優點都只有一方具備，應該要彼此向對方學習對方的這個長處。

Patrick 和 Michelle：科學家與藝術家

我們在這裡以 Patrick 和 Michelle 之間衝突，以及治療師指出他們負向行爲的正向特徵過程爲例，我們在第三章曾提過他們的「科學家—藝術家」特徵。

Patrick 是一位工程師，他覺得生活中重要的是設定目標、規劃、而且依照計畫來生活，而 Michelle 則認爲自發的追求快樂、享樂生活，才是生活的重點。當 Patrick 結束長時間的專業工作回家後，他還有一堆計畫要執行，還有一堆未完成工作要完成，Michelle 因爲整天都在想他，而且希望下班後的生活應該可以更親密，他希望下班後可以有一段浪漫、熱情的親密時間。

在以下治療者跟他們會談的過程中，Patrick 和 Michelle 在練習問題解決技巧（見第九章），他們討論的是令他們衝突不斷的問題：到底他們在 Patrick 從長時間工作回家後，他們應該先做什麼？他們腦力激盪初各種解決方法，但是在這腦力激盪的過程裡，他們也越生彼此的氣。這個問題其實是他們「科學家—藝術家」觀念差異的基本原型，這樣的過程提供治療者促進他們接納此問題的機會。

治療師：好現在，我們開始來做腦力激盪，你們想出你們在心中第一時間所想到事情，不需要去想這些事情是不是有用。誰要先開始？

妻：我先。我應該在他回家前先去把車保養整理一下，這一他就不用回家還要做這些。

夫：我覺得我們應該在每天晚上做完一些該做的事情之後，好好聚一聚。比如說，我們應該要先去把拍賣版子寫好，然後確定放在明顯的地方（我們在賣房子），然後如過我們這些都做好，我們也許有時間可以去……

妻：等一下！

夫：這樣做才會比較輕鬆，如果我們禮拜二或禮拜三要去玩，我們就應該做好這些事，這一才不用在玩得時候還要擔心這些事。

治療師：讓我問你們兩位一個問題，你們認為該不該先把工作做完一直是你們觀念不同的地方？

在這裡治療師跳出原本想要進行的問題解決技巧訓練，藉由指出它們之間的觀念差異，他開始執行忍受力訓練的策略。治療師會這樣處理他們的衝突，也是基於我們所提過的，夫妻的衝突反應他們的概念差異。

妻：完全同意！

治療師：而且妳（面對 Michelle）覺得可以兩個人在一起比他說的那些目標還要重要。

妻：完全正確！

夫：我覺得我們最主要的問題是對於生活中的優先順序有所不同。可以這麼說吧，我們現在在賣房子，有什麼比趕快讓這城市其他人知道我們要賣房子來的重要？假如這是最重要的事，那我們就該定一個目標，然後一起規劃：我們該怎麼樣完成工作？如果現在最重要的工作的是完成這個工作，她卻總是會說：「不要管它啦，今天這麼難得，我們一起去作些什麼吧！」但是那個目標還是在那裡啊，只是我們想要刻意忽略而已！我們今天到底什麼事最重要？如果我們覺得每個好天氣都要出去玩很重要，而且不用管賣房子的事，那沒有關係，但是現在賣房子才是最重要的啊，所以我們一定要想辦法完成它，就像退休一樣，妳必須要把該作的做完，然後把時間跟錢留到退休之後享受。

妻：我覺得我好像在聽他傳教。

治療師：妳覺得要接受這樣的觀點有困難？因為這樣的觀點限制了自由和自主性。

妻：沒錯，我不喜歡那樣。

治療師：所以假如妳在決定你人生劇本裡這兩個重要的元素，妳可能會認為：「沒錯，賣房子是我們現在最急的事，但是如果今天天氣這麼好，我們也可以不管這件事好好去玩」。

妻：沒錯。

治療師：這也許就是你們之間有趣的差異。

治療師用有趣這個字指出這並不是一個問題，而只是兩人的差異點，事實上，差異代表衝突，「有趣」這個字則指出這個差異仍有正向的成分，因爲在一開始的評估裡，治療師知道這個差異是他們當時互相欣賞的主因。

治療師：你覺得說你（面對丈夫）是一個在目標完成前，絕不允許任何事情打斷你的人，這樣公平嗎？

夫：我不知道該怎麼說，但是我……

治療師：不過你在這一方面是比她要求更多的

夫：恩，也對。

治療師：所以，Patrick 你會把要作的事先列出來，然後盡力去完成，在這個過程裡，你不容許其他事情打斷，而 Michelle，妳也有目標，只是妳比較容易分心，比如說今天天氣很好等事情。你們都希望彼此多愛自己一些，而這個差異讓你們無時無刻都在衝突，但是也是因為這個差異，你們才能喜歡彼此，舉例來說，在你們的生活裡事情得以順利進行，是因為 Patrick 總是會把事情做完；而你們的生活不會變成像軍隊一樣制式化，是因為 Michelle 會為你們的生活加入許多自由和自主性。所以雖然你們不喜歡這樣，但是某些層面這個差異是件好事。

妻：是啊，但是兩邊都沒有辦法改變。

治療師：我同意，因為你們都已經用這種方法生活 40 多年了，不過這差異也沒有摧毀你們的婚姻關係。在某些時候，這個差異是有好處的。你（面對丈夫）你可以活得更久是因為她總是會把你從過勞的工作中拉出來，而 Michelle 妳可以存一些錢來花，是因為他辛勤的工作。

夫：這是我喜歡她的原因之一，也是我一直喜歡她的一點，她可以把我從工作中拉出來，我可以改天在做沒關係，但是我們也可以把「拉出來」的這個動作放到我們的生活規劃中。

治療師：不過呢，她的工作就是要忽略那些計畫表，而你的工作是要牢記它。你是制訂計畫和計畫的糾察隊，而她則是不守規矩的小鬼。

在治療師這個介入之後，Patrick 和 Michelle 爭吵減少並回到腦力激盪裡，他們也都認爲他對於對方的行爲多了更多忍受力，而可以合作去想解決辦法。

在治療晤談中進行負向行為的角色扮演

角色扮演或者行爲演練是傳統行爲改變技術（TBCT）常用的技巧，夫妻藉由在治療室中練習新的溝通技巧，使他們之後可以在治療室外運用這些技巧，這樣的技巧著重在培養滿足對方需求與慾望的溝通技巧，而不去探究自己的需求；換句話說，他們內在的需求應該在溝通與問題解決訓練中（CPT）加以「接納」。舉例來說，Michael 與 Donna 可能會練習告知對方自己想要與對方在一起或者想獨處，但是改變的效果並沒有剛好滿足 Donna 覺得在一起時間太少的感受（但這種情況是 Michael 希望的），或是沒有滿足 Michael 覺得獨處時間太少的慾望（但這是 Donna 希望的情況），因此，即使是傳統的行爲改變技術，治療師藉由彼此溝通技巧的訓練，促進夫妻雙方接納彼此分歧的需求。

ICT 有更進一步的效果，他促進夫妻雙方不止接納彼此分歧的需求，還能接納過去舊的、無效溝通與傳達需求的方式。ICT 治療師會提醒夫妻雙方，不管他們如何改變，有時候兩個人還是會不知不覺陷入舊的行爲模式中，這個提醒的目的在於告知他們不要將偶爾陷入舊模式的情況，視爲雙方改變失敗的象徵。

在這樣的原則下，ICT 治療者會讓夫妻雙方在治療室中演練衝突以及犯錯的情況，例如，治療師可能會要求 Mary 模擬扮演他責怪 John 只關心她的工作的情境，或者要 John 模擬他罵 Mary 小題大作的情境。在這樣的模擬情境中，治療師會透過討論，嘗試在他們模擬情境中加入建設性的內容，舉例來說，治療師可能會幫助他們去討論在這樣衝突情境下的感受和想法，而這些感受和想法的討論是不會在真正衝突的場合中出現的。或者治療師也可能鼓勵他們去討論這樣的衝突在真實生活發生時，他們所感覺到的想法與感受。所以不管他們在這樣演練下的反應多強烈，治療師最終的目標就是要闡釋它們之間對彼此的瞭解和同理，治療師也會告訴他們在彼此需求平衡上的兩難。

例如，在演練過 Mary 責怪 John 不負責任的一幕後，治療師可能會說：

> 我聽起來似乎是說，當 John 忘記作一些事時，Mary 妳會覺得妳好像被忽略了，畢竟，他都沒有道歉，而且這也不是他第一次忘記事情了，所以對妳來說，妳很難不去罵他根本不關心妳。不過對 John 你來說，你覺得這樣的指責既不公平又莫名其妙，你有很適當的理由，而且你也很在意她交代你的這些工作，你只是還沒有做完而已，現在面對她的責備，你也覺得受傷害，你開始變的防衛，而且不想再跟她辯解。

治療師的主要任務在於讓夫妻雙方可以依照一個沒有破壞性力量的劇本來進行演練，因為破壞性的力量將會導致衝突擴大。透過治療師的幫助，夫妻雙方可以把彼此的情緒放在這個劇本裡，但不是把攻擊放進來：教導他們在治療室中以他們在家很少用的溝通方式來互動，而不是用平常衝突的溝通方式。

不過治療師的任務是需要在他們的關係中「加入」一些新的素材，以使得他們在未來衝突情境中能有所改變，治療師的任務並不是要阻止他們未來發生衝突。這種「準備」與「阻止」的任務區別很重要，治療師必須要很清楚知道自己並不是在阻止衝突，因為這是一個不切實際的目標。因此必須在夫妻雙方的互動中引發治療性的溝通，也就是說，要他們用不是平常自家裡的溝通方式來互動（cf. Wile, 1981），而不是塑造一個完全不會衝突的新家。治療師透過這樣的介入，使夫妻雙方可以在未來衝突中增加容忍力，簡單來說，未來的衝突可以想見會繼續發生，但是夫妻雙方可以透過在衝突發生前多一些心理準備，使衝突的傷害性降低。

而且這個衝突情境的角色扮演的功能在於他為它們之間的爭吵加入新的建設性內容，未來他們可能會因為這個練習而在爭執的過程中有一些改變。就理想層面來說，這種角色扮演可以降低夫妻雙方對於衝突的敏感度，因此可以促進未來他們夠接納彼此差異，假如彼此對於對方某些負向行爲的敏感度降低了，他們也許更可以接納這樣的行爲出現在生活中。

因此，這個練習同時有許多目的，首先，他讓夫妻雙方知道衝突是無可避免的，所以一旦發生，他們比較可以忍受。其次，他直接教導夫妻雙方如何因應衝突，所以他們可以更快從衝突的傷害中恢復。第三，練習負向行爲其實就像是暴露療法，對於負向行爲可以產生忍受力。

Randy 和 Ginger：你是要我還是要我的錢？

Randy 是一位技巧熟練的工人，他時常超時工作，因爲他想要爲他的家庭多賺一些錢，他有自己嚴格的花錢預算，一旦 Ginger 花費超過這個預算(即使超過五塊錢)，他仍會大發脾氣；他也會要求許多性生活，但同時當 Ginger 拒絕時他總會感到受傷害。Ginger 很愛 Randy，但是也對於自己較低的性慾望感到內疚，不過他知道自己有權拒絕，只是 Randy 從來不會考慮這些權利，Ginger 通常會花錢超過預算，不過他並不想在 Randy 發脾氣時，跟他討論前的問題，尤其是他總是用一些難聽的字眼罵人，當她不想跟自己討論時，Randy 會更生氣，衝突也就更擴大了。這樣的衝突模式在 ICT 治療中得到改善，改善的過程如下：

治療師：我現在要請你們討論你們有關錢的問題，就像你們在家裡討論一樣，不必因為我在這裡就想要演得很好，就依照你們以前的習慣去作，而且盡量大聲一點對話。

妻：我可以扮演他那一部份嗎？

夫：不行。

治療師：就演練你自己那一部份就可以，看看會有多糟糕，如果可以，你可以更誇大一點。

夫：好吧，我們要這樣並不難。

治療師：越嚴重越好。

妻：你（面對丈夫）對於我花超過預算一百塊錢覺得很有問題。

夫：恩，你不能控制自己花錢的衝動，而且你跟你家人說我都在虐待你，好像是我打了你還是什麼的，你難道不能必上你的嘴然後順便把錢包看好嗎？你想要你的小孩沒錢，還是讓我們家更窮嗎？你難報都不短我們的小孩有沒有錢吃飯？你現在最好不要給我叉開話題！

妻：我只不過是花超過一百塊錢而已，我的天啊……。

夫：他媽的幾塊錢而已嗎？這每個月都會有耶。

妻：你胡說，這六個月內都沒有。

夫：你現在記性就比你記帳的時候好很多了。

妻：你根本腦袋有問題，你總覺得我故意瞞著你花了多錢。拜託..

治療師：你們還可以吵的比這還嚴重嗎？

夫：可能沒有辦法吵得更凶了。

妻：我現在並沒有真的生氣，不過聽起來就像這樣，我們就是會不斷出現問題，尤其是你（對丈夫）

治療師：你們仍要繼續用垃圾話罵來罵去嗎？

夫：她總是每次說最後一句話，給我最後一擊。

妻：「你平常也都會這樣做」，這句話送給你。

治療師：好，你們說完了嗎？我現在想要問你們二位，在你們用垃圾話罵來罵去的時候，你們事實上都在幹什麼？

妻：一直說，沒有再聽，在防衛吧。

夫：回他的嘴，他的嘴實在很厲害。

治療師：他好像說你胡說和腦袋有問題。

夫：對，這就是他覺得我關心前的問題的態度。

妻：這會讓他很不爽，因為我質疑他的心理健康，而這是他心裡最害怕的事。

治療師：所以你聽到他質疑你心理有問題，然後呢？

夫：我也被惹毛了，我開始作一些也會讓他跟我一樣生氣的事。

妻：指責。

夫：對，指責，謝謝你親愛的。

治療師：你罵他什麼？

夫：嘴賤。

治療師：到處去亂說。

夫：到處講我的壞話，把事情說的很嚴重，我好像很壞的樣子。

治療師：恩，用很大的聲音讓大家都聽到。

夫：恩……哼。

治療師：好，你們在對方的臉上都看到什麼？在你們越吵越兇時，眼中都看到什麼？

妻：我開始不說話，而 Randy 開始對我大吼大叫。

治療師：你（面對妻子）當時怎麼做？妳不講話，但是妳的表情看起來怎樣？

妻：我在冷笑。

治療師：好，那現在可以請妳妳所能的做出冷笑的樣子？而你（對丈夫），可以請你大發雷霆幾分鐘，讓我看看你發脾氣的樣子？首先，請妳（面對妻子）對他做出冷笑的樣子，然後（面對先生）你看著她，因為你才可以判斷他表現出最像冷笑的樣子。

妻：（雙手向上揮動，表現出冷笑的樣子）我就是作這些動作，這代表「隨便你」，代表我不管了，我懶得理你。

治療師：恩，所以你這些動作表示「好吧，隨便你」。

妻：也代表我不想再聽你說什麼了。

夫：沒錯，「隨便」是刺激的地方。

治療師：雙手揮動代表什麼意義？

妻：叫他閉嘴的意思。

夫：對就是這樣。

治療師：「你給我走開」？

夫：就是這樣，沒錯。

妻：要不是你對我這樣，我也不會叫你走。

夫：恩，我會開始罵人，而且音量開始加大，然後把一些腦子裡第一時間想到無關緊要的東西拿出來罵。

治療師：他會提到什麼無關緊要的事？

妻：我就是無用又懶惰。

治療師：你可以表演看看嗎？

夫：可以（勉強的樣子）。

治療師：妳(面對妻子)妳表現出妳最冷淡的樣子，她這樣子的表情對嗎？

夫：很像了。

妻：恩，要我裝我不確定裝的來。

治療師：所以妳這樣的態度是被引發出來的？

妻：是自然產生的。

治療師：如果他先批評你無用又懶惰，然後妳就會有這種表情嗎？還是這種表情會先出現？

夫：表情會先出現。

妻：我不知道，我通常在一些時間點會不講話，當他越來越大聲時就會，我的表情就是在告訴他「除非你冷靜的跟我說，我才要跟你討論解決問題」。

治療師：所以妳進入冷戰階段了，而當他不說話時，你（對丈夫）反而越來越大聲。讓我們來聽聽看有多大聲，你現在可以盡可能大聲罵他無用或懶惰嗎？不過請妳先給他不講話的臉色看。

夫：我實在不想表演，因為我覺得有點丟臉，我不想要在聽到自己說這些，因為 Ginger 也已經聽夠多了，每當這情況發生，我都會想，「鄰居有聽到嗎？」「彙不彙整個社區都聽到？」「窗戶是開的嗎？」。好吧，現在我試試看，妳（對太太）又笨又懶，妳不配當人！妳到底都在幹什麼？前都花到哪裡去了？音量（對治療師）雖然不是這樣，不過我都是說這些內容。

治療師：好，不過最惡毒的是哪一部份？

夫：「笨」對她造成傷害吧。

妻：「懶」和「笨」對我傷害很大。

雖然在這樣的描述中，沒有包括他們三個人有趣、丟臉以及不好意思的非語言肢體訊息，治療師嘗試凸顯它們之間最激烈的衝突和互動，在這個部分，他們透過角色扮演表現出衝突的習慣過程，而不是讓衝突自然發生，同時治療師在衝突中促發新的素材（要求他們以平時衝突中部會出現的對話來溝通），而且強調建立忍受力的情緒（例如他的羞愧），這些所有的步驟，都可能在這次治療改善這些衝突。

假扮在家裡發生的負向行為

接下來我們要促進夫妻雙方對於負向行為的忍受力方法是，我們會要求夫妻雙方假裝扮演家裡面的一些衝突，也就是說，要夫妻雙方馬上在這個時間作負向互動（即使他們現在並沒有什麼衝突）。例如：John 可能要假裝他「忘記」去完成某件重要的事（即使實際上他記得要完成），而 Mary 則需要強烈的回應 John 沒有記得這件事（即使現在他根本沒有對 John 生氣）。

ICT 治療者會要求夫妻雙方假裝負向行為，而不是等著看負向行為自然產生是因為，在假裝的時候，夫妻雙方並沒有帶著負向的情緒經驗，即使假裝的人會裝出負向的情緒在臉上，但是內在其實是很平靜的，這種內在的平靜讓他們可以更清楚的觀察對方的痛苦，而且可能可以避免衝突擴大，事實上，治療師會在之後衝突擴大可以避免的前提下要求夫妻雙方假裝衝突，而假裝的經驗過後夫妻雙方可以一起討論。

首先要先向夫妻雙方講解假裝的過程，讓他們知道接下來可能要假裝某些負向行為，這樣的經驗可以阻斷他們原來衝突中，習慣的行為反應。例如：如果 Donna 可以在他並不真的生氣時做出責怪 Michael 不關心他的行為，那麼她也許可以看見他的痛苦和瞭解自己的防衛態度。所以這樣的演練讓他看透自己的攻擊行為，而且可能可以減少 Michael 的防衛。

這個技巧的效果有許多層面，當夫妻雙方任何一位在對方面前表演負向行為時，那接受負向行為的一方也許會想，每一次這樣的行為產生時，是不是同樣的問題都會自動出現一次。這樣的效果在於讓他們直接明瞭它們之間衝突的儀式化過程，之後才有行為的改變，沒先有使觀點的衝擊，他們的問題就不會改善。

在夫妻雙方練習假裝負向行為時，主要的目的在於增加忍受力。一般來說，「假裝」的練習讓負向行為由「自然發生」成為「受規範」的行為，現在這些負向行為起碼一部份只在治療師的指派下出現，而不是以前都自然的在他們的互動中被彼此「硬拉」出來。這是因為受規範的行為異於自然發生的行為，受規範的行為引發較少的負向情緒和負向反應。換句話說，透過負向行為的演練可以增加忍受力，這一方面是因為行為引發的原因變模糊了（不只一個可能），而且新的規則改變了行為的表現，這些都讓他們增加許多忍受力。

我們這個技巧的原理在於減少夫妻雙方對負向行為的敏感度以增加對此行為的忍受力，而且這樣的原理可以跟夫妻雙方分享，皆下來以例子說明。

Michelle 和 Patrick 又來了：ICT 可以治療季節性情感疾患嗎？

在這一次治療之前，Michelle 和 Patrick 相安無事好一陣子，他們有很長的一段時間可以接納彼此差異而且有所改變，例如，他們同意，既然 Michelle 這三年都會在西雅圖的冬天變的憂鬱（她被診斷罹患季節性情感疾患），那他們就不要再居住在已經住了三年的西雅圖，Patrick 同意搬到舊金山，他們也同意每個月放一些錢到「陽光基金」裡，假如 Michelle 因為西雅圖的冬天變的憂鬱時，可以用這筆錢去度假，而如果 Patrick 有空，他也會跟她一起去。

經過促進親密感和忍受力訓練，他們可以瞭解 Patric 永遠是科學家式的思考，而她永遠是藝術家式的。在最近幾個治療晤談裡，他們已經準備要結案，不過治療師開始考慮一個未來可能的破壞性互動，而這也是他覺得即將逼近又無可避免的情況，因為雨季快要來了（十月中的西雅圖），Michelle

會抱怨西雅圖的雨季，Patrick 通常會覺得 Michelle 不懂得享受西雅圖的生活，這樣的回應會讓 Michelle 對 Patrick 生氣，不過這樣更會激起他的防衛態度，她會責怪他把她帶到西雅圖這種地方來，當然這會讓 Patrick 更爲防衛。接下來治療師要讓他們演練假裝負向行爲的作業，讓他們瞭解這個無可避免的互動衝突：

治療師：好，現在我有一個劇本想要跟你們一起討論，這個劇本是，當妳（對太太）因為這樣的天氣感到憂鬱時，然後妳純粹想表達對天氣的不滿，而不是想要罵誰或攻擊誰的樣子。

妻：說實話就是了。

治療師：不過要記得反映妳的憂鬱，而你（對丈夫）注意到她的憂鬱，你覺得你有責任，而且感到罪惡，所以你開始作一些防衛式的回應。

夫：（對太太開玩笑的說）他（治療師）都知道事情怎麼發生的，對不對？

治療師：假如你們仔細看這個情況，會發現你們兩個人的反應都是合理的。假如妳（對太太）覺得憂鬱，妳就會抱怨這樣的天氣，可以想像妳對他的防衛態度覺得不高興，因為妳不是針對他發脾氣，但是他卻以為妳在罵他，所以他的這種反應惹得妳更生氣。所以現在為了改變這樣的互動模式，首先要讓妳（對太太）瞭解妳對天氣的抱怨，修飾妳的反應，而你（對先生）需要瞭解她不是在罵你，且不會開始防衛。

夫：萬一她是呢？（開玩笑的說）

妻：我從來沒有。

治療師：現在的重點是，不管你們多努力想要避免這樣的歷程發生，但是它總，或經常的自動啟動，讓你們無法避免。所以問題焦點是，你們要怎樣將這個歷程的傷害減到最小？那 Michelle，我希望你可以在下禮拜之前作一個小實驗，我會給妳一個家庭作業，找一些時間，在妳對天氣還沒有那麼不滿的感覺時，練習對他抱怨看看天氣的問題，同時觀察他的反應，妳可以觀察在妳不是情緒化的抱怨時，他的反應是怎麼樣。

妻：好。

治療師：我猜想他應該還是會開始想要防衛、辯解，不過這時候妳應該不會覺得不高興，這樣反而可以讓妳看清楚他的防衛反應，因為妳並沒有不高興，所以妳也許可以同理他，妳也許可以看他當妳抱怨天氣時，他所感受到的壓力。然後當他的防衛回應開始時，我希望妳說：「我是裝的，這只是一項家庭作業。」我不希望你們兩個繼續爭吵。而你（對丈夫）並不知道什麼樣的行為是真的，什麼樣的行為是假的，所以也許你不會自動化的用你原來的方式回應，但是我要 Michelle 可以有機會觀察你的反應，對我來講，我的目的是希望他可以更同理你感受到的壓力。所以，這作業的目的不是要你停止防衛的態度，或者是要妳（對太太）停止對天氣的抱怨，而是要幫助妳更同理他的感受，所以當他用這樣的態度回應時，妳不會生氣，所以這個作業算是給了一半，另一半要由你（對先生）來完成。

因此，這個作業的目的是要增加忍受力，並不是想要改變他們的互動模式。不過，治療師在這裡還是保留了改變歷程的動能，從現在起，只要 Michelle 抱怨天氣，Patrick 可能會思索這是不是一項作業而已，這可能讓他思考要不要啓動防衛態度，最起碼對他來說，可以增加對這個抱怨的忍受力。

夫：好的。

治療師：那麼你們瞭解了嗎？可以照著做做看嗎？

妻：我只是不懂，為什麼他不能在我抱怨時就專注的聽，我知道這是人很難辦到，但是其實只要在這個情況下作一個簡單的轉變就可以了啊。

治療師：恩，我同意，也許 Patrick 有時候可以完全的傾聽妳的話，百分之百的傾聽，但是我只是要妳有一些心理準備，他還是有不是百分之百傾聽的時候。

夫：我會越來越好的。

妻：沒錯，你的確是越來越好。

治療師：好，現在輪到你（對丈夫）的作業了，在這個禮拜裡，只要你聽到抱怨西雅圖天氣，你就拿張天氣圖，指出哪些地方天氣比西雅圖還要糟糕。

妻：他今天早上有做過這件事。

治療師：恩，只是現在希望你再不是真的覺得需要為西雅圖天氣辯護時，再做這些事，就是假裝你在辯護，你做這件事是因為作業的需要，我想要你去觀察這對 Michelle 的衝擊。

夫：我今天早上有這樣做，很神奇的是，西岸還很溫暖，但是北方大湖卻積雪有 4-5 吋，而且當我只是指到北極而已，她竟然覺得冷。

妻：我才沒有勒（開玩笑的說）。

夫：不過下次我會記得說我是在假裝的。

治療師：那麼所以我們現在的作業是要從美國本土開始，還是要包括全世界？

夫：我想從美國開始好了。

有趣的是，包括這個冬天在內的連續三個冬天，Michelle 沒有再出現季節性憂鬱。我們並沒有這個作業是造成此效果的直接證據，但是我們曾經詳細詢問他們新的互動方式，而他們過去的爭吵在接受的作業後完全消失了，她不再假裝抱怨天氣，而他也不會在指天氣圖，所以這個作業同時產生改變與接納的效果。我們在此重申，一旦改變產生了，情況也跟著改善了。

透過自我照顧來增加情感的接納

對於夫妻雙方來說，不管情況是什麼，如果自己的狀態不好，是很難去接納對方的。促進接納最重要的條件之一事增加雙方的對自己的信心，這可以讓他們在對方不在時也可以過得很好，舉例來說，假如 Michelle 在 Patrick 不在時，自己可以規劃時間，她就可以接受 Patrick 總是只關心工作效率的生活方式，反之，如果 Patrick 可以不用完全需要依賴 Michelle 才能把事情做完的話，那麼他也許就比較可以接受她比較隨性的工作態度。在這個例子中，透過自我照顧，雙方的容忍力增加了。

需求滿足的替代方式

ICT 治療者會探詢任何可能可以滿足需求的替代方式，以因應夫妻雙方沒有辦法（不管是什麼樣的原因）滿足彼此需求的情況，這種探索需要相當的敏感度，因爲替代的方式與主要的滿足方式比起來，可能更難被接受。比如說，的確，Sally 知道假日 Fred 不在家時，他可以跟自己女兒兩個人在家，或甚至跟朋友一起出去，但是他仍然希望跟 Fred 在一起，而不是跟女兒單獨在家。而且，夫妻雙方也可能將這些替代方式當成是當另一半不想要滿足自己需求，或者是想逃避必須要隨時滿足自己期望和需求的責任，比如說，假如 Sally 認爲 Fred 只是想要有一些自己的時間待在船上或者是電腦前，那麼不管這些替代方式有多好的理由，Sally 仍然會很懷疑對方的動機。然而，若是透過治療可以使 Sally 和 Fred 的關係更加親密，那麼他們就更可以接受這些自我照顧的技巧：在治療師努力拉近兩人的親密距離時，這種氣氛會使得 Sally 可以在 Fred 不在時，也可以好好照顧自己，在這種情形下，Sally 比較可以接受和執行這些替代方式。

因爲 ICT 治療者最關心的是雙方能否接納彼此，所以這種介入策略即使在夫妻雙方都沒有辦法好好滿足對方需求的情況下，也能有很好的效果。這種介入策略會讓夫妻雙方對於「自主性」與「個人責任」增加更多敏感度，而這兩個要素是親密關係中的重點。因爲即使是關係最好的夫妻，也沒有辦法總是滿足彼此的需求，即使夫妻雙方都願意隨時滿足對方，但是工作壓力、生活壓力、小孩瑣事等等，都會使得夫妻雙方心有餘而力不足，舉例來說，就算 Sally 這禮拜沒有打算和朋友或女兒出去玩，他也比較能轉移對於 Fred 的需求，接受 Fred 沒有辦隨時隨地當一個「家庭好男人」。

在爭吵時、極端化過程和其他負向互動時的自我照顧行為

在跟雙方主要問題的互動上，夫妻雙方都會變的更容易受傷：雙方越覺得糾纏不清，越覺得關係越來越差，越覺得他們總是爲了同一個問題爭吵，那麼他們越需要自我照顧技巧。如果 Sally 指責 Fred 很自私，都不顧家庭(Fred 的媽媽也曾經這樣批評過他），那麼 Fred 現在面對的就不只是 Sally 的憤怒，還包括自己人生的難題，所以他可能進一步將這個問題極端化，因爲他想要把這個溝通扭轉成「良性的溝通」，當然這會使得她更加生氣，因爲 Fred 對於家庭的態度以經是兩人存在多年的問題了。當夫妻在這種越趨極端化的爭吵中，他們需要自我保護和自我照顧的行爲，因爲我們不一定可以減少未來他們在這個問題上的歧異性，也沒有辦法避免問題再度發生，所以我們必須要協助夫妻雙方在面對這些衝突時，某些自我保護的行爲，以減少衝突的傷害。

一般來說，這種情況下保護自己或照顧自己的方式包括離開當時的情境，向其他人尋求支持，或者在當時作一些自我肯定行爲。例如，在 Sally 責備自己時，Fred 可以遠離這個爭吵，打電話給朋友尋求安慰，或者是告訴 Sally 他不要在坐在這邊聽她對自己的批評。

在選擇作哪些自我保護、自我照顧的行爲時，必須要以不會再激起更大的對立爲考量，比如說，如果 Fred 離開吵架的情境或者是打電話給朋友，可能或使得 Sally 更爲光火。因此 ICT 治療者需要評估這些自我照顧行爲會不會激起更大的衝突和對立。對於某些夫妻來說，「暫停」這種技巧的後果很可怕，尤其是單方面想要停戰的情況下；但是在另一種情況下，如果夫妻雙方有肢體衝突危險，那麼「暫停」的策略就很有用了。自我肯定的行爲在某些夫妻的衝突中有用，可是在某些夫妻中則會惡化問題。同樣的，尋找其他社會支持也是有好有壞，所以對於這一對夫妻雙方互動的行爲功能分析是選擇訓練哪些自我照顧策略前該有的考量。

結論

在這一章中，我們討論了四種促進容忍力的臨床技巧：指出負向行為的正向特徵、在治療情境中演練負向行為、在家中模擬負向行為以及自我照顧。雖然理想上來說，促進雙方的親密感是主要的目標，但是忍受力的技巧訓練也是 ICT 中的重要關鍵，對於很多婚姻問題和很多夫妻來說，學習如何忍受原來無法忍受的東西是最重要的相處課題。

我們一再強調的，ICT 不是要完全排除掉傳統行為技巧的策略和原則，我們在 ICT 治療中仍會時常使用他們，接下來的兩章就會著重在：行為交流和溝通／問題解決技巧訓練。

第 8 章

行為交流策略

行爲交流法（behavior exchange, BE）的介入是，治療師試著直接透過一些指示，讓配偶們在家也能達到一些改變。就技術上而言，這些指示是源自不同的理論角度；主要重點是藉著改變一項或多項行爲，以改善正面行爲與負面行爲之間的平衡，那很多技術都是屬於行爲交流；例如，矛盾指示（paradoxical directive）以及焦點解決導向（solution-focused）的介入也屬於行爲交流法，舉例而言：「專注於你與配偶兩人從相識至今，所有美好的事物」；而行爲交流法是原自於早期的傳統婚姻行爲治療（TBCT）。

行爲交流原則的應用最早可見於 Stuart（1969）、Liberman（1970）、Weiss、Hops 和 Patterson（1973）、Jacobson 和 Margolin（1979）的著作中。Stuart 所提出的後效契約技術（contingency contracting techniques）教導配偶們在家中使用一套代幣制計劃（token economy programs），例如，Stuart（1969）早期的論文提到四對接受治療的配偶，每一位妻子都抱怨兩人缺少對話的機會，而丈夫則是抱怨兩人性生活的機會太少，因此，丈夫可以藉由增加與妻子對話的機會以獲得一些點數，而這些點數可以換得妻子在性生活上的回報。

緊接著這些早期的研究報告，Weiss 與他的同事在 1974 年明確定出「公平交換」契約（quid pro quo contracts）與「誠信」契約（ "good faith" contracts）之間的差別。誠如 Stuart 所描述的，前者是一種「以牙還牙」（tit-for-tat）的契約；後者的契約同時規定增強物與懲罰物，但不同於公平交換契約，另一半的行爲交流與目標問題並無絕對的因果關係。雖然這兩種契約的優缺點在 1970 年代看似相當重要，但 Jacobson（1978a）發現這些契約是相當抽象的，因爲它們都不能預測結果。

而且，整個後效作用契約的概念，儘管它有明顯的功效（Baucom, 1982），還是在 1970 年代後期受到行爲治療師相當嚴格的檢驗，（例如：Jacobson, 1978a, 1978b; Jacobson & Margolin, 1979）。即使像 Stuart 這樣的始作俑者，自己在 1980 年的著作中也很少提及後效作用契約。至目前爲止，因爲它在我們之前所引用的文獻中有完整的記載，因此，我們決定不再使用後效作用契約，而且它也不再受到許多行爲治療師的親睞（可參照 Baucom 與 Epstein 兩人 1990 的著作，其爲例外）。

1970 年代的後效作用契約加入許多行爲交流技巧，這些技巧可見於 Jacobson 與 Margolin（1979），Stuart（1980）以及 Weiss，Hops 與 Patterson（1973）的著作中，其皆藉由家庭作業的方式，試圖幫助配偶能更有效地調整兩人關係間的問題行爲，且唯有配偶們都依循家庭作業的規定，任務才可能成功。其中包含教導配偶們如何觀察及強化配偶的正面行爲（Liberman et al., 1981; Weiss, Hops & Patterson, 1973）、意外事故管理的策略，以及許多促進正面行爲的技巧與練習。

行爲治療師時常運用的行爲交流技巧，在許多研究報告中都有紀錄。例如：Jacobson 與 Margolin 1979 年的著作，第六章都在介紹這些介入策略。Stuart 在 1980 年的著作詳細討論「關懷日」（caring days），此爲治療早期的一種技巧，幫助配偶們付出更多時間及注意力來關懷對方。Weiss， Hops 與 Patterson 在 1973 年的著作也提出一項類似的任務，但他們稱之爲「愛之日」（love days）。因爲許多著作都有介紹這些改變技巧，因此我們決定不在本書中對行爲交流法的技巧做詳盡的介紹，我們將改從行爲交流法的基礎概念著手，如此一來，讀者便可在整合性婚姻療法（ICT）中，自由地運用行爲交流原則。若是能理解這些原則，並將這些原則融入整個統合的架構中，便可能產生過多的介入策略。我們將會介紹增強消退（reinforcement erosion），以及行爲交流法如何治療此種增強消退。接下來將會有簡略地檢查行爲交流法從傳統婚姻行爲療法（TBCT）的領域轉移至整合性婚姻療法

（ICT）的領域時，會有怎樣的改變。然後我們會詳細地提供一個典型的行爲交流法的例子，讓讀者有機會一窺這些原則運用的方式，在這個章節的最後，我們將討論對家庭作業規定的依循，讓讀者可以從家庭作業此種較大的議題來認識整合性婚姻療法（ICT）。

增強消退

「增強消退」這個詞最初係由 Jacobson 與 Margolin 在 1979 年的著作所提出，我們撰寫本章的意圖在於讓讀者知道，增強消退是一項自然的過程，而非病理上的過程。任何形式的關係都會產生習慣化，行爲不斷的強化至某一程度，導致其效果大不如前。在求婚時，你的配偶最常說的笑話，原本聽起來是很有智慧、詼諧的與文雅的，但在反覆聽過這些笑話之後，你會開始覺得這些笑話聽起來既粗野又討厭。雖然維持正常的性關係，但多多少少會受到增強消退的影響，雖然不明顯：無論看過多少參考指南，無論有多少不同的配偶介入兩人的性關係，縱使他們採取最極端的手段，出國渡假，令人不解的是，雖然仍會有性興奮，但每次的性行爲之後，就對配偶的身體越來越不感興趣。

簡而言之，所有形式的關係都可見到增強消退，只是程度不同；然而，有些配偶會採取行動來解決增強消退的問題，但是有些配偶卻深信愛就是永遠不要說到「強化」這個詞；一些結婚多年卻依舊幸福親密的配偶們，不需要治療師的協助，自己發現治療增強消退的方式；也有一些配偶發現可以用多彩多姿且有趣的方式來爲兩人的性生活增添情趣；有些配偶雖然維持各自的發展，但他們不僅自娛，也能娛樂自己的配偶。聽不到配偶問「今天過得怎樣」，這是令所有配偶覺得悲傷的事。但是，就算配偶回答了這個問題，聽者也常對配偶的回答不感興趣。我們相信當配偶仍覺得彼此是有趣的，有趣的對話自然會產生特殊的效應，事實上，成功的關係的秘訣便是思考該如何保持趣味。

也有一些配偶共同培養新的興趣、副業、嗜好與職業，以強化兩人的互動品質。到最後，縱使他們不認為自己是為了克服增強消退才生小孩，但事實的確如此。雖然有資料顯示，小孩對於婚姻滿意度有負面影響（例如 Belsky 1990 年的著作），但是情況卻是因人而異，許多配偶確實是依靠生小孩來改善兩人的關係，為人父母的經驗的聯繫的確可以有效做為減緩增強消退的方式。

為何我們在討論行為交流法的章節中，大幅介紹增強消退，其原因有二：第一：增強消退或配偶不知如何克服增強消退，都是婚姻治療中最具代表性的問題；第二，行為交流法是增強消退最有效的療法。

增強消退是婚姻治療中最具代表性的問題

很少有配偶一開始接受治療時，便開始抱怨增強消退，事實上，我們也想不起來有任何一對配偶開始陳述自己的問題時會說「醫生，我們會來這裡，是因為我們有增強消退的問題」，但是在評估配偶的過程中，我們時常發現與生活壓力相比，其實增強消退更是讓他們需要接受治療的主要原因，例如：Marla 與 Peter 婚姻安定，但對婚姻的滿意度卻不高，兩人都不曾意識到自己對於婚姻的低滿意度，直到 Marla 必須到 3000 哩外工作時，他們才意識到這個問題。Peter 反對搬家的提議，他們開始對這個問題產生爭執，最後來接受治療。這次的危機迫使他們必須面對婚姻缺乏刺激的問題、面對他們一直都忽略的問題、以及面對兩人對於面臨分離時的弱點。

相反地，另一對面臨相同的困境的配偶（Jake 與 Glenda），他們的婚姻卻是充滿活力。雖然在二十年的婚姻中，他們曾經歷過增強消退，但他們卻用許多有創意的方法來克服。假設他們要決定 Glenda 的工作機會，兩人一定共同討論，不需借助治療也能解決問題。若是她得到這個工作機會，那他便跟著她搬家，就我們所知，他們至目前一直過得相當快樂，因此，當配偶的生活原本就面臨考驗與災難，增強消退會讓他們暴露於更大的危險，面臨更嚴格的挑戰。對於這樣的配偶，治療師很可能會忽略增強消退的問題。

行為交流法是克服增強消退的療法

雖然一般都不認爲行爲交流技巧是技巧的訓練，但它卻有一重要的好處，那就是教導配偶如何克服增強消退。一般而言，行爲交流法提供配偶若干暗示的課程，倘若在治療過程中學習這些課程，將可抵銷增強消退。首先，行爲交流技巧讓配偶們了解，若是缺乏有條理的努力，他們是無法維繫兩人關係的。我們的文化中還有一項更常見的錯誤觀念，那就是美好的婚姻是不需要持續的努力的。我們不會預期我們的著作、網球比賽或我們的孩子能有任何進步與發展，倘若沒有真正付出關心與有條理的努力，但是愛情倘若沒有努力經營，應該還是可以自我延續的。但事實上，親密關係正如許多我們所做的努力：愛情也是需要養分才能成長的。其次，行爲交流技巧所提供的策略，能讓配偶們每天觀察兩人的關係品質，因此，倘若行爲交流技巧能夠奏效，配偶結束治療後，便更有能力評估兩人的關係品質，評估關係品質是絕對必要的，但對於提昇兩人的關係品質卻仍有所不足。第三，行爲交流技巧提供有效的方法，讓配偶可以在每天的互動中提昇關係品質，這也正是抵銷增強消退的主要方法。

結論是，行爲交流法是個一石二鳥之計，它不僅可以幫助配偶改善兩人關係中的正面行爲與負面行爲的比例，同時還可以提供配偶在面臨增強消退的問題時，能成功克服問題。

BE 是整合性婚姻療法中的一部分

正如傳統婚姻行爲療法（TBCT）中所有以改變爲導向的介入，行爲交流法在整合性婚姻療法（ICT）中只是扮演附屬的角色，而非主角。爲求成功，行爲交流要求的是一種合作的模式，但是來接受治療的配偶一般都不會彼此合作，因此，倘若配偶缺乏彼此合作、妥協與適應的能力，治療師一開始便冒然採取行爲交流法，那麼這種強迫改變的方法，很多配偶都會故態復萌（Jacobson, 1984）。另一方面，倘若在接納工作後再進行行爲交流法，而接納工作也相當成功，配偶們便能在各項任務中彼此合作，因此任務也更容易成功，也更容易延續。儘管在傳統婚姻行爲療法中，行爲交流法常用於治療的最初階段，但在整合性婚姻療法中，行爲交流法卻得等接納工作完成之後才派上用場。

此外，在整合性婚姻療法中，當配偶們不依循行爲交流的家庭作業規定時，或是任務使兩人產生衝突時，治療師必需隨時準備回到預設選擇的接納工作。在傳統婚姻行爲療法中，治療師遇到不依循的情形，時常會對配偶產生質疑，甚至想要懲罰他們；但在整合性婚姻療法中，即使治療的目標在於達到改變，而非彼此接納，但治療師還是採取接納的立場，並用同情共感的方式來回應，縱使當配偶們沒有完成應做的事。

典型的行為交流任務

以下是一個行爲交流的任務，將會示範上述的原則。我們決定做詳細的介紹，因爲這是我們最喜歡的例子，但我們也不希望大家認爲行爲交流任務都要像這個例子一樣，這單純只是行爲交流的一個例子，只因爲我們發現它是行爲交流任務中最成功的例子之一，特別當它是在完成接納工作之後所進行的，因此我們會建議讀者實驗一下。但是，或許與整合性婚姻療法中任一種策略相同，行爲交流法是否能成功都得看每對配偶的特質，以及治療師是否有足夠的聰明才智，可以根據配偶的特質量身打造適合的任務。

第一項作業

任務一開始便是指派作業給配偶，治療師要求每一位配偶獨自列出一張自己的行爲清單，無論是常做的或不常做的行爲，都必須能增進另一半的婚姻滿意度。換句話說，這項作業的格言是：「別問你的配偶能爲你做什麼，要問你能爲你的配偶做什麼。」丈夫在沒有參考妻子意見的情況下，列出妻子希望他做的事，他必須盡全力猜想，在他的能力範圍內，哪些行爲可以讓她每天過得更快樂；而且他必須獨自列出這張清單，無需與她討論清單上的項目，也不需要告訴她清單上的項目；我們還要求他先不要將這些猜想出的行爲付諸行動。我們不希望他在列清單時，一直想著配偶可能會怎樣要求他。她在適當的時候就能看到他所列的清單，事實上，我們會要求他在下一次的治療時段將清單帶來，同時我們也會要求妻子猜一猜丈夫的清單上究竟列出哪些行爲。

公認的說法是，這項作業是有點反直覺的，與傳統的行爲交流任務相比，似乎是退而求諸己了。傳統上，治療師要求配偶們列出自己希望配偶做的事，而不是列出自己的配偶希望他們做的事，但是倘若我們在兩人建立合作模式，意即完成接納工作之後才給他們這項作業，他們便能將焦點放在自己身上，也能自己下定決心建立成功的婚姻關係。雖然這項作業只是任務的第一步，但它卻傳達一種訊息，那就是配偶兩人同樣有能力改變兩人的關係品質。與其認爲自己是另一半壓迫下的無辜受害者，與被動的期待另一半有所改變，到不如培養一個更開闊的視野，將注意力轉移到自身，看看自己如何讓關係變好。

接下來的治療時段

倘若配偶一開始便依循作業規定，那麼當他們下一次來接受治療時，他們各自蒐集了願望的清單，並尚未與另一半進行討論。治療師此次治療時段的主要目的便是先與一位配偶對談，之後再與另一位對談，一一澄清清單上的項目，並確保清單上的項目是否容易理解。在對談時最重要的是，清單上的行爲的接受者是保持緘默的：他／她完全不許輸入自己的意見。我們也不准肢體語言，因爲許多配偶會用很聰明的方式來表達自己的意見，例如轉動眼睛、往椅子裡面靠、或嘆氣。倘若在我們的勸告下還有這些行爲產生，便表示這樣的作業對配偶而言還言之過早，配偶們還不夠合作，他們需要更多的接納工作。

你很快就會知道爲何我們如此堅持行爲的接受者在這個階段必須保持緘默。現在，你只要將這份作業視爲讓給予者有個機會，可以將注意力集中於思考接受者的需求，而不是接受者主動要求要得到什麼。這可能是兩人關係發展至今，接受者第一次得到配偶完全的關注。

治療師一次面對一位配偶，而另一位配偶則單純聆聽。治療師請給予者唸出自己清單上的項目，如此一來治療師便可確定這些是否可行。例如：丈夫寫著：「她喜歡我變得更浪漫。」治療師想了解這句話的意思，她需要更多臥房之外的情感？看電視時有更多擁抱或牽手？更多鮮花？或是以上全部皆是？或是以上皆非？無論討論的結果是什麼，最後的表述方式一定是用感官可以觀察到的行爲，如此才能客觀地判定何時有這些行爲，或何時沒有這些行爲。清單上的每個項目都得經過這個程序，當治療師與丈夫說話時，妻子單純聆聽；反之，當治療師與妻子說話時，丈夫是保持緘默的。

在對話之中，治療師必須確保每個人的清單都是可以理解的，既然接受者不能對給予者的清單輸入自己的意見，那麼治療師變成爲唯一能對給予者的清單提供意見的人，讓他能將另一半所希望的清單中的主要項目加入自己的清單中。例如：當 Sally 與 Fred 第一次被派給這項作業時，Fred 帶來的清單中，完全沒有提及 Sally 希望他在週末時多參與家庭活動的事。因爲治療師知道這是 Sally 最關心的事，因此治療師告訴 Fred：「在我看來，Sally 有提到她希望你多參與家庭活動，對於這方面，你能想到哪些事是你能做到的，能讓她覺得高興的？」Fred 回答說：「嗯！當然有，我可以主動策劃更多週末的家庭活動。」治療師說：「很好，那麼你何不將這加入你的清單呢？」很重要的事是，治療師必需記住不要要求配偶去做哪些事，治療師單純只要配偶去猜測另一半所需要的，我們現在所進行的工作可以確保清單上的項目是可以理解的，但卻又不會違反我們禁止接受者輸入自己意見的禁令。

在這次治療時段結束之後，每一位配偶手中都有一份清楚明瞭的清單，其中紀錄能令另一半覺得快樂或不愉快的假設行爲。一旦每一位配偶能在治療師的協助下，成功地列出這張清單，而沒有接受者輸入自己的意見，這表示配偶們已經準備好進行接下來的家庭作業了。

下一個任務

在這次治療時段結束之前，治療師指派配偶以下的任務，配偶們必須在回去之後到下次來接受治療之前完成：

> 從現在到下次來接受治療之前，我希望你們每一位都能運用手上的清單來增進配偶對婚姻的滿意度。較特別的是，你們每一位必須先瀏覽這份清單的項目，從中選取至少一項要加強或減少的行為，並觀察這些行為上的改變對於另一半的婚姻滿意度有哪些影響。因此，妳（對妻子說）從妳的清單中挑選一些項目，不要告訴他妳選了哪些項目，只管去做，看看會發生什麼事，你這個禮拜的目標是讓他更幸福。而你（對丈夫說）同時也從你的清單中挑選一些項目，決定從今天或從明天開始進行，不要告訴她你選了哪些項目，只管去做，看看會有怎樣的效果。
>
> 現在仔細聽好了，從現在開始到下一次會面，你們決不可以討論清單中的項目或討論這項功課。沒有人會強制規定你要選擇清單中的哪些項目來實行，我不管你做什麼，只要有做就好。最重要的是，別挑選任何自己覺得困難的項目，盡量保持簡單，不必花很多錢，就是這樣。然後，下個禮拜將你的清單帶過來，我們再討論進展如何。有任何問題嗎？我們現在就開始做作業吧！

正如許多諮商時段之間派給配偶的任務一樣，這項作業是以書面的方式交給配偶們。此項作業是為了增進配偶婚姻的滿意度，這是行為交流的首要工作，很明顯是設計用來增進正面行為在所有行為中的比率。在一九七〇年代，我們大多依賴來自接受者的要求，而不建議給予者主動的贈與，因此我們在行為交流上的成就遠不如現在成功。成功的原因可能在於之前已經進行接納工作，但是我們認為在行為交流的早期就將焦點放在給予者身上也是成功的原因之一，讓我們仔細地觀察給予者與接受者在完成這項任務時，所採取的態度。我們認為正是他們對這份作業所採取的態度常為這項任務帶來驚人的成效。

首先，比起接受者要求他們做某些行為上的改變，給予者更有可能遵守任務的指示，理由之一是，接受者沒有任何要求，事實上，接受者在這份清單的撰寫過程中，都未輸入自己的意見。因此，給予者在選擇項目時，便需要相當的判斷力，因為他的選擇可能會加速或減緩整個過程。這些選擇是從許多選項中所選出的，因此給予者有許多不同的方式來完成任務。擁有選擇的自由，以及要求並非來自接受者，這些都大大地減輕給予者的負擔，也因此大大地增加他依循與成功的機率。

最重要的是，若是沒有接受者輸入自己的意見，那接受者對於被選出的行為的接受度也會大幅增加，換句話說，當給予者在沒有治療師與接受者的壓力之下，他們所選擇的正面行為的效果更可能會增強。

我們可以引用相當多的著作來證明這項假設，從歸因理論（attribution theory）到兒童的過度辯正效果現象（overjustification phenomenon in children，可參照 Jacobson & Holtzworth-Munroe, 1986）。一般而言，當給予者付出時是相當自然且主動的，或者是願意這麼做，而非被迫這麼做時，那麼接受者自然會覺得較快樂。假設行為交流任務已經開始，從配偶的自由選擇、自發性以及渴望自己的行為能帶來最大的成效，接受者便可能開始感受到一些好處。

當分配給配偶這項工作時，我們必須先警告配偶先不要選擇清單上會使自己受挫的項目，因為它的代價太高了，假設代價高的項目能讓另一半覺得快樂，但是給予者卻不覺得快樂，反而因此覺得受挫。例如：假設妻子的清單上有一個項目是「如果我能先開始性行爲，那他非常高興的。」倘若妻子最近性趣缺缺，縱使她先開始兩人的性行爲，但這對她而言卻是個不愉快的經驗，反而是剝奪了她的婚姻滿意度。配偶們從清單中挑選的項目，必須是在實行時不會剝奪自己的婚姻滿意度的項目。

建立行爲交流任務的此種特殊方法當然也有不利的一面，因爲接受者到這個階段都還沒輸入自己的意見，因此給予者很可能會選到毫無成效，甚至會剝奪接受者的婚姻滿意度的行爲項目，儘管她最初的用意是很好的，但是最後的結果卻是負面的。然而我們以下要介紹的方法，可以讓配偶免於這些可能發生的事，不會造成無法挽回的傷害。與一開始便立刻能取悅另一半相比，取悅配偶所付出的努力更是重要。無論如何，我們相信這些冒險是值得嘗試的，因爲若是選對要改變的行爲，將會帶來極大的成效。

配偶初次嘗試增進婚姻滿意度後的調查

通常從配偶一踏進辦公室，我們便很清楚地知道這項作業是否有效，當基於善意，付出一些努力，即使只有些許的成效，但配偶們卻顯得更輕鬆、更快樂、甚至立刻開始告訴你本週發生的趣事。一般而言，這項作業若不是開始有起色，要不就是完全無效，讓我們檢查一下，在接下來的諮商時段中，該如何面對所有可能發生的事。

倘若作業是成功的，婚姻滿意度也提高，治療師接著便需要幫助他們描述以下細節；他們嘗試清單上的哪些項目？有哪些嘗試的行爲可以獲得配偶的注意？有哪些獲得配偶注意的行爲可以增進婚姻的滿意度？因此，這是第一次要求接受者對於給予者的行爲輸入自己的意見。給予者聽到究竟自己哪些行爲可以增進婚姻滿意度，他總算從接受者那裡得知哪些行爲可以增進關係的滿意度。

我們還想知道要增強某些正面行爲與減弱某些負面行爲究竟需要付出

多少代價。有時，配偶可以在一週內累積可觀的能量，製造有如蜜月期一般的效應，但當他們被問到付出多大的代價時，他們都承認自己無法想像在平常的時候，能否有這樣的表現。倘若這些體驗只是蜜月期效應，或者有些行爲只出現一次，之後就再也不曾出現，很重要的是，配偶一定要察覺這個現象。有時候，提供正面行爲對於給予者而言看似需要付出很大的代價，事實上卻是相當容易的，例如：Fred 對於策劃一些星期天的家庭活動感到相當快樂，即使他一開始認爲自己是扛著重擔，但在下一次的治療時段，他告訴 Sally 可以放心將這件事交給他，他至少會隔週規劃家庭活動的。當一些原本聽起來令人覺得負擔很重的行爲竟然如此容易完成，這些正面的改變的成效將是非常驚人的。

在調查過哪些是有成效的行爲與哪些是沒有成效的行爲之後，下一步便是請接受者有條理地輸入自己的意見。首先，我們請接受者先對給予者的清單下評語，接受者必須標示每個項目究竟是「值得保留」、「令人高興的小事」或「完全離題」。給予者聽到這些意見，他們在接下幾週，便有更多資訊知道該如何做得更好。這些意見並不是告訴給予者哪些是「一定」要做的事，其實它只是單純提供訊息，幫助給予者決定在接下來幾週要怎麼做。

最後，在這次治療時段中，接受者有機會建議一些項目，給予者可以加到他／她的清單中，再澄清一次，這些項目並不是要求給予者要做到某個特定的行爲，它單純只是原先遺漏的項目，根據接受者的意見，將它加入清單中將會非常實用。將這些項目加到清單中是接受者的本分，但他沒有義務履行這些項目，這些接受者所輸入的意見提供給予者更多訊息，可以讓他在接下來幾週，更有可能選到能成功提升婚姻滿意度的行爲。治療師再次指派與上週相同的作業給配偶，但這次成功的機率卻提高了，雖然沒有明確的指示告訴給予者該如何改變某些行爲，但是每一位配偶都已經有明確的資料，知道如何讓配偶更快樂。

倘若之前指派的作業沒有成效，又該怎麼辦呢？這樣的作業會失敗，只有幾個原因。第一個可能的原因是配偶中有一人或兩個人都沒有依循作業的規定，倘若此種不依循的狀況不是治療師的過失（本章稍後會介紹），便代表不應該在一開始便指派這項作業，我們必須立刻回到無所不在的預設選擇接納工作。因此，行爲交流任務事實上可以被視爲探針，可以檢視之前的接納工作是否爲接下來專注於自身的介入工作建立足夠的互助。

第二個可能的失敗原因是給予者選錯行爲，每一位配偶都嘗試清單上的項目，但是婚姻滿意度卻沒有任何改善，但這個問題可以藉著接受者輸入自己的意見而迎刃而解，成效也會變好。一旦在接受者輸入自己的意見之後，我們再派給配偶相同的工作，任務的結果就會變好。

有時任務的成效不彰是因爲配偶的問題並不在於增強消退，他們可能因爲面臨二到三個主要的問題，便來接受治療，但每天依舊相處得很好。不過，倘若不嘗試行爲交流，往往不知道它是否有效。有許多例子都是有關增強消退的問題的，卻有一個突出的主要問題，但直到增強消退的問題都獲得解決，每天都不會再出現這些情況，主要問題才算獲得解決。

無論如何，我們都假設配偶們會依循，因此一般都會在兩次治療時段派給他們這項任務。第一項作業一般是配偶每一方各自付出努力，而沒有接受者輸入他們的意見；而第二項作業一般是接受者輸入他們的意見。我們沒有必要進行毫無成效的任務，既然行爲交流是許多技巧的泛稱，而不是專指某一種技巧，因此一項技巧不成功，不代表要放棄所有的行爲交流技巧。但是，倘若在兩次治療時段的之間，任務已造成配偶的衝突或故態復萌，這就代表我們必須回到接納模式。

家庭作業與依循（compliance）家庭作業

個案不寫作業有時並不代表他們阻抗治療，有時可能是治療師本身上的問題。在整合性婚姻療法中，不寫作業（不順從作業）就意味著（1）治療師給錯作業了，或是（2）指派作業不清楚。我們遇到許多治療師會立即答辯說「配偶們真的不想改變」或者「他們只是想要趕快做完治療的步驟，以便能訴請離婚」。事實上，治療師聽起來常像是在懷疑配偶，而不是同情他們。治療師常指責配偶們破壞治療過程，而且還提出許多合理的證據，但很不幸地，這些合理的解釋往往是治療師的錯誤所造成的，因此指責配偶們是刻意不依循的或是指責配偶們的抗拒心理是比較容易的。

我們非常確定不願意做作業就代表配偶們尚未準備好要接受這項任務，倘若他們記得應該怎麼做，也記得指示是什麼，我們也已經向他們解釋指派作業的理由了，他們也參與作業的計劃，也討論過在完成作業的過程中該如何克服可能遇到的難題，但他們最後還是做不到。很不幸的是，我們常在以下的情況下指派作業給配偶：首先，沒有充分的理由；第二，解釋得不夠清楚；第三，得不到配偶的參與感；第四，遇到依循的瓶頸時，沒有與配偶一同腦力激盪以解決問題。其實有一些基本的技巧可以讓配偶達到依循，只是治療師都不用罷了。仔細觀察這些基本的技巧，讀者或許會想起一個一度非常盛行的概念——引起精神分裂症的母親（schizophrenogenic mother），現在已經很少人討論這個概念了。對於年紀較大的讀者，或許還記得這個史上著名的理論，這個理論的意思是，母親做的某些事，造成孩子的精神分裂症，這項概念常與雙重束縛理論（double-bind theory）聯想在一起（Bateson, Jackson, Haley & Weakland, 1956），但卻令人懷疑。

然而，我們發現一個與引起精神分裂症的母親有關的現象，我們也相信那是真的，那就是與依循對立的治療師（noncompliantogenic therapist）。與依循對立的治療師指得是派給配偶無法完成的作業的治療師，例如，我們時常採用配偶觀察檢核表（Spouse Observation Checklist, SOC, Will, Weiss & Patterson, 1974）最為評估的工具，我們發現它是有效的行為交流法的輔助工具。配偶觀察檢核表最原始的形式有 409 個項目，這些項目囊括婚姻關係中所有想得到的事情。這 409 個項目再歸類出幾個類別，例如：交友、情感、性生活、體貼、溝通、與他人的互動、小孩、經濟狀況、職業／教育程度、個人習慣與獨立性。所有的項目都是用「我們」或是「我的配偶」所寫成，例如：「我們一起出去吃飯」、「我的配偶會抱我」。我們運用配偶觀察量表的方式包含三大項：首先，我們要求每一位配偶提供一份每日婚姻滿意度評分（Daily marital satisfaction rating, DSR），評分標準從 1 分到 9 分，其中

9 分代表極度的快樂，1 分代表極度的痛苦，5 分代表中等。第二，配偶們必須每天在指定的時間仔細讀過這 409 個項目，並看看在過去 24 小時內是否有做到。第三，對於有做到的項目，接受者必需標示「正面的」、「負面的」、「中等的」，代表該行爲對他的影響。因此，在每天結束的時候，因爲有這份每日婚姻滿意度評分，治療師掌握了正面行爲、負面行爲與中等行爲的紀錄。一般而言，我們要配偶在以下時段完成這份量表：一是治療前兩週的每天晚上；一是治療結束後兩週的每天晚上。

配偶觀察檢核表提供治療師相當多的資料。首先，這份量表是現行唯一的評估工具，真正提供每一位配偶每天所感受到的正面行爲與負面行爲的紀錄。當治療師問到一兩週前的事情時，許多事已經因爲印象模糊而被遺忘或扭曲，就連有配偶觀察檢核表紀錄下配偶的行爲，還是會有印象模糊的情形（Christensen & Nies, 1980; Jacobson & Moore, 1981）。例如：配偶觀察檢核表上有一項「我們一起洗澡」，一般都會以爲在過去 24 小時內與配偶一起洗澡能增進配偶間的和諧，然而配偶只有 70%的機率會這樣認爲；「我們有性行爲」的項目，配偶則只有 60%的機率會認爲它能增進配偶間的和諧，或許原因在於這些項目只是說「我們」，並未明確指出是與誰一起。想一想，倘若 24 小時內都有這麼多的不和諧，那一週又會有多少和諧的情況產生呢？因此，配偶觀察檢核表提供每日活動的紀錄，縱使它不是完全精確的，但這些資料卻是別處無法取得的。

第二，配偶觀察檢核表提供一個簡便的方法，可以觀察整個治療的過程，我們要求配偶們在治療前 14 天與治療後 14 天都必須完成這份量表，這讓我們可以鳥瞰整個治療的過程，除了知道每日婚姻滿意度評分，還可知道正面行爲與負面行爲之間的比例關係。

第三，配偶觀察檢核表提供一個比較實際的方法，可以辨識婚姻中重要的強化者與戕害者，因爲治療師可以得到每位配偶的每日婚姻滿意度評分，以及每天的正面行爲與負面行爲的頻率，因此便可找出好日子（每日婚姻滿意度評分很高的日子）的行爲之間的關聯，以及找出發生於壞日子（每日婚姻滿意度評分很低的日子）的行爲。我們可以假定這些與婚姻滿意度有關的行爲，在婚姻中是很重要的強化者或戕害者。

最後，配偶觀察檢核表提供行爲交流的材料，這 409 個項目包含我們假定會強化婚姻或戕害婚姻的項目，這些都可以用在我們之前介紹過的行爲交流任務之中，例如將這些項目加到希望做到的行爲清單中，也可以應用到「關懷日」、「愛之日」或許多其他行爲交流的任務中（Jacobson & Margolin, 1979）。配偶觀察檢核表可以提供一個多樣化的刺激，可以將更多項目加到希望做到的行爲清單中。

因此，配偶觀察檢核表可應用於許多方面，雖然要配偶們完成這項作業並不容易，每天大約需要 20 到 30 分鐘來完成這項作業，而且它本身並不是一項有趣的工作，因此，它對治療師是一項嚴苛的考驗。與依循對立的治療師必須等到配偶的治療時段快要結束時，或必需離開時，才將這份量表給他們，並告訴他們：「如果你們下個禮拜有時間的話，這裡有一項小作業交給你們，但我想你們可能沒時間完成，如果我是你，我或許不會做它。」然後，當配偶下一次來接受治療時，果真沒有做完那項作業，與依循對立的治療師就會將過錯推到配偶身上。

依據我們的經驗，倘若配偶已經準備好要接受任務（例如：能夠互相合作或專注於自身），治療師指派這項作業的方式便會大大地影響配偶依循的程度。以下是我們發現可以增進配偶依循程度的重要因素。

解釋理由與強調任務的重要性

在討論對於家庭作業的依循時，讓我們採用配偶觀察檢核表作爲家庭作業的例子。既然要完成配偶觀察檢核表是件困難的事，因此要治療師說服配偶們依循便是一項嚴峻的考驗。當我們向配偶介紹配偶觀察檢核表時，我們的理由與上述的理由相同，不同的是，我們必須避免不必要的術語。倘若配偶不了解爲何我們要求他們做這件事，那他們就不太可能會照著我們所說的去做。此外，這項任務必需被視爲與治療是密切相關的，而非離題甚遠的，我們可以告訴他們：「這份量表的功能，對我而言就類似導盲犬，它能提供我別種方法無法獲得的資料」。

讓配偶參與任務的細節討論

當配偶參與任務細節的討論時，他們便不容易有抗拒心理。當我們在介紹配偶觀察檢核表時，我們可以告訴配偶：「這份量表有 409 個項目，告訴我有哪些項目是與你有關的？你想要實行幾天？以及你何時能做？」配偶們越能參與任務細節的討論，那他們越不會覺得自己是受到壓迫的。此外，治療師越能爲依照他們特殊的情況量身打造合適的任務，他們越能依循。例如：要創造獨特的配偶觀察檢核表其實很簡單，因爲依據我們的經驗，每一對面臨不同情況的配偶，409 個項目中，只有 100 項左右的項目與他們有關，因此我們可以用電腦程式或簡單地刪去不相關的項目，這樣就可以設計出適合不同配偶的量表，這樣可以讓作業的份量看起來不那麼驚人，也更貼近需要。

誇大任務的嫌惡性

我們可能會告訴配偶：「我很抱歉必需給你們一個任務，你可能會很討厭這項任務，我不得不讓一些配偶終止這項任務，因爲他們不肯塡完這份量表。這就像你小時候吃的難吃的藥，一開始你會覺得有點困難，之後，當你已經能掌握它時，你又會覺得它很無趣，我真的希望可以不要派給你這份任務的。」在聽過你這番話之後，配偶們常會很高興地發現這項工作其實不像他們所預期的那麼令人厭惡。當然，這項任務真的不好玩，但是卻也不像我們所說的那麼差，當他們發現時，真的會鬆一口氣，也更有可能會依循。

預先想到不依循的原因並先發制人

這幾年來，我們聽到很多配偶不依循的原因，有些理由是一再出現的。倘若我們可以預期是怎樣的理由，並先發制人，那麼配偶依循的意願便會提高。

例如：到目前爲止，最普遍的不依循的原因是「時間問題」。「我沒時間，我這個禮拜很忙。」我們真的時常聽到這個理由，因此每當我們指派配偶觀察檢核表的任務給配偶們時，我們都預期他們會沒有時間，因此我們會說：「你是個大忙人，而這項任務需要很多時間，你有時間做嗎？什麼時候？我們大致擬個計劃吧！」倘若在進行上一項作業時，已經處理過「時間」的問題了，在接下來的諮商時間，倘若又有不依循的現象，配偶也較不可能再以「時間問題」作爲藉口。

第二個常見的藉口是「我忘了」。那是另一個我們預期的理由，因此我們必須先發制人，告訴配偶：「你要怎麼記得要做的事？這不是你日常生活中的一部份，我們可以在環境中加入什麼，幫助你記得呢？」

令人驚訝的是，第三個藉口竟然是：「我們打架了。」或是「我們上個禮拜過得很糟。」我們常被這種藉口嚇到，因爲對於不完成任務而言，這是個奇怪的理由，雖然我們預期在治療早期可能會有這些情況發生。但是，這個理由的確太常出現了，因此我們在介紹配偶觀察檢核表的任務給配偶們時，會先發制人地告訴配偶：「這項任務包含許多工作，倘若你對另一半生氣或你們發生爭執時，會覺得它更加地困難。但我特別需要知道這些時候究竟發生什麼事，所以，請你一定要完成這份量表，無論你對你的配偶有多麼的反感。」

我們當然不可能預期所有配偶沒有完成家庭作業的可能理由，雖然我們倡導治療師要試著針對一些最常見的理由先發制人，但是配偶們時常會想到許多新奇的藉口，那是我們所預期不到的。以下是 Jacobson 還是北卡羅萊納大學教堂山分校的研究生時，所舉的一個例子。有一對配偶一起上山度週末，他們將治療師派給他們的作業放在公事包中，再將公事包綁在車上，但是在車頂上的公事包鬆開了，滾落 8000 呎的懸崖，因此很難預期不完成作業的理由是什麼。儘管如此，倘若治療師可以預期不依循的理由，那他在配偶帶著作業回家之前就應該說清楚，倘若能先發制人，配偶們便較不可能再以它作爲不依循的藉口，配偶們若是找不到合理的理由不完成作業，那麼任務就更容易完成了。

確保配偶都了解任務

配偶不依循的理由中，有一項令我們訝異但卻相當常見的理由是他們根本不了解治療師的指令。治療師時常忘記每一位配偶對於整個家庭作業的任務的理解力與心理衛生專業人員的理解力並不相同，因此，配偶們極有可能在離開時，還不太清楚究竟該做什麼。因此，我們時常將指派的家庭作業寫下來，如此一來，除非是配偶自己搞丟治療師的指令（我們知道這是可能會發生的事），否則他們有一份任務的書面紀錄。有了這份書面的紀錄，不僅大大地增加了依循的可能性，還可以減緩醫原性效應（iatrogenic effect）的可能性。醫原性效應指的是配偶們可能會爭執任務的內容究竟是什麼，這個問題是由治療過程所造成的，導致治療結果會比不派給他們任務更加糟糕。

要配偶們簽署一項會依循作業的契約

社會心理學有一篇論文顯示公開的契約能提高依循的程度，書面的契約又比口頭上的約定好，但是口頭上的約定總比什麼都沒有更好。我們會問配偶：「現在，你只要先確定你真的知道該怎麼做，你們每一位可以重複說一次這項任務嗎？並告訴我們你覺得這項任務是否可行？」這個問題的回答可以一次解決兩個問題：第一，它讓我們再次確定配偶都了解任務；第二，它也讓我們有個記錄，記錄配偶們同意完成這項任務。Stuart（1980）年即倡導在治療初期就簽署書面的契約，雖然我們不認爲這是個差勁的想法，但我們並不這麼做。

在後續的諮商時段中採用家庭作業

兩次諮商時段的間隔中所指派的作業，有一個治療師會犯的大錯是在接下來的諮商時段中沒有簡單地介紹或仔細地檢查這項任務，這是抹煞配偶對家庭作業依循的最快方法，因爲配偶們會認爲家庭作業只是個添加物，治療師並不認爲它很重要。你可以確定的是，倘若配偶們覺得治療師並不在意他們是否完成任務，那他們自然不會在意自己是否完成任務。因此，很重要的是，一旦你指派了一項作業，那這項作業就必須成爲接下來的諮商時間的主軸，除非有一些緊急的事件，讓治療師不得不分散注意力。

家庭作業依循的最後手段

如果治療師依照一定的程序，解釋這項任務的理由，並強調任務的重要性，確保配偶都知道應該做的事，與他們約定好完成任務，讓他們參與任務的細節規劃，預期他們可能不依循的理由並先發制人，並在後續的諮商時段中將上一份任務作爲主軸來強化依循程度，如此一來，便不太可能產生不依循的情況。換句話說，病患大多數不依循的行爲都是因爲治療師無法有效地向配偶傳達任務的指令，當然，我會這麼說的前提是配偶之間早已經培養合作的模式，而且在行爲交流的家庭作業之前即已有效地完成接納工作。

然而，還有另一項對策，我們最後才提到它，因爲這已經超越我們的工作職守了。這項對策就是在兩次諮商時段的間隔中打電話給配偶們，確認任務是否完成，電話交談不需很長，只需要兩分鐘簡短的詢問。假設是配偶們正在看他們最喜歡的電視節目時，電話響了：「喂！George 嗎！我是 Neil Jacodson，我只是要確認一下我派給你們的作業已經完成了嗎？我們上一次的諮商時間是幾天前的事了（停了很久，13 秒是最適合的）……George！你有在聽嗎？噢！你們還沒完成吧！嗯！（又暫停 13 秒）你會在下一次諮商時段之前完成任務，對吧？很好，很期待見到你，我可以跟 Ruth 說話一下嗎？」

這樣的電話訪問次數很少超過一次，因爲配偶對電話訪問相當反感，而且會想盡辦法阻止你再打電話來。治療師可以將配偶放在負增強進度表（negative reinforcement schedule）上，當配偶的依循程度提高時，便減少電話訪問的次數。這樣的電話訪問的確強而有力，但卻大可不必如此壓迫配偶們。

結論

家庭作業的任務是行爲交流（BE）和溝通／問題解決訓練（CPT）的重要部分，它甚至在接納工作中扮演重要角色，特別是一些增進容忍的技巧。我們發現不依循的接納工作或病患的抗拒心理，實際上都歸因於治療師的錯誤技巧，倘若治療師能讓配偶在兩次諮商時段的間隔中依循家庭作業，那麼行爲交流工作將更有成效。倘若治療師能有效地介紹任務，然而配偶還是無法依循，那合理的解釋是之前的接納工作做得並不確實。

第 9 章

溝通與衝突解決訓練

溝通與問題解決訓練（communication and problem-solving training, CPT）一開始便是傳統婚姻行爲療法（traditional behavioral couple therapy, TBCT）主要的一環（Jacobson & Margolin, 1979; Liberman, 1970; Weiss et al., 1973）傳統上，溝通訓練一向被分爲兩組技巧訓練，兩組技巧看似相似，實際上卻截然不同：一爲普通溝通技巧訓練（training in general communication skills），含括支持與了解（Weiss, 1984）；一爲處理衝突的方法訓練（training in how to deal with conflict），Jacobson 與 Margolin 稱之爲問題解決訓練（problem-solving training, PST）。雖然研究調查傾向於將溝通與問題解決訓練（CPT）視爲一套完整的體系，但是上述兩種不同形式的溝通訓練的確有概念上與步驟上的不同。

普通的溝通訓練（communication training，CT）首見於 Bernard Guerney 於 1977 年的著作，此項訓練的目標除了教導配偶如何成爲好的傾聽者，還教導配偶如何用更直接，卻不會令配偶反感的方式表達自己的感受。其中，傾聽的技巧一般被稱爲「積極傾聽」（active listening），而表達的技巧除了採用第一人稱（我）來表達自己的感受，而不用第二人稱（你）來指責對方的過錯，還配合許多其它輔助積極傾聽技巧的規則。此種溝通訓練（CT）的特色之一在於同一時間內，只有一個人有發言權，意即，當其中一人正在說話時（運用表達的技巧），另一人則「傾聽」（運用積極傾聽的技巧）；說話者握有發言權直到他或她決定讓別人發言，或直到另一人想發言爲止，這得依據所採用的是何種溝通訓練而定。一人發言之後，進行角色互換，原先的傾聽者變成發言者，原先的發言者變成積極傾聽者。

婚姻治療師目前已廣泛採用溝通訓練（CT）的技巧，因此很難對這些技巧做全面的評論，或將一切歸功於某些新的技巧。事實上，溝通訓練的概念已深入大眾文化之中，最近甚至出現在《紐約重案組》（NYPD Blue）中的一幕：Metavoy 探員堅持與太太分居，並要求她離開他的辦公室，他的太太回答：「別這樣，你所做的每件事，我都感受得到。」探員回答：「我不想做那無聊的婚姻諮商。」他的太太回答：「但是每當你做一件事，都讓我有負面的感受（When you do X, I feel Y.）。」探員回答：「每次你引述婚姻諮商的話，都讓我想要大叫，想躲起來，更想離婚。」他的太太回答：「這下好了，說出來有沒有覺得好過一點？」探員回答：「你問我有沒有覺得好過一點？我告訴妳：滾出去！」

既然溝通訓練（CT）已如此深入大眾文化，因此便我們很難將功勞歸給某人，然而，我們還是可以試試。除了前述 Guerney 於 1977 年的著作之外，Gottman 與 Notarius 等人於 1976 年所發表關於配偶的著作，也曾界定積極傾聽技巧與表達溝通技巧，其中積極傾聽的技巧有「確認」（validation）；而表達溝通的技巧則有「坦白」（leveling，也就是告訴配偶你心中的感受）以及「選擇用詞」（editing，也就是用不會引起別人反感的方法來表達自己的感受），配偶不需治療師的協助，也能做到這些技巧。之後，Jacobson 與 Margolin（1979）在這些技巧中，再加入另一個要素，那就是「情緒對話」（feeling talk），它讓配偶運用情緒量表（feeling checklists）來找出表達自己情感的方法。

然而，在傳統婚姻行爲療法（TBCT）中，問題解決訓練（PST）卻比溝通訓練（CT）更重要，至少當 Jacobson 與 Margolin 在進行傳統婚姻行爲療法（TBCT）時，會有此情況，因爲七〇年代的研究顯示婚姻關係的成敗取決於能否解決衝突，而不只是找出衝突點而已，許多研究也支持這項論點，例如：Gottman 於 1994 所發表的評論。因此，我們試著找出能幫助配偶有效地解決衝突的策略，這是很合理的，Jacobson 在八〇年代中期的研究更是大力地支持此項策略，就因爲衝突解決的訓練是傳統婚姻行爲療法（TBCT）

過程中最基礎的部分（在這一章中，我們通常採用「衝突解決」（conflict resolution），而不用「問題解決」（problem solving），因爲後者太過廣泛，甚至還運用於不具衝突性的問題上）。

在整合性婚姻療法（ICT）中，我們還是採用衝突解決訓練，但是衝突解決訓練對整合性婚姻療法（ICT）的重要性不如它對傳統婚姻行爲療法（TBCT）的重要性，因此，即使衝突解決訓練是和溝通與問題解決訓練（CPT）相關，但它現在對整個治療模式的重要性卻不及它以往的重要性，其原因如下：

首先，有越來越多關於積極傾聽與表達訓練的普通溝通技巧漸漸受人重視，因爲它們有助於接納（acceptance）與改變取向的介入（change-oriented interventions）。誠如我們在第六章所提及的，面對一個問題時，治療師將溝通訓練（CT）視爲有助於設身處地地參與的方法。對一些配偶而言，溝通訓練（CT）比治療師的解說或專業的提醒更能有效地打破藩籬，進而彼此接納。記得，設身處地的目標在於軟化傾聽者，換言之，當說話者與傾聽者角色互換後，雙方的態度都得以軟化。當較和緩的（softer）表達溝通技巧融合摘述語句（paraphrasing）與反映（reflecting）等積極傾聽的技巧（摘述語句與反映的技巧等同於 1976 年由 Gottman 等人所提出的術語：確認（validation）），配偶雙方更可能做到彼此接納。此外，當溝通訓練（CT）的技巧與衝突解決的訓練結合時，更能促成許多的改變。事實上，溝通訓練（CT）能輕易地運用於問題解決訓練（PST）的「問題界定」（problem definition）階段。因此，溝通訓練的用途很廣，因爲它可以運用在不同的治療時期。

第二，早期的研究高估衝突解決訓練的價值，因爲它的貢獻並未從溝通訓練（CT）中獨立出來加以評估。爲了支持此項假設，我們發現接受過問題解決訓練（PST）的配偶，無論能否預測該項訓練最後所能達到的效果，他們在治療結束後，大多不願意再練習該技巧，這在 Jacobson 等人於 1987 年的著作顯示。

第三，我們懷疑造成配偶婚姻不幸的主要原因，是否在於缺乏衝突解決技巧。特別是，沒有證據可以證實溝通與問題解決訓練（CPT）所教的技巧就是婚姻美滿的配偶用來處理衝突的策略，事實上，大多數現有的研究都顯示，我們採用的規則都太抽象了。

僅管如此，仍有一些配偶來接受治療，就爲了學會一套有系統的處理衝突的方法，有些人也覺得這些方法有效。因此，雖然問題解決訓練（PST）不是大部分配偶協調的主要方式，它仍舊在整合性婚姻療法（ICT）中扮演重要角色。

在這一章，我們採取與第八章結構類似的方法。既然在別的章節中都已仔細地介紹溝通訓練（CT）（Gottmanet al., 1976；Guerney, 1977；Jacobson 與 Margolin，1979）以及問題解決訓練（PST）（Jacobson & Margolin，1979），我們現在只強調訓練時需遵守的原則，而不強調特定的協調策略。此外，在這一章，我們將修改配偶在進行問題解決訓練（PST）時要遵守的規則。我們從 1984 年的主成份分析研究（component analysis study），便開始採用這些修改的規則，這些規則也同樣運用於我們在第一章比較整合性婚姻療法（ICT）與傳統婚姻行爲療法（TBCT）的研究。

溝通與問題解決訓練（CPT）的指導技巧

行爲治療師所教導的溝通與問題解決訓練（CPT），比起其它理論模式所建議的溝通訓練模式更有條理。當整合性婚姻療法（ICT）治療師教導任何溝通技巧時，無論該技巧是屬於溝通訓練（CT）或是問題解決訓練（PST），治療師都會使用受到大眾接受的行爲技巧訓練模式（behavioral skills training paradigm），來訓練具有複雜的社會行爲問題的病患。本章只會簡單地描述 Jacobson 與 Margolin（1979）所提出的模式；然而，在正式的技巧訓練中，我們將證實 Jacobson 與 Margolin（1979）所提出的模式是達到技巧習得（skill acquisition）所必備的（Jacobson & Anderson，1989），這表示當整個技巧訓練模式中任何一個要素被省略時，便無法達到技巧習得。該模式包含以下的要素：指導（instructions）、行爲預演（behavior rehearsal）、回饋並持續練習直到熟悉（feedback and continued practice until mastery）、在家練習（practice at home）、以及減少治療師的控制（fading therapist control）。

指導

任何一套技巧訓練都有其主要的內容，必須先熟悉該項技巧的內容才能習得該項技巧。既然大多數關於溝通與問題解決訓練（CPT）技巧的討論都有書面資料，而且是以配偶爲主要的讀者，因此我們時常分派一些書面資料讓配偶們閱讀，好讓他們練習這些技巧。在進入實際的練習之前，我們必須先確保配偶們都讀懂這些資料。關於溝通訓練（CT），我們通常採用 Gottman 與 Notarius 等人於 1976 年的著作的前三章，其中介紹確認（積極傾聽的技巧）、坦白（表達的技巧）以及編輯（尋找不會引起別人反感的方式來表達自己），此外，我們也使用自己編纂的手冊，這些是專門爲接受整合性婚姻療法（ICT）的配偶所設計的（Christensen & Jacobson, 1997）。

行為預演

光是談論技巧是不夠的，溝通與問題解決訓練（CPT）必須確實在治療的時段進行練習。事實上，理論通常比實際的練習更容易，因此，唯有讓配偶們在治療的時段進行練習，才能塑造出你所想要教導的技巧。當配偶們在練習前被指派閱讀一些資料，這時便該明確地警告他們，若沒有先熟悉這些技巧，或沒有治療師在一旁指導，擅自在家中演練這些技巧可能會導致反效果。

一般而言，配偶們都是仔細地練習這些溝通技巧，而非粗略地練習。例如：治療師會說：「好！我們現在來練習確認的技巧。Frank，你現在有發言權，你要做的是向妻子坦白與編輯自己的措詞，但焦點在 Cheryl 身上。

Cheryl！妳要做的是傾聽，看著 Frank，並理解他所說的，別表示自己的觀點，不管妳同意不同意 Frank 所說的話，妳只要傾聽與理解即可」。

即使配偶們已經大致讀過這些技巧的介紹，練習的時段仍是由治療師引導，就如同上述的例子。治療師可以藉由提醒配偶，減少配偶們因忽略而造成的錯誤，因此，治療師提醒每位配偶的話並不相同，例如：有的人無法將自己的體驗表達出來，也說不出自己的觀點，對於這樣的配偶，治療師可以告訴他：「記得告訴配偶你的感受，先不要管誰對誰錯。」有些人則無法精確地回答問題，治療師可以建議他：「當你開始回答問題時，告訴配偶他有哪些作爲令你不高興。」簡而言之，治療師的引導與提醒是用來應付特殊的配偶的。

在訓練的早期，預演要盡量簡短，練習時段的架構也應經過設計，用以減少失敗率。預演越短，病患就越容易記住該做的，也不會做錯。

回饋並持續練習直到熟悉

繼 Jackbson 與 Margolin 於 1979 年所發表的研究之後，大部分的研究都證實有必要在練習時提供病患回饋，給他們建議之後，並讓他們再試一次，單純只有提供他們回饋是不夠的。例如：當溝通練習開始時，Jane 說：「當我一回到家，看到屋子一團亂時，真快被惹毛了。我不懂爲什麼你可以整天花時間上網，卻不願意整理房間。」治療師回應：「妳的忿怒非常直接，這很好，但問題在於妳最後說太多了，再試一次，別罵他浪費時間與懶惰，妳只需要說出妳回到家，並看到一團亂的屋子時的感受。」之後，Jane 試著說：「我一回到家，看到屋子一片凌亂時，就覺得生氣。」治療師回應：「好多了，妳的話已經減少不該有的部分，但我仍不甚滿意的是「一團亂」這個詞，或許你覺得這個形容詞很適合，但這個詞容易引起別人的不滿。記住，妳所說的話必須是配偶所能接受的，而不是挑釁，如果妳不用這個詞，妳會表達得更好。」Jane 第三次試著說：「當我走進一個不如我原先所預期那樣乾淨的房子時，我就覺得生氣」。

如上述的例子所揭示的，Jane 每次都試著遵循溝通的規則，她的表達也越來越得體。若無法真正練習到所說的話都符合溝通規則的程度，Jane 在家練習時也無法達到溝通的原則。同樣值得注意的是治療師在提供 Jane 回饋時，同時也在教導她如何表達，治療師除了糾正 Jane，同時也提醒她爲何要用這種特殊的方式來表達自己的感受，治療師必須常常如此提醒配偶們。我們甚至可以更進一步了解聽者對這些話的感受，例如：治療師問 Jane 的丈夫：「Paul，你對 Jane 三次的表達方式是否有不同的感覺？還是你對以上三種表達方式的感受都一樣嗎？」Paul 是相當社會化的病患，他的回答正如我們所預期的，他說：「這個嘛！她的第三種表達方式還是讓我覺得生氣，因爲她認爲我終日無所事事；但是與前兩種表達方式相比，我就覺得不需再爲自己辯解了」。

簡而言之，治療師的回饋除了重申你希望說話者如何修改自己的表達方式，也包含確認當說話者遵守表達的原則之後，聽者的感受確實有所改變。

唯有在治療時段熟悉所有的溝通原則後，才能在家自行練習

配偶們唯有在治療時段熟悉全部的技巧後，才能在家自行練習，治療師必須反覆地提醒他們倘若尚未準備好，別在家嘗試，因爲治療師辦公室中的陳設，以及有治療師在場，與在家中進行相比，此種環境使諮商的過程更順暢。可以肯定的是，在辦公室裏若無法做到所有的溝通原則，就別提回家之後了。

減少治療師的控制：討論關係狀態的時段

進行任何形式的溝通訓練時，特別是問題解決訓練（PST），治療師漸

漸地減少主導，給配偶們更多的空間。當配偶完成溝通訓練後，應在家裏有自己的衝突解決時段，我們稱其爲「關係狀態」時段。我們鼓勵配偶定期討論彼此的關係狀態，有歧見產生時，便鼓勵他們用衝突解決的技巧進行討論，我們也鼓勵配偶避免在其它的時段解決衝突的想法。討論關係狀態時的刺激控制（stimulus control）使得配偶能在治療時，將學會的技巧運用進來。倘若問題解決訓練（PST）是整個治療計畫中的一部分，成功地完成關係狀態的討論即是個好現象，因爲它代表配偶們已經學會溝通技巧。

溝通訓練的微妙

雖然此節的目的並非要重新檢視本章所談的積極傾聽與表達溝通訓練的技巧，但是我們卻想對其做個概述，並強調一些細節。

積極傾聽指得是一種特殊的「傾聽」方式，傾聽便代表說話者所說的獲得理解。溝通訓練（CT）最主要的信條是：你無法同時做到表達與積極傾聽，因此，在進行溝通訓練（CT）的練習時，總有一人被指派爲說話者。傾聽者透過摘述語句（paraphrasing）與反映（reflecting）表示他們能理解說話者所說的，直到說話者覺得他所說的完全獲得理解，方可角色互換。

這些技巧看似相當直接，然而積極傾聽卻可分細成四種類型，其影響可能因說話者而異，也因配偶而異。第一種積極傾聽的類型單純只有摘述語句，聽者試著整理說話者所說的重點，有時，積極傾聽的程度會不斷地增強，因爲說話者在進行溝通訓練（CT）之前，知道有人會聽他說話；便大受鼓勵。第二種積極傾聽的類型是反映，其較複雜，傾聽者試著掌握說話者的情緒，並知道說話者的重點，對說話者而言，此種反應比起重述語句更另人高興。但是，有時單純的重述語句或反應是不夠的，還需要確認（validation），這不僅表示聽者聽懂說話者所說的，還包含同意兩人的觀點都是有理的，兩人的感覺都是可以理解的。例如：「重述語句」的方法倘若是「你不喜歡我未獲得你的同意，便擅自邀請我的母親。」「反應」的方法便是「你真的非常生氣，因爲我未獲得你的同意，便擅自邀請我的母親。」「確認」的回應便是「你覺得生氣是有道理的，因爲我未獲得你的同意，便擅自邀請我的母親。」第四種積極傾聽的類型即是完全認同說話者，例如說：「你說的對，我搞砸了，因爲我未獲得你的同意，便擅自邀請我的母親。」有時，說話者需要獲得傾聽者完全的認同，才覺得滿意。

此處呈現出一個積極傾聽相當明顯的限制，有些人若無法獲得別人完全的認同，便不滿意，但若是傾聽者根本不覺得說話者的觀點是對的，那又該怎麼辦呢？溝通訓練（CT）的方法藉由減少令聽者反感的表達方式來軟化傾聽者，然而，說話者小心自己的表達方式並不一定能軟化所有的傾聽者；此外，並非所有的說話者都會因爲有人傾聽與諒解便得到安慰，他們希望別人能認爲他們的觀點是合理的。因此，即使在運用積極傾聽的方式成功地表達自己的情感，配偶們仍舊覺得不快樂，這是常有的事，因爲說話者依然在等待傾聽者的認同，但是傾聽者卻不覺得說話者的觀點是對的，反而正等著說話者開始抱怨時，好好加以反駁。然而，我們仍必須鼓勵聽者盡量找出說話者觀點的合理性，進而認同說話者，縱使說不出其合理性究竟爲何；同樣地，我們也不希望說話者爲了安撫聽者而說謊，縱使如此，我仍舊希望說話者別試著用譴責的語氣與過度強調自我的經驗，就爲了試探傾聽者是否會更認同他。

雖然溝通技巧有缺點，但是對許多配偶而言，最大的問題不在於溝通技巧，而在於說話者單純只是不喜歡傾聽者的某個行爲，無論說話者如何表達，傾聽者就是無法認同說話者的觀點，這些是溝通訓練（CT）無法解決的問題。在這種情況下，治療師本身必須在說話者重述語句時扮演更積極的角色，使雙方能明白彼此的差異，進而研擬明確的解決之道。

當傾聽者認爲說話者是合理的，但說話者仍舊無法得到安慰時，這樣的問題更是嚴重，因爲說話者期待傾聽者完全的認同。當傾聽者不認同說話者時，溝通訓練（CT）仍舊會使配偶的關係陷入僵局，就連溝通良好的配偶們也不例外。同樣地，無論說話者如何編輯自己的言詞，有些傾聽者總是不自主地被說話者所激怒。事實上，當配偶不喜歡你的行爲時，你很自然地會加以反駁，同樣地，彼此接納是突破僵局的方法。許多配偶剛開始接受治療時，便說自己只不過是需要別人的傾聽、諒解與認同罷了，很不幸的，大多數的人並不知道自己要的是什麼，其實很多人只不過是想依照自己理想中的配偶形象來重新改造自己的配偶，因此，無論傾聽者認為說話者所說的有多合理都是不夠的，因為說話者要的是完全的認同。這就是為何我們覺得溝通訓練（CT）是有局限的，因為有些配偶的溝通相當良好，卻無法使兩人的差異與抱怨獲得調解。

當談到編輯用詞、坦白以及其他表達的溝通技巧，我覺得最重要的是教導配偶如何「修辭」（qualify）（Guerney, 1977）。修辭指得是在表達的最後加入不確定的語氣，例如：「我可能錯了」或「從我的觀點來看」，例如：想一想以下的詞語，「我覺得生氣，因為你未獲得我的同意，便擅自邀請你的母親。」雖然這是很直接的表達方法，但是有更好的表達方式可以減少聽者的防衛性，例如說：「我就是這樣，當你未先獲得我的同意，便擅自邀請你的母親時，我就覺得生氣。」經過修辭的溝通方式為：「我知道沒有不變的真理，你依照你的生活經驗與家庭背景來看世界，我也是依照我的生活經驗與家庭背景來看世界。沒有所謂的對錯，只有感覺好壞之分，而當你未先獲得我的同意，便擅自邀請你的母親時，我就覺得不舒服。」當然配偶們不會這麼想，更別說用這種方式說話，僅管如此，有時婚姻關係會破裂是因為每個人都會被另一半自以為是的態度所激怒，這就像是聽到有人對你說：「我是好的，你是壞的。」或者「我看見真相，你卻沒有。」自以為是的態度會引發兩人的衝突，但若採用溝通訓練（CT），彼此接納或使聽者不想反駁，縱使配偶有不同的觀點，但雙方的態度最後終舊能軟化。當然，配偶們一旦覺得自己的觀點是客觀的且無庸置疑的，便不想修飾自己的言詞，對於這樣的配偶，溝通訓練（CT）仍舊會讓配偶關係陷入如同上述的僵局，因為對於這樣的配偶而言，溝通訓練（CT）無法解決他們問題的根源。

更廣泛地說，溝通訓練（CT）的溝通方式以不扭曲自己的立場為原則，但是為達到良好的溝通，卻又不得不扭曲自己真實的想法，因此溝通訓練（CT）的練習實際上是拉大兩人情感上的距離，而不是令兩人更加親密，這也算是整合性婚姻療法（ICT）的影響。

問題解決訓練的微妙

問題解決訓練在婚姻溝通中的角色

問題解決訓練（PST）不是設計用來教導一些廣泛的溝通技巧的，而是設計用來教導極度特殊的技巧，即如何透過直接的溝通來解決衝突。其它形式的婚姻溝通並不採用大多數問題解決訓練（PST）的原則，簡而言之，問題解決訓練（PST）是一種極度專門的溝通訓練，因此我們不期待，也不建議配偶們用這種溝通方式來解決其他的問題。

這是相當重要的，因爲產生衝突的配偶往往不在乎能否解決衝突，他們只想證明自己是對的，並試圖報負、傷害其他人的情感或單純只想發洩自己的情緒，這些反應是無可避免且無可厚非的，因此我們並不譴責這些行爲，但是這些都比不上消彌衝突有效，倘若配偶們的目標在於解決衝突，我們便建議採用問題解決訓練（PST）；倘若配偶們的目標不在於解決衝突，那我們便不建議採用問題解決訓練（PST）。因此，問題解決訓練（PST）的功能在於當衝突產生時，配偶可以確定要達成的目標有哪些，以及在達成該目標的過程中有更輕鬆的氣氛。

當配偶們的目標單純只是報負、傷害對方或是想贏對方時，我們不希望配偶們採用問題解決訓練（PST），因此，當配偶們學會問題解決訓練（PST）的技巧時，卻又無法長久地運用它，這便代表配偶們的目標不在於解決衝突，這便該停止問題解決訓練，改採以接納爲取向的協調方式，來達成雙方的目標。我們不希望配偶們以解決問題爲藉口，而大打出手或爭吵，問題解決訓練（PST）能教導配偶們這之間的不同。

問題解決訓練並不能解決所有的問題

問題解決或衝突解決所要處理的對象是配偶們可以直接討論的行爲，一般來說，人可以直接討論參與公開的活動、表現是否夠體貼、溝通方式、財務支出、工作離家多遠、工作情況、教育孩子以及私人的活動，這些都是可以自主控制的行爲，而且可以利用問題解決法來解決；然而人卻無法直接控制自己的性需求程度，以及別人的信任感，這些無法受到自主控制的行爲便不適合透過問題解決法來解決，因此，人並無法探討信任感、性需求、愛情或任何其他情感的經驗，這可以解釋爲何問題解決訓練（PST）更適合運用於婚姻的物質面。但是，不幸的是，婚姻中有些重要的領域並非物質層面的。配偶們結婚並不是爲了分財產、打掃房子或協調行程，但是婚姻最煩悶的問題就來自這些領域。人總是想從配偶那裏得到熱情、浪漫的感覺、知性的啓發、信任感、舒適感與自尊，然而對方卻往往不能給，這也限制了問題解決訓練（PST）的應用範圍。

問題解決訓練（PST）的應用範圍將進一步受限於衝突的解決方法的範圍，只要雙方無法達成妥協，問題解決訓練（PST）便會失敗。每個衝突都只有兩種解決之道，例如要有小孩或不要小孩；接受某份工作或拒絕某份工作，因此，別讓腦力激盪、協調或利益分析來操縱問題解決訓練（PST）的解決時段。

明白區分出問題解決訓練的界定問題與解決問題兩個階段

問題解決訓練（PST）有兩個截然不同的時期，一個是界定問題時期，另一個爲解決問題時期，配偶們應該明顯地區分出這兩個時期。在明確界定問題之前便無法解決問題，但是一旦將問題界定清楚，便全心集中於問題的解決，不可以再回到界定問題時期。

爲何要謹守此項原則的原因有二：第一，配偶們最常犯的錯誤在於不明白問題究竟爲何，便冒然想要解決問題，結果往往造成很大的誤解，其原因在於雙方所討論的問題根本不同，但卻又不自知。第二、倘若任由配偶自行採取的問題解決的模式，他們會刻意避免有系統的問題解決法，又回過頭去重新界定問題，倘若遵守此處所提出的原則，便不會發生此種情況。問題無法獲得解決的主要原因在於治療之前未曾全心全意地解決問題，爲了確保問題解決的過程能有成果，我們便要求配偶們僅就所界定出來的問題來討論。

問題解決訓練的規則

所有結婚多年的配偶們難免會有衝突，即使是完美的婚姻，也難免有不和諧的時候，和諧的婚姻關係在於是否具有和平解決爭論的能力，而且雙方都對結果感到滿意。

成功地解決問題的方法表示成功地達成一些改變，配偶關係上的問題往往在於希望另一半能有些改變，倘若另一半能成功地做一些改變，配偶們便可能維持有彈性與另人滿意的關係。

問題解決是相當專門的活動，它並不像一般的對話，因此你不能期許它如同日常的溝通方式那樣地主動、自然與輕鬆愉快，但這並不意謂問題解決是枯燥乏味的，相反地，當配偶們從中得到好處並能運用自如時，他們都認爲問題解決是相當有趣的，還讓彼此的關係更加密切，更深愛彼此。一開始，問題解決是困難、複雜、令人覺得挫折與毫無收獲的，它看似拘謹與不自然，然而，倘若配偶們能對問題解決運用自如時，便覺得大有收獲，不僅兩人關係得以改善，兩人也能更加了解彼此。

讓我們將問題解決界定爲解決兩人某種爭端的一種方式，通常，爭端起源於抱怨對方的某項行爲，抱怨可能是指責對方某些事做得太過份，例如抽太多煙或時常與朋友出門，抱怨也可能是指責對方某些事做得不夠，例如對家人不夠關心或不做家事。有時配偶中的一方努力想討好另一半，但另一半卻忽略，甚至是感到不在乎，例如妻子希望先生能對她吐露心事，但是當先生對妻子表達心中的感受時，妻子卻回答他：「你不應該有這種想法的，你真的是瘋了！」這名妻子便無法做到支持先生所付出的努力。

一些婚姻的爭端起源於抱怨彼此在某個場合中的某個行爲，例如一對配偶與朋友在一起時，先生會抱怨妻子不和其他人說話，然而妻子卻會抱怨先生在聚會中太多話了。要不就是配偶之間存在「溝通代溝」（communication gap），因此對彼此抱有不同的期望（但卻不說出），此種配偶的問題不是找不出對彼此的期待的差異，而是發現得太遲了，例如配偶們可能無法在自己的婆婆或岳母來訪前就先做好討論，結果是之後不斷爭吵該做些什麼事與她何時該離開。總而言之，問題有許多的層面，也有許多可能的成因，而這些都可能是問題的應被注意的層面。

問題解決的環境

問題解決是有系統的互動，因此它必需在特殊的安排下進行，我們必需先建議配偶們挪出能進行問題解決的時段與地點。通常，配偶們會在晚上進行解決問題的討論，因爲此時孩子都睡覺了或專心地做某些事，因此配偶們才能專心解決問題，而不會受到孩子或電話鈴聲的打擾。由此可知，配偶們在進行解決問題的討論時必需與外界隔離。

配偶們必需先列出要討論的事。配偶們不應該在問題發生時便想解決爭端，他們必需等到下一次問題解決的時段再試著解決，我們並不建議配偶在不愉快產生時，便想立刻解決，因爲此時彼此的情緒都相當激昂，不滿對方的行爲，根本無法用理性的態度來進行問題解決。因此，必須安排一個適合的時段進行討論，例如此處所介紹的問題解決時段，這也將更有效地解決問題。在經過安排的問題解決時段解決複雜的關係問題這樣的討論能爲問題找出新的解決方法，倘若能遵守以下所討論的原則，即使看似無法解決的問題也有解決之道。當配偶學會問題解決的技巧之後，他們便能在發生小爭執時，立刻解決問題，但是重要的問題仍舊得留到問題解決時段再討論。

問題解決的時段應盡量簡短，倘若一次只討論一個問題，則最多不超過60分鐘，配偶們也不應該試著一次解決超過一個問題，因爲解決問題是很困難的，配偶們不應該讓自己討論得筋疲力竭。

配偶們應該買本筆記本，記錄每次討論的重點。頁首需標示當天的日期，接下來則應記錄所討論的問題，以及兩人所達成的協議。

問題解決的態度

問題解決時段的用意在於改善彼此的關係，每當一個關係的問題獲得解決時，配偶的關係就得以改善，因此，他們也會覺得更快樂，畢竟，在溝通時段中，雙方是爲了彼此的利益而共同努力，所討論的問題也是兩人共同要面對的。一般來說，當不愉快的配偶在處理衝突時，處理過程往往會演變爲一種力量的拉距，倘若妻子緊抓住丈夫的某個缺點不放，她的丈夫會以強硬的態度回應，並認爲妻子在威脅他，他認爲如果他同意改變自己，便代表他在兩人的關係中是較弱勢的，這使他沒面子，因此，他反而將所有的過錯推給妻子，等她先有所改變，由此可以很明顯地看出配偶關係爲何會限入僵局。

不愉快的配偶採取強硬的姿態的確是有道理的，畢竟，先答應改變自己的一方就代表他或她必需犧牲某些東西，這樣的改變的代價是很高的，特別是當配偶甲已經有所改變，但是配偶乙還是覺得對方的改變並無多大的助益時，那兩人所付出的代價就更高了。但配偶成功地完成接納的訓練後，雙方較有可能彼此合作，他們也較有可能認爲，倘若他們拒絕改變，這將會斷送自己幸福。只要雙方的關係仍舊是不愉快的，那他們便不可能覺得快樂。藉著讓步或依照配偶的期待做些改變，他們會發現自己短時間的付出能改善兩人關係，這是相當值得的，另一半也因爲變得更快樂，而更能積極地回應。經過此一過程，雙方的關係自然能獲得加強。

舉個簡單的例子，假設一位妻子要求丈夫利用每天下午五點半到六點半的時間陪伴三歲大的孩子，這正好是她丈夫剛下班回來的時候，他正想休息一下，看報紙或喝杯啤酒解放一下，因此他不喜歡在這個時候去陪他那調皮的兒子。很明顯地，他若要承擔這份責任，就勢必放棄重要的休閒時間，因此，他不願意接受妻子的要求也是很合理的。雙方又陷入力量的拉距，兩人在治療時段也充滿衝突與不和諧，他認爲大部分的問題都是妻子的錯，爲何他要接受妻子的要求？那些要求讓他原本就有點悲慘的生活便得更加悲慘。

在問題解決訓練（PST）中，配偶們的積極轉變是透過彼此的接納所達成的，他們不再指責彼此的不良行爲，有些改變令彼此的關係更加親密，有些改變則令彼此更加容忍彼此，無論如何，雙方都認同改變是對彼此有益的。倘若丈夫接受妻子的要求，便可減輕她管教小孩的責任，她不僅能放鬆，還更愛她的先生，管教孩子責任的重新分配可以影響兩人關係的其他層面，因爲她放鬆自己，使自己更平易近人，最後，她也可能依照丈夫的期許做些改變，總言之，雖然有短時間的付出，但卻讓夫妻雙方都覺得更快樂。

再次強調的是，既然所有潛在的婚姻問題都與夫妻雙方有關，因此每個問題都是兩人共同的問題，彼此合作也是爲了雙方的利益著眼，因此，長久看來，任何改變都是能使雙方的生活更加快樂。彼此合作並對對方所做的改變給予回報，這才是問題解決法的本質。

彼此合作不代表配偶們必須時常同意或去做使另一半滿意的事，因爲有些要求根本是不合理的，有時問題可能出在抱怨的一方，而非被抱怨的一方。因此，問題解決訓練的理論單純只是要每位配偶能敞開心胸，試著依照另一半的期望，改變自己的行爲。倘若配偶們成功地完成彼此接納的訓練，從長期的利益觀之，而不就短時間的付出來衡量，改變將使彼此的生活更快樂。

問題界定與問題解決

問題解決時段有兩個界線清楚且不重疊的階段，一爲問題界定階段，一爲問題解決階段。在問題界定階段，配偶們必須對問題做明確的界定，而且雙方對所界定出的問題都完全了解，在雙方都清楚知道問題之前，別試著解決問題。界定問題後才進入問題解決階段，雙方的討論也將集中於該問題可能的解決之道。最後，雙方都能對該問題達成解決的共識。

以上步驟代表，配偶們一開始並不先提議解決之道，而是先界定問題。直到雙方都同意對於問題的界定，討論便集中於所界定出的問題上。之後，一旦進入問題解決階段，我們便不建議配偶們重回問題界定的階段，除非配偶決定放棄問題解決訓練（PST）。例如：當進行問題解決訓練（PST）時，治療師或配偶覺得配偶間是無法互相合作的，此時，必須先採取接納工作中的「默認的選擇」（default option），並暫時停止問題解決訓練（PST），否則一旦開始討論如何解決問題，配偶們便只能集中於問題解決，不能再回到問題界定的階段。

清楚分別兩個階段是很重要的，因爲配偶們對於問題解決方法的溝通往往是雜亂無章且模稜兩可的，集中討論同一個問題是更有效率的作法。更重要的是，討論解決之道可能是較積極且具有前瞻性的，而界定問題反而是消極且保守的，配偶們往往因爲過度執著於另一半過去的錯誤而無法與另一半共同合作與妥協。雖然在界定問題時有必要將焦點集中於過去的錯誤行爲，但在共同解決問題的階段就不應該再提到這些，除非配偶雙方都決定自己尚未準備好進入問題解決訓練（PST）。

法則一：試著以積極的方式開始陳述問題。開始陳述一個問題的方式將奠定整個討論的基調，倘若配偶甲批評配偶乙，配偶甲則必需採用最不容易引起對方反駁的方法來陳述，因爲抱怨者在抱怨之餘，仍希望與另一半保持合作的。

我們很難接受別人的批評，當我們受到批評時，大多數的人都想自我防衛，這種反應是很自然的，因爲，我們不應當責備配偶此種自我防衛的反應。但是，倘若配偶們想繼續進行問題解決訓練（PST），那他們就必須試著不要自我防衛，特別當抱怨者是以積極的方式開始陳述問題時。

爲達到上述目的的有效方法爲以積極的言詞來陳述問題，例如表達讚許。我們應鼓勵配偶們在談論對方目前令人生氣的問題之前，先談談他們以前喜歡對方的哪些行為。以下是包含與缺乏積極的言詞的例子。

缺乏積極的開始	包含積極的開始
1.你不夠親切，這常令我覺得受到拒絕。	1.我喜歡你在看電視時抱著我，但你在其它情況下卻不夠親切，這常令我覺得受到拒絕。
2.最近，你對於我每天所遇到的事不感興趣。	2.我喜歡回家後可以向你傾訴一天發生的事，這可以解決我的壓力，因為你是一位好聽眾，這使我覺得與你相當親近；但是最近你對於我每天所遇到的事不感興趣。
3.你在晚上很少陪希拉，這令我很擔心。	3.你與希拉相處得很好，你也對她很好。但是你在晚上很少陪希拉，這令我很擔心。
4.你很晚回家卻又沒有先告訴我，這令我相當生氣。	4.雖然我有時會對你生氣，但我還是很愛你，我現在覺得生氣的是你很晚回家卻又沒有先告知我。

以上包含與缺乏積極的言詞的例子是有相當明顯的差別是，人們總將配偶的優點視為理所當然，人們也假定配偶不需要聽讚美的話，事實就是事實。但是，人的確是需要讚美的，我們都喜歡別人認同與讚美我們的優點，特別是我們受到批評時，讚美更形重要；批評時若沒有伴隨著讚美的言詞，被批評的人很自然會覺得受到傷害。雖然配偶有令人不愉快與厭惡的行為，仍舊要以積極的言語表達對配偶的關懷與讚美，此種批評方式比起缺乏積極的開始的批評更容易被人接受，倘若配偶能接受批評，他們便能維持互相合作的精神；否則接踵而來的是拒絕批評與自我防衛。在這樣的狀況下，問題解決的討論便容易失敗。

最好的情況是，令人讚美的行為與令人批評的行為是相關的。例如前三個例子中，所讚美的行為與配偶所不滿意的行為是相關的，然而，有時配偶做錯事時，真的很難對他說讚美的話，這時與其編造恭維的話，我們反倒建議配偶以更普通的方式來表達對對方的讚美，這些話提醒配偶其實他們是令人喜愛的，而批評並不代表他或她一無是處，第四個例子即顯示此種表達讚美的方式。

我們不建議採用虛僞的讚美，此外，大多數的配偶都不需要編造讚美的言詞，因爲配偶進入這一個治療階段，他們已經可以欣賞彼此的許多優點，只是他們卻不覺得有必要表達出來，我們只需建議配偶在問題解決時段盡量表達對對方的讚美。事實上，告訴另一半我們喜歡他們的某項優點是件好事，倘若兩人在日常生活中能常常彼此讚美，而不僅是在問題解決時段才表達讚美，這樣的讚美便較容易讓人接受。

法則二：表達儘量明確。當界定一個問題時，我們必須建議配偶們說出是哪些行爲困擾他們，這時我們應該要求配偶用明確的詞彙來表達他們的需求與痛苦，說出究竟配偶們有哪些言行是令人覺得苦惱的？表達問題的方式必須夠明確，換句話說，聽者從說話者的描述能想像這個問題。請注意以下用模糊的詞彙與明確的詞彙來界定問題的差別。

模糊	明確
1.我覺得你對我做的事不感興趣。	1.你很少問我一天過得好不好。
2.你不想和我睡在一起。	2.大多數時候都是我主動示愛。
3.我們毫無交集。	3.我們雖然談論美每天發生的事，但卻從不討論心中的想法。
4.你根本不了解我。	4.你總是在我煮飯時跟我講話，但我不能同時一心二用。

注意每個模糊的例子，你將發現問題都是不清楚的，被批評的一方根本無法確定爲何對方會有這些感覺。當說話者是用自己才能了解的方式來陳述問題時，便很難解決問題，相反地，當抱怨者將問題具體化，使另一半也能知道所指的是哪件事，兩人的溝通自然能變好，因此，用精確的詞彙與反應來表達自己的感覺，是抱怨者爲了讓另一半了解他或她的感受的方法。試著將注意力集中於行爲與感受的關係，這是問題解決訓練（PST）的重要技巧。

在界定兩人關係的問題時，會面臨許多陷阱，例如模糊與不精確的表達方式都會導致誤解。

具有毀謗意味的形容詞與名詞。不精確的表達方法中，有一項便是用具有毀謗意味的字眼來爲配偶的行爲貼標籤，想想下列的例子：

1.你不體貼。

2.你很懶。

3.你很冷漠。

4.你專斷又缺乏包容心。

在這些例子中，我們根本看不出被指控的一方究竟做了哪些事才會被貼上這種標籤。這些字眼不僅模糊，更會引起別人的反感，若用這種毀謗的標籤來表示對方的行爲，無疑會引起對方的忿怒，也無法解決問題。既然這種貼標籤的方式常會給人受到批評的感覺，聽者的反應自然是反抗（counter-attack）（例如：「你說我很懶，是吧！至少我不像你那麼麻木不仁和冷漠」）與自我防衛（self-defence）（例如：「我才不懶惰呢！」），這兩情況都會使整個問題解決時段便成一場辯論，更慘的是會爭吵不斷。是該選擇默認的時後了。

換句話說，倘若抱怨者仍想繼續與另一半合作解決問題，他或她必須單純描述令人不愉快的行爲，而不用貼標籤的方式。想想用描述行爲的方式來重新界定前述四個例子。

缺乏行為敘述	具有行為敘述
1.你不體貼。	1.當你在決定晚上要吃什麼時，你從不問我的意思。
2.你很懶。	2.今天你沒有整理床舖，還把髒衣服丟在地上，把髒盤子留在客廳。
3.你很冷漠。	3.這幾個月來，你很少抱我。
4.你專斷又缺乏包容心。	4.我最近發現當我們討論重要的問題時，你常常打斷我並堅持自己的意見。

倘若配偶們仍難免爲別人貼標籤，那便表示他們還無法進入問題解決訓練（PST）。對他們而言，解決問題還是件令他們覺得痛苦的事。

關於用貼標籤的方式取代行爲描述與逃避界定問題，我最後要說的是，我們的文化教導我們試著從每個人的人格特質來解釋爲何他們會有這些行爲，因此當配偶有焦慮的行爲時，他們便被貼上「受到壓抑」、「歇斯底里」、「過度自我保護」、「有虐待狂的」或「太過內向」之類的標籤，因此，爲配偶貼上標籤是有很大的缺點的，因爲它代表你不喜歡對方的某些特質。此外，爲配偶貼標籤會讓人悲觀地認爲改變無望，因爲一般都認爲人格特質是永遠不變的。因此，最重要的是，要將焦點集中於行爲，因爲行爲是可以改變的，要問的是「究竟是哪些行爲令人不愉快？」而不是問「一個人有怎樣的人格特質？」

以偏概全。配偶們常常將自己不滿的程度誇大化，「總是」與「從不」是最常見的誇大詞語，例如：「你「從不」處理自己的垃圾」或是「你「總是」遲到」。這些以偏概全的詞彙不僅不明確，配偶也不容易接受，聽者面對此種以偏概全的指責，通常會加以反駁，（例如：「我沒有時常遲到！」）卻不會就問題做討論。配偶們最後只會爭論問題發生的頻率，但偏離問題才是真正的問題所在，因爲爭論問題發生的頻率無法解決問題，因此配偶們必須避免以偏概全才行。

法則三：表達你的感受。

◇「當你沒有請我參加週五晚上的活動時，我覺得受到拒絕與不受歡迎。」

◇「當我想有性生活時，卻都得等你先開始，這真是令人覺得挫折。」

◇「當你把衣服丟在地上時，我就覺得生氣。」

◇「我希望你能對我表達情感的時候，例如在看完一部浪漫的電影之後，但你卻不如我所預期的，這令我覺得受到傷害。」

通常，一種行爲會受到排斥是因爲該行爲會引發令人反感的情緒反應，如果一種行爲不會引發別人的反感，那它就不可能成爲問題解決時段討論的主題。因此，除了明確地說出令你覺得不滿的行爲有哪些，讓配偶知道你的感覺也是很重要的，如果你將不滿說出，另一半或許更能感同身受。因此配偶們不能假設自己的感受已經表達得相當明顯了，如果能明確地表達自己的感受，那另一半便不需浪費時間猜測你的感受了，因爲那是很危險且不可靠的。問題解決的良好溝通除了分享自己的感受，也公開地承認該項行爲的確令人生氣。

法則四：問題的界定要盡量簡短。一般而言，問題解決法必須放眼未來，換言之，整個問題解決時段必須討論令我們都苦惱的同一件事，我們以後該怎麼做，以避免再發生這種令人不愉快的事。但唯一的例外是在界定當問題時，因爲配偶兩人是針對困擾兩人的問題來界定問題，因此他們必須談論到過去所發生的行爲。但是問題解決時段的目標是讓另一半知道自己令配偶生氣的行爲是什麼，以及配偶在問題發生時的感受，因此，對問題的界定應該越簡短越好，一旦雙方都對問題有清楚的認識後，討論的焦點便立刻轉移到「我們該如何解決這個問題？」

配偶們常停滯在問題界定階段，他們將過多的時間用來討論過去，但這是毫無結果的，這是衝突的可能性升高，它也不必要地延長問題解決的時間，這使整個問題解決時段變得不愉快且冗長，最後，通常討論不出最終的解決之道。配偶們覺得「談一談」問題或許較有趣，但這卻不能解決問題，因此別將兩者混爲一談，配偶們常將過多的時間用在描述問題，而非解決問題，以下是一些常見的例子：

1.配偶們盡可能地描述生活中具有某個問題的情況，並爭論某個情況中的細節。

2.配偶們分析問題並想找出問題的成因。

3.配偶們喜歡問「爲什麼」，例如：「爲什麼你那麼固執？」「爲什麼你總是遲到呢？」「你爲什麼不表達自己的情感呢？」

這些都是進行接納工作時的話題，但卻不適合在問題解決訓練時討論。在問題解決訓練時，不需要將過去發生問題發生的情況一一說出，因爲這樣不能解決問題，被抱怨的一方每次都會為自己的行為辯護，而抱怨的一方每次提到配偶所製造的問題就更加生氣，最後，雙方都沒有心情合力解決問題。

然而，有時應該注意的是，被抱怨的一方為了了解對方究竟有何不滿，他或她需要抱怨者提供明確的例子，這在問題解決法的問題界定階段是可行的。他或她需要例子是為了確定自己的行為是有問題的，這與前述抱怨者一味地陳述被抱怨者過去所有的錯事並給予不明確的苛責的情形是大不相同的。

此外，將時間花在尋找問題發生的原因是同樣毫無幫助的，猜測問題的成因通常在接納工作時有用，但它卻是問題解決訓練的阻礙，因為即使揭露問題的「成因」，也無法解決所面對的問題。例如，抱怨者說「當你超過深夜一點還沒回家時，我就覺得焦慮，因為在我小時候，我的父母常將我留在保姆家裏，因此我缺乏安全感。」童年時的事件與當前的行為不見得有明確的關連，因此，在所有的情況中，推測問題的成因對於達成解決問題的共識並無幫助。

此外，在界定問題時，尚有另一種方法，其看似尋找問題的「成因」，但它不應該被歸入我們所說的不重要的旁支陳述，它是我們所說的「立即性」（immediate）成因，換言之，其與所界定的問題有一些關連，例如：

◇我不是故意掩飾自己的感受，只因為我根本很少與你分享我的感受。

◇我不知道該給孩子什麼，這是我很少陪孩子的原因。

換言之，說出為何有該項行為的確切原因的確能幫助配偶了解問題，雖然這些成因是不得不談論的，最後的解決之道可能與這些直接的成因有關，但仍要確定重心仍在界定問題。被抱怨者說出問題直接的成因，其風險是他或她只會自責自己的行為而不負責解決問題，因此，直接的成因是必須納入考量的因素，但卻不是用來逃避問題的藉口。

至於問「為什麼」，雖然有助於找出問題的成因，但卻不能解決問題；此外，問「為什麼」常有批評別人的意味，被問的人可能會覺得受到威脅或被激怒，因此配偶們在問題解決訓練時應該盡量避免問「為什麼」。治療師應該鼓勵配偶們將精力用於改變現狀，不再產生有問題的行為。

結論：界定明確的問題

一個界定明確的問題包含：積極的陳述方式、另人不悅的行爲的描述、問題發生的確切情況，以及配偶在問題發生後有哪些不滿的情緒。以下是一些界定清楚的問題：

1.我喜歡和你一起處理事情，特別是當我們一起計畫活動時，我覺得與你相當親近，但最近幾個星期日，我們不再一起處理事情，你也不會幫我計畫事情。最後，我覺得規劃假日活動的責任全落在我身上，我討厭這樣。每次發生這種情形時，我都覺得生氣，甚至覺得你不愛我了。

2.我一向很喜歡和你說話，因爲那可以知道你所做的事與你的想法，但是我們現在的行程使我們很少有機會聚在一起，我們也很少談話，每晚你十點半一回到家便是看電視，這令我覺得生氣，我覺得你無視我的存在。

3.我真的很佩服你管理財務的方式，使支出不至於超出預算，但當我看到收支簿中的收支不平衡，特別是你已經超過兩週沒有記錄收支時，我真的快氣炸了。

4.你的意見對我而言是很重要的，你在我完成一件事之後給我獎勵，這令我覺得很快樂，但是你卻時常批評我所做的家事，特別是洗碗，這讓我覺得很煩，因爲有將近九成的家事是我完成的，因此，我對你的批評覺得生氣與厭惡。

5.我喜歡你一回到家就能抱抱我，並告訴我你一天過得如何，但是當你一早起床卻不發一語，不說「早安」、「嗨」或是問我「想來杯咖啡嗎」這樣的話，我覺得與你有隔閡。

6.我喜歡你我之間的性生活，特別是你能主動提出，但當你超過一個星期都不曾如此要求，我覺得受到拒絕。

7.我認爲妳是一位好母親，對於教養孩子的確很有一套，但是當我教導

Annie 時，妳卻突然插入，這令我覺得很生氣。

8.你知道嗎？當你向我吐露心事並告訴你的想法時，我喜歡這種感覺，也覺得與您相當親近，但問題在於，雖然我們最近談了很多，但內容卻對我不重要，例如你只說你對某件事的感覺。當你不想談論關於我的一切時，我覺得與您疏離，也覺得更加寂寞。

法則五：配偶雙方都應被告知他們在問題中所扮演的角色。這是運用於抱怨者與被抱怨者的首要法則，在配偶的爭論中，配偶們不解決問題，卻只會試圖否定對方的想法並責備對方。

案例 1 妻子說：「你不常陪 Linda 玩。」

丈夫的回應：「我比妳更常陪 Linda 玩。（否認自己應負的責任）還有，每當我想陪 Linda 玩時，妳都會打擾我。（責備對方製造問題）」

妻子說：「才不是呢！」（否認自己應負的責任）

在這個案例中，丈夫先是否認自己製造問題，其次將矛頭指向妻子，指責她製造問題，接著，他的妻子覺得受到批評，也否認自己應負的責任。雙方都將矛頭指向對方，互相指責，卻不會承擔責任或合力解決問題。

在問題解決時段，配偶們應該針對同一個問題，合力尋求雙贏的解決之道，並改善兩人的關係。雙方都應該承認自己在問題中所扮演的角色，而不是互相指責。

案例 2 妻子說：「你不常陪 Linda 玩。」

丈夫的回應：「妳說得對，我的確不常陪 Linda 玩。」（承認自己應負的責任）

妻子說：「你不常陪 Linda 玩，可能是因為我時常打擾你。」（承認自己應負的責任）

這個案例值得注意的是，配偶雙方都承認自己對於問題應負的責任。公開地承認自己對問題應負的責任可以讓個問題解決時段的氣氛從負面與充滿責備轉變爲公開、坦誠與彼此合作。

如案例 2 所示，「傾聽者」（即非界定問題的一方）一開始必須先接受自己對問題應負的責任。接受自己對問題中的責任可分成許多不同的層次，然而我們卻不贊成配偶要強迫自己接受不合理的事，他們所要負擔的責任是自己所能承擔的，因此你可以簡單地說：「我知道你很生氣，我也願意和你一起解決問題。」最起碼這表達出你已經知道配偶生氣了，也表現出共同解決問題的誠意。進一步就是承認自己對問題應負的責任，你可以說：「你說的沒錯，我承認我做的事令你不高興，我們一起解決這個問題吧！」最合作的態度是承認配偶所抱怨的一切，並承認自己能了解配偶的感受，例如說：「如果你對我做這些事，我也會生氣的，我真的願意與你一起解決問題。」最重要的是表達出解決問題的意願。

一旦傾聽者承認他或她對問題應負的責任，界定問題的一方也必須承認自己也是製造問題的一份子，因此，兩個人之間的問題通常是與兩人都有關連的。

一般的法則

在介紹關係問題最主要的解決策略時，無論已經進行到問題解決階段或是問題界定階段，我們將先說明在問題解決時段的各個階段都要遵守的原則。

法則六：一次只討論一個問題。在問題解決時段中，一次只能討論一個問題。當另一個問題被牽涉進來，這就是偏離主題，配偶們常犯這個錯誤卻又不自知。偏離主題的形式有很多種，例如：

1. 妻：「問題就在於我希望你善待我媽媽。」
   夫：「那妳什麼時候善待過我媽媽？」（偏離主題）
2. 妻：「我希望我們的談話能更有趣一點。」
   夫：「我們該怎麼做呢？」

妻：「也許你能多些戶外的活動，這也是我一直想跟你談一談的。」（偏離主題）

3. 夫：「我們必須試著對彼此的關心。」

妻：「沒錯，雖然一開始會很困難。」

夫：「我們彼此關心不只對我們自己有幫助，這對 Michael 也較好。」

妻：「我常覺得困擾，因為 Michael 與我較親近，但你與他卻像是毫無關係，我希望你能多了解他一些。」（偏離主題）

夫：「我知道，但是對我而言，要了解 Michael 實在很難。」

4. 妻：「我覺得我們該粉刷牆壁，並添購一些家具。」

夫：「我覺得我們應該先添購家具，再用合適的顏色來粉刷牆壁。」

妻：「別忘了一開始已經依照你的意見買下這間房子了。」（偏離主題）

夫：「好吧！現在要不就搬家，要不就繼續忍受你那住在對面的弟弟。」（偏離主題）

妻：「你從不曾給過他任何機會。」

在這些例子中，配偶們從原先的主題轉移到另一個。第一個例子，原本是討論丈夫與岳母間的關係，最後竟轉變成討論妻子與婆婆間的關係。第二個例子中，配偶們原本討論如何讓話題更有趣，但最後卻變成討論丈夫是否要利用休閒時間做些戶外活動。第三個例子的主題也從夫妻兩人的情感轉爲對丈夫與兒子間的關係。最後一個例子，在「雙重偏離主題」（double side-track）之下，配偶原先是討論室內的佈置，之後，轉移到一開始是誰決定要買這棟房子的，最後又討論到妻子的弟弟。

爲何一次只能討論一個問題，其理由很簡單，因爲一次同時解決兩個問題是比一次只解決一個問題更難的。配偶們覺得問題很難解決的原因之一就是很難避免牽扯進另一個新的問題，這樣的問題的影響很大。倘若一次都只討論一個問題，你將發覺這樣的問題解決方式是很有效的。

雙方對問題的界定

有時，要分辨討論是偏離主題或緊扣著主題是件很難的事，例如在某一場景中，丈夫將問題界定爲妻子不斷地向他嘮叨家事，妻子同意自己只會在他將家事延宕了一天仍未處理時，才會嘮叨幾句。這算是偏離主題嗎？很明顯是的，因爲她已經牽扯入一個新的問題，這就是我們所說的偏離主題；但是她的確在進行我們之前提到的如何界定問題，意即，她也是在討論嘮叨這件事。

在這個情況中，有兩種方式可以處理這種情況。「傾聽者」可以繼續問題界定的步驟，並注意配偶是否意識到自己對問題應負的責任，通常配偶會知道自己應負的責任，因此傾聽者不需要再提醒他或她，在這個例子中，妻子只需要承認她嘮叨（承認自己在問題中扮演的角色），而不需要再說自己只會在丈夫將家事延宕了一天還未處理時，才會嘮叨幾句，因爲這會使丈夫想要反駁，丈夫會認爲她有責備的意思。令人期望的是，丈夫在承認自己對問題應負的責任時，也能意識到他延誤做家事是問題的成因。

然而，很多時候配偶的回答並不符合另一方所預期的，抱怨者就必思考自己是否是造成問題的原因，這時配偶雙方對問題的界定是有用的，因爲配偶雙方在進入問題解決階段之前，必須從不同的層面來界定問題，例如：丈夫一開始先提出一個問題，雙方必須先針對一種問題的界定完成每一個討論的步驟，倘若妻子發現問題另一個層面對解決問題有極大的關係，但卻未被討論，因此，她便可以從她的角度來重新界定問題，而配偶們可以再次針對新的問題界定完成的每個討論步驟。在嘮叨的妻子與動作太慢的丈夫的例子中，雙方對問題的界定如下：

丈夫：「你知道嗎？我很佩服妳把家裏整理得乾乾淨淨的，我很高興妳很重視家的外觀，但是當妳反覆地告訴我該做什麼時，我覺得生氣，也覺得很討厭。」（界定問題）

妻子：「我知道我不斷地提醒你，有時態度也不友善，但我很想與你一

同解決這個問題。」（承認自己在問題中的角色）

丈夫：「我承認我或許比一般人更敏感。」（承認自己在問題中的角色）

妻子：「我覺得我們可以從另一方面來看這個問題，或許有助於解決問題。其實，我真的很佩服你會做家事，很多男人根本不會做家事，但是令我生氣的是，每次我要你做一件事時，你都得等兩三天後才會開始做。」（界定問題並加入新的訊息）

丈夫：「我知道我延宕處理一些事，也知道妳會生氣。」（承認自己在問題中的角色）

妻子：「我承認我也會延宕處理你要我做的事。」（承認自己在問題中的角色）

用這種方法，雙方都可表達對問題的看法，也不會使配偶生氣或反駁，在第二次界定問題時，新加入的訊息將提供配偶解決問題的方法。

法則七：用自己的方式重述語句。當配偶甲發言後，配偶乙在做出回應之前應該先將配偶甲所說的簡單地重述語句一次，說完之後，配偶乙必須向配偶甲確認重述語句的內容是否正確，如果是對的，配偶乙便可接著發言；但是，倘若配偶甲認爲配偶乙的摘要敘述並非他所要表達的意思，配偶乙必須重試一次，直到雙方都覺得摘要敘述與原先的發言一致。以下是一些範例：

1. 妻子：「當你對我的戶外活動感到有興趣並表示支持時，我覺得與你相當親近，但是最近當我想與你談談我的工作時，你沒有發問，也不說任何支持我的話，這讓我覺得受到拒絕。」

   丈夫：「你喜歡我對妳的工作表示興趣與支持，但妳認為我最近對你漠不關心，妳的意思是這樣嗎？」

   妻子：「沒錯。」

   丈夫：「我沒察覺，但我能了解妳會對此感到生氣。」

2. 丈夫：「你在我表示關心時能立刻回應我，我覺得這很重要，但我最近覺得當我表示關心時，妳卻不回應，我覺得受到傷害，也覺得妳不愛我。」

妻子：「你的意思是你最近開始懷疑我是否還愛你。」

丈夫：「不，我知道妳愛我，我只是覺得你對我不夠關心，我希望你能先主動表示關心。」

妻子：「所以你是氣我在你表示關心時，沒有立刻回應。」

丈夫：「沒錯。」

摘要敘述是澄清問題與改進溝通方式的有效方法，首先，配偶知道自己必須做摘要敘述，他們便會更仔細聆聽；第二，摘要敘述可以確保傾聽者完全聽懂說話者所說的，倘若摘要敘述的內容是錯誤的，便會立刻被糾正；第三，摘要敘述可以減少打斷說話者發言的機會；第四，摘要敘述幫助配偶從對方的角度來思考問題。

法則八：別做推斷。只要談論你所能觀察到的。

◇「我認爲你不是氣我批評你的開車技術，而是氣我昨晚拒絕你的求愛。」

◇「還有很多忿怒等著被發洩出來。」

◇「你試著讓我去做一些不該做的事。」

◇「等我變得獨立時，你便想離開我了，這就是你會來接受治療的原因。」

以上的例子都顯示配偶甲試著揣測配偶乙的想法，我們將此種行爲稱爲讀心術（mind-reading），它包含對對方感同身受以及其它形式的接受練習，讀心術在許多婚姻溝通中是相當有效的，但讀心術卻是問題解決訓練（PST）的阻礙，因爲問題解決訓練的過程是基於明確且可以看見的一切，此外，人們也不喜歡自己的心思被看穿。

試圖從配偶的行爲推測其企圖是一種讀心術的特殊形式，這是相當常見，卻也是相當危險的，想想以下的例子：

妻子：當你在 Rick 與 Barbara 面前開我玩笑時，我真的很生氣。我不喜歡你在別人面前開我玩笑，你這是在羞辱我。

丈夫：我沒有羞辱妳。

妻子不僅描述丈夫令她不悅的行爲，還指責他的企圖，其實她根本無從知道丈夫的企圖，但是她一開始便堅持丈夫是企圖羞辱她，便便模糊焦點。因此，丈夫不得不爲自己的行爲辯護，整個討論也將毫無進展。單純討論人的想法與感覺是不能解決問題的，因爲只有本人才知道自己的內心世界，因此，要討論的重點在於丈夫令她生氣行爲，而不需討論他的企圖。在問題解決訓練（PST）中，當配偶的行爲使另一方覺得不滿時，應該將焦點集中在行爲，不應該將焦點轉移到人的意圖。只討論行爲是問題解決法中最簡單，也是最有效的方法。

混淆企圖與行爲還會在問題解決法中產生另一個問題，正如以下的例子所顯示的：

丈夫：我不喜歡你批評我做的家事。

妻子：我只是想幫點忙罷了。

丈夫：我就是不喜歡這樣。

妻子：但是，你看不出來嗎？我沒有惡意的。

在這個例子中，妻子認爲自己的行爲是對的，因爲她是基於好意，據她所說的，因爲她是善意的，因此，她不需要改變自己的行爲。但是她的丈夫卻是無論她的用意是什麼，都希望她不要再批評了。她的用意雖然是具有建設性的，但她的行爲卻是具有破壞性的，倘若她的表達方式已經令丈夫感到不滿，這就是一個待解決的問題，無論她的用意是什麼。

法則九：盡量中性，避免負面。當配偶們以爭吵代替合作，那兩人的互動便是試著擊垮、羞辱或恐嚇另一方，這樣的情形完全不符合問題解決法，這便表示他們需要先試著接納彼此。

解決問題並達成改變的共識

法則十：將焦點集中於解決之道。一旦完成問題的界定，焦點便集中於這個問題的解決之道，討論必需是放眼未來的，要自問：「我們該怎麼做才能解決這個問題，以後不會再重蹈覆轍呢？」因此不應該再重新界定問題，事實上，根本不應該再談論過去的事。

腦力激盪是將焦點集中於解決之道與放眼未來的最有效的方法，腦力激盪代表配偶們必須針對問題不斷地想出任何可能的解決之道，但卻不需考慮它是否可行。所想出的解決之道必需讓配偶雙方都有些行爲上的改變，倘若問題是與雙方都有關的，便應該將雙方的想法都納入考量。雖然有些解決之道是很荒謬的，但最重要的是，我們要鼓勵配偶發揮想像力，說出自己的意見，而不需顧慮任何事，而不需在意自己的意見是多麼的愚蠢與不可行。記得將所有的提出的解決之道記錄下來。

腦力激盪是相當有效的，因爲它讓配偶們專心解決問題，倘若他們能遵守法則，便不會僅僅局限於空想。人們在獨自思考時，常常因爲自認自己所想的方法不夠好，便不想表達出來。但若是能夠先說出自己的想法，之後再進行公開地進行討論，如此的成效會較好。

想想以下的例子。Chester 與 April 是對夫妻，他們與另一對夫妻 Sam 與 Connie 處得不好，因爲 Chester 不喜歡 Connie。縱使 Chester 的妻子 April 與 Connie 是好朋友，但每當四個人聚在一起時，Chester 若不是不跟 Connie 說話，便是說些損她的話，因此 Chester 與 April 想出以下的解決方法。

1.我們不要再和 Sam 與 Connie 來往了。

2.有其他配偶在場的情況下，我們才跟 Sam 與 Connie 說話。

3. Chester 應該與 Connie 發生性關係。

4. Chester 應該說些諂媚 Connie 的話，讓氣氛更好。

5.四個人應該別將全部的時間都用於談話，可以一起看齣電影或戲劇。

6. Sam 與 Connie 也應該來接受治療的。

7.四個人應該一起規劃一個聯合的問題解決時段。

8. Chester 與 April 應該更加團結，不讓其他配偶分裂兩人的情感。

9.四個人還是好朋友，但是別讓 Chester 與 Connie 坐在一起。

以上所列出的解決之道，第 3、6 與 7 項的提議因爲太荒謬，所以被刪除了，第 1 項提議也被刪除，因爲 Chester 與 April 都認爲四個人的聚會是值得保留的，因此只剩下第 4、5、8 與 9 項提議。兩人最後所達成的共識如下：

以後在晚上與 Sam 與 Connie 的聚會，我們要固定在一組，別讓 Sam 與 April，或 Chester 與 Connie 一組。在坐位方面，我們要坐在一起，只讓 April 與 Connie 坐在一起。活動方面，我們會建議別將整晚的時間都花在談話上，可以看些電影。每天的聚會一開始時，Chester 應該先說些諂媚 Connie 的話。

現在想想另一個例子。Tim 與 Elaine 兩人常年面對 Tim 有婚外情的問題，在經過兩人的腦力激盪之後，兩人發現兩個以前完全忽略的因素：第一，Tim 外遇的原因，性關係並不是重點，重點在於他想在婚後仍能保持多樣的社交生活，無論是與男人或女人；第二，Elaine 所在意的並非兩人的關係，而是她受到其它女人排斥的感覺。以下是腦力激盪時段，兩人想出的具體建議：

1. Tim 會與所有他喜歡的女人發生性行爲。
2. Elaine 也會開始與她喜歡的男人發生性行爲。
3. 當 Tim 喜歡某個女人時，他會先告訴 Elaine。
4. Tim 不可以與其他女人有任何的接觸。
5. Tim 可以對其他的女生存有幻想，但卻不可以發生性關係。
6. Tim 與 Elaine 可以和 Tim 喜歡的女人發生性關係。
7. Tim 會將每天所遇到的事情都告訴 Elaine。
8. Tim 只能在白天與其他女人相處。
9. Tim 只能在公開場合中，或在自己家裏且有 Elaine 在場時，才能見到其他女人。

從以上的解決之道，兩人達成以下的共識：

Tim 答應不再與其他女人發生性行為，但在以下的情況下，他仍舊可以和其他女人做朋友：(1)他只能在白天與其他女人見面；(2)他只能在公開場合中，或在自己家裏且有 Elaine 在場時，才能見到其他女人；(3)他會與 Elaine 討論每天與其他女人在一起的情況。如此一來，Elaine 也就不需要懷疑他的社交活動。

法則十一：行為的改變是雙向的並且是互相妥協的。在互相合作的精神下，即使情況顯示只有其中一人需要改變自己，問題解決應該代表兩人都有改變。原因之一是兩人一同改變會比獨自一人的改變更容易；第二個原因是配備們能彼此提供評語並教對方怎麼做，而且這樣的評語與教法也必需是對方所同意的。最後，當配偶中其中一人有不良的行爲產生，另一人會以行動來回應，但同樣地，配偶也可以用行動來鼓勵另一半有所改變。

如同前述的第一個原因，倘若兩人一起改變，那改變自己便不再困難了。試想以下的情況，一爲丈夫對於妻子將衣服丟在地上的行爲感到相當的生氣，兩人爲這個問題吵了好幾年，最後丈夫終於問妻子：「我該如何讓妳做些改變呢？」兩人很快就達成共識，並永遠解決這個問題。從此以後，夫妻兩人每晚睡覺前，都牽著彼此的手，走到家中的每一個地方，將地上的衣服撿起來，兩人都喜歡這個遊戲，每晚上床睡覺前都覺得更加親密。

上述的第二個原因提及抱怨的一方能對另一半提出有用的評語與建議，這將有助於另一半做改變。試想以下的情況：一位妻子擔心丈夫與三歲的女兒相處的時間太少，兩人在經過討論之後，發現主要的因素在於，丈夫覺得自己並不適合做父親，因爲他不知道應該如何與女兒相處。妻子便提議計畫一些活動，增加丈夫與女兒一同參與活動機會，有了妻子的協助，他與女兒之間便較容易有互動，很快地，不需依賴妻子的指示，他也能與女兒相處得很好。

縱使問題是出在配偶中某一方身上，我們仍希望兩人都做些改變，兩人的行爲是相互影響的亦爲一項因素，倘若配偶甲有所改變，這將有助於配偶乙做些改變，例如：一對夫妻對如何照顧小孩產生爭執，妻子希望丈夫每天晚上能哄小孩睡覺，爲了讓丈夫能做到這項要求，她答應丈夫自行想辦法哄小孩睡覺，而不加以打擾。對丈夫而言，沒有妻子的干擾反而較好，因爲以前，妻子怕丈夫做得不好，便時時打擾他與孩子之間的互動，當她同意讓丈夫單獨與小孩在一起時，丈夫其實也幫她減輕責任的負擔。

根據實際的經驗，抱怨者應該在解決問題之前先提議如何改變自己的行爲，在上述的例子中，提議可分爲兩種形式：一種是抱怨者能提議幫助另一半有所改變，另一種是抱怨者能自我改變，同時也促使另一半也能有所改變。因此，在腦力激盪的過程中，我們鼓勵抱怨者在要求另一半改變之前，能想一想如何改變自己。

我們要提醒配偶倘若他們希望另一半有所改變，那他們就得妥協，因爲改變是很難的。倘若你要求對方改變得越徹底，那他們就越難改變自己，但是配偶們總是希望改變是立即的，他們不想有緩慢的改變，例如：一位妻子，她覺得教養孩子的責任全在她身上，她建議丈夫必需分擔一半的責任，但她卻沒有考慮到丈夫已將全部的時間花在工作上，而她卻不需要出門工作。第二個例子是，妻子希望丈夫不要沉默寡言，而能和她分享每天所遇到的事。第三個例子是，丈夫希望妻子能不需他的提醒，便能準時完成她該做的事。第四個例子是，丈夫希望妻子完全戒酒，縱使酒類是她最喜歡喝的。不和諧的配偶時常要求配偶有大幅度的改變，但是這些改變對另一半而言太強人所難，因此另一半會直接予以拒絕。

我們應該鼓勵配偶尋找其它的對策，例如一開始便要求少一些，這其實是較可行的，因爲被抱怨的一方較願意接受小小的要求，之後，再慢慢地要求更多。到那時候，因爲兩人的心態都已經調整，不再覺得要求是很過份的了；或者，到那時候，兩人都覺得小小的改變已經足夠，不需更大的改變了。由此可知，不僅彼此接納可以促成改變，改變也可以促進彼此的接納。

每當需要改變時，配偶們必須思考以下兩個問題：

1.我最想得到怎樣的結果？

2.我願意接受怎樣的結果？

兩個問題的答案其實是不相同的，否則就代表兩人無法共同合作，問題解決訓練也會失敗。

案例一：Willard 和 Penny 只有星期日會在一起，Penny 負責計畫兩人週日的活動，但她卻希望 Willard 也能參與。

1.她最希望交換星期日的工作，她希望兩人輪流負責計畫週日的活動。

2.經過協調之後，她建議 Willard 每個月只抽出一個星期日來計畫兩人的活動，Willard 同意此建議，她也對這個解決之道覺得滿意。

案例二：Tom 抱怨 Ann 時常批評他，Tom 認為 Ann 嘮叨的內容不外乎提醒他該做的事，以及罵他沒做到原先答應要做的事。

1.他最希望妻子不要再有這些批評的言詞，但她覺得這要求太難做到。

2.在妻子嘮叨的內容方面，他願意做出讓步，兩人都同意為美件應做的事設一個期限，而她也答應只在期限到了，而他卻還沒完成應做的工作的情況下才會指責他。這樣的共識的確有效，因為有了期限，丈夫總能在期限前完成應做的工作，妻子也不需再嘮叨了。

案例三：Lenore 習慣在週末時酗酒，每個星期五晚上，她至少要喝六瓶啤酒，這令她覺得疲倦，也連帶影響她與丈夫間的性生活。她有時甚至會口出惡言。

1.她的丈夫最希望她完全戒酒，因為他認為只要她一開始喝酒，便無法節制。但是 Lenore 真的很愛喝酒，因此，她拒絕戒酒。

2.他願意讓步，他同意讓 Lenore 每次只喝兩瓶酒，而她也同意不喝超過兩瓶酒。

在以上的例子中，抱怨的一方其實是願意做出讓步的，而不像原先所要求的那麼多；而被抱怨的一方也因為對方的要求對自己影響不大，縱使改變的幅度大於原先願意做的改變，也同意改變自己。大多數的情況下，抱怨的一方都不再要求對方做更多的改變，因為他們已經對目前的改變感到相當滿意。

在問題解決時段，有個最好的練習方式是，讓配偶甲告訴配偶乙他或她希望對方在未來有怎樣的改變，而配偶乙也應該告訴配偶甲他或她是多麼願意達到對方的期望。

法則十二：討論提議的解決之道的優劣。大多數的配偶都發現有系統的討論方式是解決問題的有效方法，這不僅讓他們免於爭執，也使他們更有效地解決問題。

回顧之前運用腦力激盪想出的解決之道，讓其中一位配偶唸出第一個解決方法。要問的第一個問題是：「這個方法荒謬嗎？」倘若雙方都覺得這個方法只是開玩笑罷了，便可以將它刪除，繼續唸出下一個方法。倘若雙方都覺得這個方法可行，則可保留。

討論提議的順序是先問「倘若我們採用這個方法，這對解決問題有任何幫助嗎？」倘若答案是肯定的，接著便可討論接受這個解決之道的好處與成本，一般說來，先討論解決之道所能帶來的好處比討論它的成本，例如，倘若配偶甲先提出一個解決之道，之後配偶乙便回答；「我不喜歡這個方法，因爲……」接著便列出這個解決之道不可行的所有原因，這時，配偶甲或許會覺得洩氣或生氣，連帶使整個討論的氣氛也變得很差；然而，倘若配偶乙能了解配偶甲的提議所能帶來的好處，那配偶甲便能感受到配偶乙解決問題的誠意。

討論完提議的「成本」後，雙方必需一起決定(1)這個提議是否需要刪除；(2)採納這個提議；或(3)稍後再討論，等到所有的方法都討論完之後再決定。倘若是選擇第二項，配偶們還是可以加入其它的提議，因爲這個提議並不排除其它提議的可能性；倘若是選擇第三項，配偶們可以先討論完全部的解決之道後，稍後再回來討論這個解決方式。無論配偶們決定如何處理這些提議，每個提議都必須經過以下的討論過程：(1)倘若雙方都覺得該提議很荒謬，就將它刪除；(2)討論該項提議所能代來的好處；(3)討論該項提議對每位配偶的好處與每位配偶應負的成本；(4)討論究竟要刪除、保留或延後討論該項提議。

法則十三：　雙方達成共識。在經過腦力激盪與相關的討論之後，會產生許多可能的解決之道，接下來要做的是將所有保留下來的解決之到整合出一個共識。能否達成共識與進行行爲的改變則考驗整個問題解決訓練是否成功。在討論完所有提議的優劣以及該提議對兩人關係的影響之後，所有保留的提議必需整合出一個最終的共識，因此要謹記以下的原則：

◇最後所達成的共識必須非常的具體。必須用非常清晰與明確的詞彙記錄下來，而且可以根據這些記錄加以實行。

◇這項共識必須明確指出雙方必需如何做。通常配偶們所達成的改變的共識是很籠統的，因此兩人對於所達成的共識究竟是什麼也不甚確定，當雙方對當初所達成的共識有不同的解讀時，在未來自然免不了會產生許多的衝突，因為雙方會爭吵究竟當初的共識是什麼。

◇對於改變所達成的共識是不容許有其他解讀的。記錄共識的詞彙必須相當的明確，它必需明確地描述要改變的行為，以及在何時必須達到這些改變。倘若可以的話，可以指明所期許的行為的發生頻率。

以下的例子是一些不佳的共識，以及將它們修改為符合上述規則的例子。

1. 不佳：Adolfo 答應從今天起準時回家。

   佳：從星期一至星期五，Adolfo 會在下午六點半之前回到家，倘若有特殊的理由無法準時回家，他必須在下午四點半前告知太太 Marlene，並同時告訴她會何時返家。

2. 不佳：Mike 對 Holly 每天遇到的事應該更有興趣。

   佳：每天當 Mike 與 Holly 都回到家後，在晚餐之前，Holly 會告訴 Mike 她一天遇到的事，Mike 必須問至少五個問題，他必須避免用輕視與毀謗的話，也必可以對 Holly 所說的表示不耐煩。

3. 不佳：Dashel 會適著向 Lillian 表達她的感受。

   佳：每個星期二與星期四的晚上，Dashel 與 Lillian 會一同討論自上次討論之後所發生的事，Lillian 會先說出她對這些情況的感受，之後再由 Dashel 他對所遇到的事的感受。

4. 不佳：Dana 將試著做更多她應做的家事。

   佳：Dana 必須負責洗碗（在晚餐結束後一個小時內完成），溜狗（一天兩次，早上七點半到八點，以及晚上九點半到十點），以及每隔一天的晚上都要擦地板。

5. 不佳：Patty 不會擔心未來，她會對 Cosmo 更有信心。

   佳：當 Cosmo 開始討論他的工作時，Patty 應該有所回應，她不應該用消極的話來表示 Cosmo 的公司未來的發展。

6. 不佳：Don 應該更了解為何 Laura 會心情不好。

佳：Don 會積極地傾聽，對 Laura 所說為何她會心情不好的原因，也能給予「回應」。除非她需要 Don 的建議，否則他不可以提供建議，他也不可以有生氣與受挫的表情。

你會發覺這些好的共識都是內容有架構的，就某些程度而言，他們都是有系統且經過修飾的，然而，別忘了，許多例子中的配偶是在改變長久的習慣，要改變這些習慣並不容易，也並非自然而然就能改變。倘若想改變，必須先有良好的實施架構，之後，當改變一陣子之後，他們便覺得很自然，這套明確的實施架構就可以省略。

◇最後對改變達到的共識，應該包含提醒另一半該做改變的話

在許多例子中，問題不在於不願意配合配偶的要求，而單純是時間到了卻忘記該做的事，在改變長久的習慣時，特別容易發生這種情況。面對這樣的例子，共識必須包括一些提醒另一半該做改變的話，有時將共識寫下或放在容易看見的地方就足夠了，但是，有時共識可加入一些提醒配偶的話，一個創新的例子是，丈夫將寫有「EXTJ」的牌子放在車子的儀表板上（「EXTJ」表示「express feelings to Judy」）。

◇最後對改變達到的共識，應該記錄下來。

之前已經提過這一點，而且這也是相當重要的。首先，將共識寫下便不需要依賴記憶，因爲每個人所記得的事都是被扭曲的，都是對自己有利的。第二，當共識是以文字記下會更明確，使模糊的部分變得明顯，在記錄的過程中可以被刪除。

評論

一旦配偶們正式將共識記錄下來，他們必需花一點時間檢查對問題的界定與兩人的共識，以及確認解決之到是否可以解決問題，每位配偶都必須對

這項共識感到滿意。如果這個問題是單方面的，界定問題的一方必須問造成問題的一方是否滿意這樣的解決之道，如此可比表是共同合作的誠意，意即，當丈夫是製造問題的一方，妻子在問題解決時段結束前必須問丈夫，他是否滿意這樣的解決方法，以及他是否認爲這個重大的改變對於解決問題有大的功效。倘若他覺得不滿意，與其接受一個無法解決問題的爛共識，倒不如稍後或再過一陣子再重新解決問題的工作。

在每一個例子，每個共識在日後的某個時間必須重新評估其完成的程度，以及是否能有效地解決問題。當配偶雙方都簽署這份共識，這時，便應該決定一個評估的日子，每個共識都應該有個試驗期。

評估每個共識並重心討論這些成效不佳的共識，這些都是衝突解決過程中的重要步驟。有時第一次的共識已經有成效，評估更能加強這些改變，但是，第一次的共識通常不是最好的解決之道，甚至會衍生出更多問題，因此，很重要的是，配偶們必須腦力激盪出一些新的解決之道或重新評估之前的提議，重新溝通出共識。沒有人想一輩子受制於某一個共識，特別當這個共識是無效的。

最理想的情況是，問題解決訓練（PST）很自然地成爲配偶關係中的一部分，即使配偶在治療中已解決大部份的問題，仍須挪出時間進行做爲問題解決時段，這些「關係狀態」的討論時段可以提供解決衝突的機會，檢查之前達到的共識，並討論其是否有功效，倘若共識的成效不佳，或者環境的改變使共識便得不實際，這時便需要再進行溝通。

結論

在這一章，我們回顧如何教導配偶溝通技巧的一些策略，以及這些策略在整合性婚姻療法（ICT）中的角色，以及溝通技巧以及問題解決訓練（PST）的微妙，而溝通訓練更可以用於接納訓練與改變的訓練。縱使問題解決訓練不能用於所有的配偶，但它仍是整合性婚姻療法（ICT）中重要的一環。

第 10 章

性別、文化、種族、階級和性傾向的多樣性：臨床的含意

在本書中我們同時採用「配偶的」（couple）與「婚姻的」（marital）這兩個名稱，因爲本書所介紹的方法是計劃用於未婚與已婚的配偶，同性或異性的配偶。根據我們的臨床經驗，我們發現整合性婚姻治療（ICT）是適用於上述所有的群體的，而且基本的治療方式也大同小異。此外，我們有很多機會與非裔美國人的配偶、亞洲配偶、與拉丁配偶一同進行治療，也成功地運用整合性婚姻治療（ICT）。

整合性婚姻治療（ICT）是奠基於對多樣性的認知，事實上，任何特殊分析的方法都是先定義出特殊規律，因此可以適用於行爲環境中各種不同的關係。到目前爲止，我們從不同角度來探討每對配偶的不同點，所討論的多樣性有：不愉快的情況、忠誠的程度、年紀、不和的程度，以及所要面對的問題等等，然而，配偶還有性別、種族、文化與性傾向的差異，這些群體的差異都與治療有關連。許多文獻都談到這些多樣性，卻沒有研究顯示 ICT 需要調整，以面對這些多樣性，然而，我們將根據一些資料與我們臨床的經驗，在本章中提供一些建議，我們的觀察報告中，有一些不只適用於 ICT，而是適用於所有的配偶治療，而有一些觀察報告卻特別適用於我們的方法。

親密的法則：性別議題

如同 Jacobson 曾討論過的（Jacobson, 1983; 1989），有越來越多的文獻顯示，男性對傳統婚姻的滿意度高於女性對婚姻生活的滿意度，事實上，婚姻所提供生理與心理上的保護，也僅限於男性。一些流行病學的研究（Radloff & Rae, 1979）實際發現女性在婚後，極有可能會覺得不愉快，但是婚後的男性卻可以減少很多不愉快，因此，我們同意婚姻同樣有益於男性與女性，但是它帶給男性的好處卻是多於給女性的好處。而且，從一些角度看來，特別是從心理健康的問題的角度，女性最好維持單身，因爲有年幼小孩的已婚母親，她們覺得不愉快的機率會高於單身女性或沒有小孩的已婚母親。

當然，臨床記錄顯示，男性比女性更滿意自己的婚姻，例如：Margolin 與同事（1983）都發現，性的方面除外，妻子都比丈夫更希望婚姻能有所改變；我們也從自己的研究發現，有 70%到 80%的妻子會前來接受治療，爲婚姻尋求一些改變，而他們的丈夫來接受治療時都相當的不悅，他們若不是已經對目前的關係感到滿意，要不就是所希望的改變與妻子所希望的背道而馳。

而妻子們又是希望有那些改變呢？她們都希望與丈夫更親近，希望丈夫能分擔更多家事與照顧小孩的責任，並且留更多時間陪她（Christensen & Heavey, 1993）。而丈夫卻希望維持目前的親密程度，不想負擔更多家事與照顧小孩的責任，並維持目前陪妻子的時間。倘若丈夫希望有所改變，他也會希望與妻子的距離更遠，不做家事與不照顧小孩，並保留更多時間給自己。

第三章中所談到「親近與疏離」（closeness/distance）的問題的本質是我們所研究與治療的問題中，最爲常見的。這個問題如同其它像是控制與責任（control/responsibility）的問題，女性總是「要求」改變的一方，然而男性卻是「拒絕」改變的一方，（Christensen & Heavey, 1993）這種要求與拒絕的模式是配偶最常見的兩極化模式，因此，尋求治療的配偶，他們最常見的問題與最常見的兩極化現象都與性別有關。

換句話說，妻子一向是婚姻滿意度的「氣壓計」（Floyd & Markman, 1983）。婚姻的結構時常顯示夫妻勢力的不平衡，我們不只可以由女性想要改變這個結構可以看出勢力的不平衡，男性與女性在傳統婚姻中所扮演的角色也暗示出此種勢力的不均衡。採用許多現有的評判標準，與成功的職業婦女相比，文化給與家庭主婦更低的社會地位，文化決定了女性能擁有多少的自尊。然而，當已婚的婦女開始外出工作時，情況會變得更糟，因爲她們在工作之餘，仍舊要負擔家事與照顧小孩的責任，然而，已婚的男性依舊不需要承擔這些責任。事實上，有證據顯示，與家庭主婦相比，職業婦女所負擔的家事其實比丈夫更多（Brines, 1994）。因此，外出工作縱使能使女性更添自尊，但自尊的感覺卻會被同時擁有兩份全職工作（家事與工作）的壓力所抹殺，這就是爲何女性不滿意婚姻的結構，因爲她們覺得婚姻對男性比對女性更有利。

除了上述的因素之外，還有很多因素讓女性覺得婚姻是不愉快的，也有許多因素使這些不愉快的婚姻對女性構成威脅。男性掌握女性所需的資源會使權力的差異更形嚴重，男性可以決定對家庭付出多少精神、時間、注意力與參與感，這些對於妻子而言是很針貴的但是當妻子希望丈夫付出這些資源而他卻拒絕，因爲他比她更有權決定是否要付出自己所擁有的。當婚姻不再美滿或不穩定時，其後果對女性的影響更大，因爲女性個人的幸福都取決於她與丈夫的關係是否親密，（Koerner et al., 1994）關於這個議題，下一章會有更詳盡的介紹。

基於上述的原因，婚姻的機制壓迫女性比男性更爲嚴重，因爲這種文化的影響力，每對前來接受治療的配偶都受上述部分因素的影響，在進行 ICT 時，必須將這些文化的常規納入考量。治療師所說的話不僅反映整個文化，還會影響文化，因此，治療師所說的話可能會強化或貶低女性在婚姻中所受的壓迫，從這方面看來，配偶治療就像其它形式的心理治療（Halleck, 1970），自然需要謹慎處理的（Jacobson, 1989）。

根據上述的分析，在傳統婚姻行爲治療（TBCT）中，我們試著解決這個問題的方法是與病患分享兩性平等的價值觀，直接宣導與傳統婚姻完全不同的平等觀念，對我們而言，這看似是唯一令人尊敬、合乎道德且站得住的立場，既然我們的看法與價值觀可能在無形中對治療的過程產生不好的影響，它也可能讓良好的治療的常識能清楚說明我們的價值觀。

在多年後的今天，在發展出 ICT 之後，我們用不同的角度來看事情，首先，縱使我們提倡兩性平等，但卻不曾有任何一對傳統的配偶變成兩性平等，縱使夫妻試著達到兩人平等，卻沒有成功的案例，例如：我們建議行為交流（BE），並在問題解決訓練（PST）中提倡配偶雙方達成改變的共識，讓夫妻能更加親密，公平地分擔家事，以及平等地掌控經濟大權。在配偶的婚姻結構中，似乎有個「設定點」（set point），配偶們無可避免地會回到彼此影響的模式，使他們回到原先的出發點。

ICT 可以解決這樣的問題，因為我們不只鼓勵配偶有所「改變」，也鼓勵配偶「互相接納」，因此，我們的方法是有助於改善現況的，也因此強化女性在婚姻關係中所受的壓迫，然而，如同我們在第一章中所解釋的，我們對彼此接納的定義以及改變的技巧，共同結合可以避免這種危險。僅管如此，在 ICT 中，治療師向病患提供我們所認為能改善兩人關係的最好方法時，他們的立場必須排除教條的以及心理教育的方法，更進一步，我們的功能分析的角度使我們認知配偶誇大自己對婚姻的滿意程度各有不同：我們都希望普遍的文化因素能讓我們要分析的配偶生活變得更簡單，但我們卻發現在傳統婚姻中，並非所有的女性都在受苦，在兩性平等的婚姻中，女性也未必都能從壓迫中解放出來，這個世界其實是比所有群體常規所歸納出的概念更複雜的，ICT 正好將此種複雜性納入整個治療的架構中。ICT 的治療師是可以表示許可的：治療師在治療過程中，創造增進配偶關係的條件。我們對疏離者，以及渴望親密的人感同身受，無論對象是男性或女性，我們相信有很多方法可以讓雙方關係更親近，我們甚至同意所謂「親密」的關係，不一定是最好的，也不一定是配偶們想要的。我們反對我們稱之為「依賴」的病態的親近，同樣地，我們也反對由「懼怕親近」所導致的病態的疏離。我們對於如何構成好的婚姻的見解是多元化的，當我們分析配偶間的差異時，會有不同的見解：配偶的差異不代表婚姻生活中誰對誰錯，事實上，配偶認為兩人的差異即代表其中一人是對的，另一人是錯的，這是一個很根本的錯誤，因為差異代表彼此有不同點，並不代表誰對誰錯。Gottman 在 1993 年的研究確立這個多元化的觀念：擁有令人滿意的婚姻有許多方法，每對配偶必須找出令自己滿意的婚姻。倘若我們不加以評斷配偶們的差異，並協助配偶們不評斷彼此的差異，便能使他們婚姻的品質更加提昇。

然而，我們發現一件有趣的事，當我們避免將差異視為病態，並協助配偶避免指責彼此的差異，配偶們便能做到兩性平等，換言之，倘若我們能避免提倡某種婚姻的型式，配偶們便可以自行「選擇」自己所要的兩性平等模式。以最近來接受治療的配偶為例，當 Carla 不再責備 Jack 刻意疏離她，而 Jack 也不再假裝親密而做假的承諾，兩人的關係也變得更親密了。我們認為，當 Carla 不再要求 Jack 更加親密時，這使 Jack 變得更加敏感，沒有人提醒他表達個人的情感，因此他開始很自然地信任 Carla，Carla 強化 Jack 親密的行為，這並不是治療師要她這麼做的，而是她很自然會強化這些親密的行為，這從她可以軟化丈夫的態度以及對丈夫表達更多的愛與欣賞可以看出，Jack 也向 Carla 表達更多自己的想法，以回應 Carla 的愛與欣賞，兩人也對彼此越來越滿意，兩人也越來越平等，這也正是他們所想要的婚姻關係。

這並不是最典型的例子，因為結果往往不是這樣的，最常見的情況是我們試著直接向配偶們提倡某種治療的過程，還勉強他們接受，其實你越不強求某些東西，反而越可能得到，在兩性平等的婚姻中，應該有些更珍貴的東西，只是配偶們必須自行挖掘，治療師所能做的是開創機會，使配偶們能發覺婚姻的寶貴之處。

同性配偶

我們有限的經驗顯示 ICT 也可以應用於同性的配偶，在臨床的程序上也大致不需做修改，然而同性配偶不同於異性配偶之處在於他們必須面對不能接受他們的文化環境（Brown, 1995）。除此之外，同性關係還特別面臨許多問題，因此對他們的治療便需要特別的考量，我們接下來會對此做簡單的介紹，若需要更多資料，請見 Brown 在 1995 年的著作。

治療同性配偶時，要考量的一個要素是，因為男性與女性社會化的程度不同，同性的配偶代表我們要處理的是兩位有類似社會化背景的同性別的個體，然而在異性戀的配偶中，我們要處理的卻是完全不同的性別（Rutter & Schwartz, 編印中）；第二個要考量的要素是文化對同性配偶的惡意與歧視，這影響每一位同性戀配偶，但這是異性戀配偶中所沒有的。同性配偶關係不愉快的來源通常來自上述兩個主要的因素，但是因為治療師是異性戀，便忽略這兩個要素，因此，在評估與規劃療程時並未適時地考慮這兩個要素。

文化不接受同性配偶，其後果之一是同性配偶們必須面對侮辱、暴力或廣泛地存在文化中的偏見；第二個後果是他們無法像異性戀在法律上一樣，有婚姻這樣的儀式。同性配偶通常沒有家庭的支持，也不能得到婚姻最大的好處，即整個社會或熟悉的群體都能承認他們是一對配偶。理想中的和／或現實中的男同性戀或女同性戀關係在大眾文化中是很少見的，這個大眾文化引導年青的男女同性戀們建立親密關係的價值觀。同性配偶會因為這些文化的偏見，對另一半產生矛盾的感覺以及惡意，這種感覺一般被稱為內在壓迫，我們較喜歡從具有偏見與壓迫的文化的角度來看這些男女同性戀的內在壓迫。男女同性戀通常會因為自己的性傾向而討厭自己，而這種自我厭惡或矛盾的體驗是在他們的學習過程中，文化不斷灌輸給他們的觀念。然而，我們還是會採用內在壓迫這個術語，因為它通用於一般文獻中。

John 和 Adam 這對同性配偶，因為金錢方面的糾紛來接受治療，他們爭論各自可以保留多少財產；誰可以做決定；分手後，哪些東西歸誰所有？他們會有這些爭端，主要是因為他們將分手視為必然的，並不是因為兩人的關係產生變化，而是他們深受文化對男同性戀關係的刻板印象的影響，他們都認為男同性戀關係是短暫的。治療師必須向他們提起財務糾紛與內在壓迫間的關連，因為他們不會主動提起，但是當治療師一提起，就立刻得到他們的附和。因為此種關連，其它的文化壓迫也隨之而來，例如：文化不承認同性戀配偶們的共同財產，同性配偶對財產的分配比起異性戀配偶，更容易受到對關係滿意度的影響（Berzon, 1988）。克服內在壓迫的同性配偶，也會向異性戀配偶一樣分配財產，而且更快樂，換言之，從這個層面看來，能否表現得如同異性戀配偶一樣則是關係滿意度的指標。

時常令治療師覺得困惑且難以明白的問題，都是長久的壓迫所造成的，例如：爲何同性配偶特別在意金錢的分配？這代表他們缺乏約定嗎？但他們「看似」是有約定的。這些壓迫已成爲他們生活環境中的一部分，倘若沒有意識到他們環境中的壓迫，就會以爲同性配偶的關係是很脆弱的，問題的根源並不顯著，因此很難決定該解決的問題何在。討厭同性戀或不習慣接觸同性戀的治療師不適合治療同性戀的配偶，雖然此種邏輯不代表大部分異性戀的治療師都無法勝任治療男同性戀的配偶或女同性戀的配偶，但異性戀的治療師的確極可能無法勝任此工作。Brown 於 1995 年指出，很重要的是，每位治療師必須了解自己對同性戀關係的關點與態度，在接下諮商的工作前，也知道自己可能會有怎樣的偏見。

男同性戀社會化的程度與一般的男性相同，男同性戀的關係問題可能反應出男人渴望親暱感的主題，因爲男人傾向於疏離的，所以與異性戀關係或女同性戀相比「疏離與競爭」的主題在男同性戀中更爲常見。例如：William 與 Harrison 兩人在各個議題上都彼此競爭且壁壘分明，兩人的關係因爲缺乏約定，因此對於誰對某事有決定權時有爭議，他們更發現當另一方的事業有進步時，自己會覺得嫉妒；而且當另一半需要知己可以談談關於事業方面的事時，自己竟無法給予支持，他們試著不彼此競爭，於是他們改採其他做法，使他們覺得自己是軟弱且受到束縛的，但他們都討厭這種感覺。

男同性戀的行爲似乎特別受到愛滋病的影響。在以往，縱使配偶彼此有約定，仍舊可以和其他男人發生性行爲，但他們現在都害怕愛滋病的傳染。對愛滋病的恐懼與社會對他們的關點，使得男同性戀共同面臨一個問題：在男同性戀的關係中，配偶雙方都必須在情感上忠於另一半。在異性戀關係中，這原本是女性要做的事，但男人根本不知該怎麼做，因此他們會來接受治療。配偶雙方常說：「關係的維持是需要努力的，爲什麼你不能配合呢？」僅管這樣的問題在以往會加速兩人情感的分裂，但現在因爲對性傳染病的恐懼，反而促使男同性戀們來接受治療，學習一些他們以往認爲不需要的技巧（在以往，男同性戀們會覺得直接結束兩人的關係較簡單與實際）。

只要治療師具有分辨問題的核心與旁支的問題的知識與警覺心，ICT 是幫助男同性戀配偶克服困難的有效方法，它增進彼此的支持與同情。同性戀配偶首先要學習的是，在兩人關係中，表現脆弱以及對配偶表示支持其實是無害的，這也正是 ICT 中的接納工作所需要的。治療師絕不可將異性戀的規範強加在男同性戀配偶身上，例如：倘若一對男同性戀配偶從眾多性伴侶的開放式性關係轉變爲一夫一妻制的關係，我們不能立刻認定這代表兩人渴望親近，因爲此種改變可能是源於對性傳染病的恐懼，這樣的改變反而實際上增加彼此的距離，只是雙方都不願說出罷了。倘若治療師具有知識，了解男同性戀關係規範的轉變，並了解在過去，對男同性戀而言，性開放與兩人之間的約定是可以並存的，如此一來，更可以界定此種矛盾的情況，並使這種情況回歸正常，更創造可以公開討論這些恐懼與矛盾心理的機會。

男同性戀關係中還存在另一個問題，即社會地位的競爭，例如：配偶雙方對家事的處理產生爭執，結果通常是收入較高的一方認爲另一半必須處理較多的家事，但是在異性戀的關係中，自然全由女人來處理，無論她是否有工作。除非治療師主動注意到雙方工作地位上的差異對兩人想法的影響，否則工作地位的差異很少會成爲討論的主題。

同樣地，若考慮到女同性戀的配偶關係是由兩個女人組成的，就較容易理解女同性戀關係的衝突起源，因爲我們的文化時常不重視女人維繫關係的技巧，甚至被認爲理所當然的，因此治療師在諮商女同性戀配偶時必須了解女性的社會化程度，以及社會如何影響女性之間的親密關係（Koener et al., 1994）。

女同性戀配偶具有極度危險的內心壓抑，女性所處的文化是歧視女性的，內心壓抑造成對另一半的怨恨，有時在女同性戀關係中存在一種很高的期許，配偶會說：「因爲妳不是男人，妳一定每方面都很好。」這樣的期許常有反效果，因爲在相同文化下成長的配偶會覺得大受侮辱，因爲批評她的竟是個女人，相同的批評如果是出自異性戀婚姻的的男人，那反效果便不如此強烈，因為女人在異性戀關係中的容忍力比在女同性戀婚姻中的容忍力更大（Brown, 1995）。

配偶間「親密與親密」的主題在女同性戀之間最常見，當其中一位配偶有疏離的徵兆，配偶雙方都會感到緊張，這是一個最普遍的主題，也有許多文獻進行討論，有許多人對此種明顯的「邊界的結合」（fusion of boundaries）提出解釋（Chodorow, 1979; Luepnitz, 1988）。我們用邏輯來解釋兩個女人間的關係，因為女人比男人更渴望親密，更討厭疏離，因此，「親密與親密」的主題更容易出現在女同性戀的關係中，而非異性戀的關係中。

最後，男同性戀配偶與女同性戀配偶都共同面對一個問題：孩子。這的確是可能發生的問題，因為無論男同性戀配偶與女同性戀配偶都必須面臨有小孩與複雜的複合家庭結構（multifamily structure），其中，小孩可能成為再婚家庭（stepfamily）、收養家庭（adoptive family）或生物化的家庭（biological family，專指藉由人工授精而懷孕的不孕婦女）的一份子。許多女同姓戀配偶將前一段異性戀婚姻中生的孩子帶到現在的同姓戀婚姻中，因為法律並不承認，也不保障男同性戀與女同性戀的家庭，因此這樣的家庭是很脆弱的。不敏銳的治療師在治療這樣的家庭時，往往會使情況惡化，因為治療師會忽略此種改變的衝擊以及這種改變對小孩的影響。

我們認為只要治療師具有相關的知識，而且夠敏銳，足以規劃整個療程，ICT 就可以處理這些主題。倘若沒有適時地意識到壓迫男女同姓戀配偶的文化偏見，或缺乏對男女同性戀關係的常規的認識，治療師的治療很可能毫無功效，更糟的是，會對配偶造成傷害。因此，倘若你對這方面的治療有任何的疑問，記得請教處理男女同姓戀配偶的治療師，千萬別以為適用於異性戀關係的技巧也可適用於男女同性戀的關係。

種族多樣性，處理多樣的文化與階級

對於歐洲以外的文化的了解時常可以為仍舊不可知的問題提出解答，而且，ICT 看似針對特定的種族或文化群體，但卻不推薦給其它的群體。

對於非裔美國人而言，有些預測是對的，例如：他們的離婚率是高加索人離婚率的兩倍（Tucker & Mitchell-Kerman, 1995）。一項針對非裔美國人與白人早期婚姻的採樣所進行重要的長期研究，即顯示這兩個種族的婚姻穩定度。非裔美國人主要比白人的婚姻多出一項危機，即丈夫必須擔心是否可以養活家人，此項發現毫無疑問地反應出非裔美國男人的經濟壓力，而且還有許多非裔美國男人是沒有工作的，要適當地解決這樣的問題，從社會層面著手會以從心理層面著手更好。無論如何，每對非裔美國人的配偶都必須克服經濟的困境以及壓力。ICT 的重點在於表達出關係中自己的脆弱之處，這可以幫助配偶在處理壓力時，能有效地彼此提供協助，這比強調理性，以及以改變爲導向的 TBCT 更好。

另一個問題更大且更複雜的例子是關於亞洲配偶，特別是日本配偶。許多作家都指出，亞裔美國人可能具有一套集體主義價值系統（collectiveist value system），這與歐裔美國人文化中的個人主義價值系統（individual value system）不同（Dion & Dion, 1993; Ho, 1990），集體主義的特徵在於將個人的目標置於群體的目標之下。Ho 從價值觀、態度及行爲的方面來說明這兩套價值系統的不同點，他認爲個人文化中的人們都「易於協調」（well prepared for negotiation），但是集體主義文化中的人們卻是「不易協調」（unprepared in negotiation）。TBCT 強調問題解決，協調以及妥協，因此它適合白人的文化背景，而非亞洲人的文化背景。Ho 也認爲集體主義文化中的人們比個人文化中的人們，更能接受人與人之間的差異，特別是權力的差異。因爲 ICT 能促進雙方接納彼此的不同（不只是權力的差異），因此，它更適合亞洲配偶，而非白人的配偶。

亞洲文化中，難以解決的糾紛在於家長對子女的影響極大，就親屬層面而言，集體主義的價值觀即代表丈夫的價值觀，因此，ICT 可以深入亞洲文化的常規，加強配偶接納彼此的差異，使女人不再淪爲次等，由此可見，ICT 的「整合」（integrative）性質是很重要的，僅管亞洲文化與要求夫妻溝通妥協的概念是對立的，這更顯示出用 ICT 的技巧來治療亞洲配偶的重要性，因爲 ICT 使配偶雙方的權力獲得平衡。因此，文化所能容忍的問題，並不代表它不會成爲治療的主題，最不具阻力的方式並不是最主要的方式。

在討論婚姻與家庭治療的文獻中，討論跨文化的婚姻比討論配偶與治療師之間的文化差異更多。配偶間的文化差異的確是 ICT 中一項有趣的議題，因爲正是這些差異引發兩人的衝突。因爲 ICT 要處理的是不可避免的差異，而且其「接納工作」基本上指的是「學習接納差異」，因此治療師自然必須用 ICT 來解決不同文化或不同種族所造成的婚姻問題。事實上，Falicov 在 1995 年討論治療跨文化婚姻時提到，兩極化（polarization）起源於忽視文化差異而對配偶所造成的不合理看法，誇大或忽視彼此的文化差異，在處理這些差異時，會有不公平的情況產生，僅管婚姻對每位配偶而言，都是重要的人生轉折點，但是當配偶是來自另一個文化或種族時，則又必須面對第二個重要的轉折，即文化的轉折，在這個適應期，配偶們試著在彼此的異同間尋找平衡點，藉著彼此的相同點來克服彼此的相異點。

Falicov 在 1995 年的文獻中也指出三種不均衡的文化差異模式：第一，文化常規的衝突；第二，與大家庭成員的衝突，例如：婚姻遭到大家庭的成員的反對；第三，在重要的時刻，配偶甚至讓彼此的文化差異成爲障礙，藉此增加彼此的距離，無法合作解決問題。

在治療時，因爲社會常規的矛盾所造成的衝突是難以處理的，因爲很難分別它與其它類型的婚姻問題的不同，婚姻互動的變化性如同文化的變化性，對不同文化認爲婚姻應有不同的功能，這是 ICT 特別有興趣的部分，當配偶們有衝突時，他們大多不自覺衝突是起源於不同的文化常規。若遇到這種情況，要注意配偶所採取的態度與其所處的文化是一致的，並重新規劃療程（reformulations），此種療法才是有療效的，但前提是治療師能察覺配偶雙方的文化常規不同，如此方能重新規劃有療效的療程。此外，熟悉文化常規是很重要的，因爲有些配偶會假裝彼此沒有文化上的差異，以便使治療更順利，也不會主動將所遭遇的問題歸咎於文化的差異，因爲熟悉配備不同的文化常規對於治療師而言是很重要的。配偶們會縮小彼此的文化差異顯示他們對彼此的文化所知甚少，在這些情況中，文化 A 認爲相當普遍的特質，在文化 B 中，一開始可能是具有負面意義的，但若對文化 A 的常規有所了解之後，自然可以接受該特質。然而倘若沒有調整與妥協，配偶們則會對這些差異絕望，因此，在治療這些配偶時，不應忽視觀念改變的重要性。此外，倘若文化「代溝」過大，結果很可能會導致更大的疏離，而非彼此的接納。因爲在以彼此接納爲目標的協調中，這種情況確實是會發生的，因此在處理文化特質的案例中，重新設計特別重要。

在大部分的次文化中（subcultures），父母的態度對子女擇偶仍占有極大的份量，在一些大家庭中，其他家庭成員也想對此表達意見，倘若與配偶有文化、人種、或種族上的差異時，更可能產生反對的聲音，特別是過去褊狹的家庭。雖然這些反對的聲音正是基於文化、種族的考量或爲了維護種族單一性，但是有時父母的反對是個假象，他們只是不想讓孩子在情感上遠離他們，相同地，父母可以避而不談子女離開家的反應，改而強調子女與其配偶間的文化差異（Friedman, 1982）。我們相信父母的反對是配偶壓力的主要來源，特別是來自大家庭的反對更是如此，縱使是那些宣稱與家庭脫離關係的配偶也會有壓力，因爲與家族斷絕關係又會成爲日後婚姻中的壓力。有時則是家族的力量勝利，配偶的婚姻則告終，然而這種勝利的代價太高了，因爲不管婚姻是否仍能維繫，配偶雙方的忠誠問題仍舊存在。

Falicov 在 1995 年的著作中，從 ICT 的角度來探討配偶用誇大或縮小彼此的差異來回應家人的反對，此種探討相當有成效。當配偶將彼此的差異誇大化，想法與家庭成員相似，導致夫妻兩人若不是漸漸疏遠，要不就是過著毫無交集的生活，這都暗示婚姻是不安定的（Gottman, 1994）。倘若已經將文化上的差異視爲傷害配偶的藉口，並且袒護自己的家族，那配偶間的接納工作便不易達成，這時，我們應建議配偶調整自己的想法。倘若我們知道某對配偶的婚姻是遭到阻止的，我們便採用接納工作，但重新設計療程時，重心不應放在文化的差異，我們要注意的是在家庭與情人間做抉擇的痛苦。

配偶用縮小彼此文化上的差異來回應家人的反對，他們會將所有與家族的連繫看得很痛苦，否認與配偶有文化的差異，甚至是接受第三文化，對於這樣的配偶，我們在重心設計療程時則必須向他們強調他們的婚姻是不被家人允許的。

在壓力之下，文化的差異會傷害人，長期接受令人難過的刺激會衍生出侮辱，以及對配偶所代表的文化產生負面評價，通常即使文化上的差異是如此明顯，也能預期會產生其他問題，但是配偶們無法察覺兩人文化上的差異，以及可能面臨的問題，重新設計療程便可反應出配偶所承受的壓力，進而挽救婚姻，或者至少能讓配偶逃過此一危機。然而若將文化類型局限於書上作者所做的解釋，那就錯了，透過溝通訓練（CT），促進調合雙方的情緒，以及治療師重新設計療程，討論所承受的壓力之後，配偶對另一半負面的文化評價應有所改變。

我們認爲配偶的階級衝突也是重要的議題，但大部分的人卻不清楚。因爲種族與階級時常令人混淆：例如：治療師會假定非裔美國人配偶間的衝突與白人配偶間的衝突在於種族，但是衝突其實在於階級的不同，階級衝突存在於不同社會階級的配偶之中，或者階級衝突也能來自於配偶與自己所處的階級的衝突。

自從中產階級人數銳減，社會的貧富差異拉大，現在的美國配偶與以前每一代的配偶所面臨的壓力大不相同。我們在前面的章節中，提及社會變遷比心理上的調適更能解決問題，在本書的最後一章，我們將談一談縱使婚姻問題已相當明顯，但仍舊無法用配偶療法解決的問題。治療師的重責大任不是決定「如何」進行治療，而是「何時」進行治療。在日常生活中，有許多配偶感到壓力，因爲每一個理智的人，在親密的關係中，都應該妥協。找不出壓力的主因會使壓力更加嚴重，有時人們覺得有壓力，但又無法具體描述所受的壓力，更別說將壓力告訴配偶，接著便產生衝突，但是雙方都不知道究竟爲了什麼而爭吵。

例如：二十幾歲的配偶都非常不確定自己未來的經濟狀況，而大多數的人認爲他們的情況會比自己的父母更糟，但他們對其他事情卻不會產生不確定感。對於四十幾歲的中產階級配偶，他們對未來有信心，相信未來是安定的，並且認爲他們的未來會像父母親一樣快樂且安定。大多數與我們同年齡的人能理解第二次世界大戰後的樂觀主義與九十年代令人們覺得不安全的不確定感兩者的不同，我們是從何得知的呢？因爲我們這些中產階級的專業人士都覺得現在的生活不如以往安定，我們覺得自己在經濟的安定程度與社會地位都是不穩定的，我們或許無法成爲治療師維持生計，或者無法到大學任教，因此，我們大略知道九十年代二十幾歲的人的不確定感了。最後，人們擔心的是從安定的物質生活與崇高的社會地位淪落爲失敗的人生與匱乏的物質生活，這的確是相當嚇人的預測。

但有越來越多的人，他們不只覺得目前的生活不安定，更對父母、祖父母，甚至更久以前的每一代覺得沒有希望，這樣的想法並不令他們覺得快樂，而是讓他們覺得熟悉，來自貧困家庭的青少年的共同認爲，若想要改善自己的生活環境，就必須不顧法律，用非法的方式成爲大企業家，的確，在成爲大企業家後，不只擁有財富，還擁有崇高的社會地位。在這個社會，崇高的地位是不易獲得的，因此人們會用各種方法來取得，現在逐漸減少的中產階級，倘若他們面臨同樣的情況，也會有相同的作法。

物質生活不安定帶來的壓力與限制是相當驚人的，更別說貧窮與三餐不濟的配偶了。當配偶們需要接受治療，但卻無力償還貸款，你卻要他們彼此接納或改變自己，這是相當荒謬的。固然這可能影響配偶對生活滿意度的重要因素，但是配偶的婚姻問題卻很可能是貧窮、物質需求匱乏或個人的失敗感所造成的。治療師時常是木不見林，治療背負著沉重的經濟壓力的配偶時，竟誤以爲他們的問題在於溝通不良。

有時階級的問題會被誤以爲是種族的問題，對於種族的刻板印象與偏見都會令人難以混淆種族與階級的區別，非裔美國人的離婚率很高，這很可能是貧窮與種族歧視所導致的，並不是非裔美國人的文化不遵守一夫一妻制或缺乏配備間的約定。此外，黑人家庭中，有家庭暴力的比例高於白人家庭，配偶中有一人有較高的社會地位則例外。中產階級的非裔美國人毆打配偶的比例也會比中產階級的白人更高。

在治療時，治療師可能不需要準備太多的材料，許多可能前來接受治療的配偶，面臨貧窮的問題，除非他們遇到法律問題，否則通常不會求助於精神健康方面的專家，倘若有機會處理貧窮的配偶或種族歧視下的受害者時，很重要的是，治療師不可以將配備所面臨的經濟或社會壓力解讀爲配偶的溝通問題所造成。環境給人的極大壓力必定會影響所有的關係，因此，治療師必須有能力用具體且實際的方式來協助配偶。

Andy 與 Myrna 是非裔美國人，這對配偶住在市中心附近的貧民區，這地方四處都是毒販與罪犯，一個地方上的幫派揚言要取他兒子的性命，因此夫妻兩人對於兒子是否應向警方自首而發生口角，Myrna 非常害怕倘若有警察介入，兒子會喪命，但是 Andy 卻認爲聊勝於無，堅決地認爲應該借助警力。雖然這對配偶所討論的問題與所有配偶所討論的問題一樣，在以往都可能採用 ICT 來治療，但在這個情況下，要治療師用普通的方法來進行心理治療其實是不恰當的。

雖然我們都熱衷於 ICT，但我們也察覺並非所有的問題都可以用心理治療來解決。治療師在處理上述的情況時，有許多的選擇：其中一種方法是將問題的焦點集中於配偶雙方，在進行配偶治療時，治療師可以強調配偶雙方因爲太過保守與不協調所引起的衝突。Myrna 不信任當前的權力結構，她認爲不應該依賴警察，依照街頭幫派的規則反而較好，但 Andy 縱使認爲政府機構對他們沒有任何幫助，但是他僅管他十幾歲也曾吸過毒，但他現在有工作，他仍相信與當前的主流文化一致是最好的選擇。治療師其實可以辨別這兩種完全不同的想法，以及各別的缺點，但是當他在治療這樣的配偶時，卻完全無法察覺。當自己的小孩可能被殺時，在這種情況下，父母最常見的反應是驚嚇，產生婚姻的衝突也是很自然的。

治療師的第二種選擇是與配偶一起腦力激盪，並建議他們可能的解決之道，用直接的方式幫助配偶處理危機。雖然配偶治療對配偶的未來有幫助，但對於求助治療師的貧窮配偶或面對種族歧視的配偶，具體的協助才是渡過危機的方法。但倘若治療師決定採用這第二個方法，他最好了解該如何進行治療，這也指出第三種選擇，即治療師必須知道自己的不足，需要時必須徵詢其他治療師的意見。

Myrna 對警察的觀感與心理病理學中有關權威的議題無關，她有理由懷疑警察是否願意與是否能夠救她兒子的性命。知道何時該請教別人也是門學問，在上述的情況中，治療師要請教的對象是熟悉市中心附近貧民區的文化的人，並了解各個團體機構的互動，以及這些團體與整個文化的互動。治療師在面對這些情況時，最常犯的錯是依照自己的經驗做假設，彷彿自己是神通廣大的專業人士，治療師還會假設有生命危險的是自己的孩子，他會怎麼做，並建議病患採用這種方法，倘若治療師無法察覺到病患的社會階級與經濟階級，那在向其他人請益之前，不可以有任何治療行為。治療師當然必須要知道該請教哪些人，所有的配偶治療師都必須有足以應付類似上述偶發的情況的計畫。

在前述 Andy 與 Myrna 的例子中，治療師請某位團體的領導人加入治療，這位領導人同樣是某方面的專業人士，只是沒有很高的學歷，治療師與他一同協助病患。藉由這位非裔美國人的團體中的領導人與此次危機有關的團體進行溝通，最後也不需要警方介入。當父母與兒子都確保平安之後，又得注意到另一個問題，他們得處理才十幾歲的女兒懷孕的問題，他們的女兒必須決定是否要墮胎，但她卻不想與父母討論。倘若她覺定生下孩子，那她便得考慮房居住、補助與產前照顧的問題。治療師又能力協助她做決定，還可以集中她的家人一起處理這個問題。最後，處理完這個危機使她與配偶的溝通獲得改善，這對非裔美國人配偶感謝治療師的協助，並認為不需要再進行治療了。

由階級所引發的問題中，還有另一個值得一題的問題，那就是中產階級的人對經濟不穩定感到有壓力，他們發現自己的工作可能與所受的訓練不同。治療師對於這種從中產階級下滑至下層階級的恐懼，應該會感同身受，因為這是所有心理治療師團體中的專業人士的共同心聲。只有在治療師了解這些壓力是平常的，而且是自然而然的之後，ICT 對於這樣的情況才會有幫助，特別是裁員的時代，中產階級的特權真的可能被取消，關於這種情況，還有許多配偶衝突的例子未被揭露，首先，對於經濟復甦的重建計劃是否感到壓力，壓力不一定像危機發生前所預期的那樣嚴重，但配偶至少會對這個計畫是否能解除眼前的憂慮感到有壓力；第二，配偶不承認自己有挫敗的感覺，轉而對其它可以理解與接受的事物產生不理性的忿怒；第三，配偶中，對於被期許能提供婚姻安定感的配偶的責備，卻從未被說出：若這些問題仍是模糊的，經濟能力不佳的配偶則被認爲不能提供足夠的支持，這是失望的另一半所生氣地否認的。對於配偶的互動方式是可以重新塑造的，ICT 對於這些配偶是很有效的；然而對於有經濟問題困擾的，仍必須認知與處理一些真實且待解決的問題，再次強調，倘若治療師對於解決階級重整相關的問題或避免這些問題尙未準備完成，請教他人或許更有效。無論解決之道爲何，治療師願意直接解決現實世界中的壓力是相當重要的：改變會比互相接納更重要。

簡言之，了解何時該由 ICT 的臨床模式轉移至社會經濟問題解決的模式的治療師，會比用同一種心理治療法來解決所有問題的治療師，對於處理階級問題的衝突更有影響力。在今天，治療師必須扮演多重的角色，當社會變得越來越不安全，以及富有與貧窮兩極化的持續擴大，倘若我們希望治療師對病患是有幫助的，我們最好準備好如何解決這些問題。

相關名詞的多樣性

之前我們提及，在文化、種族、階級、性別與性傾向中，其實各有其多樣性，而且這些多樣性不亞於不同群體間的差異，倘若多樣性發展到了極點，我們必須適時地決定爲這個現象取名稱。在近幾十年來，「多樣性」（diversity）被用於區別不同的種族、性別，甚至差別更小的性傾向，但它卻很少用於階級的區別。在婚姻與家庭治療中，也有越來越多對於「跨文化」（cross-culture）與「跨種族」（cross-ethnic）的討論，但是由少數相關的研究證明，對於這些問題的注意卻是外表重於實質，然而，我們將「階級」(class）加入整個議題，這顯示整個問題中各種多樣性的關連性。在文獻上，人與人，配偶與配偶之間有許多因素會造成彼此的不同，一個人選擇界定相關連的變數時，這些變數必須像其它事一樣，從環境中所存在的可能性做檢驗。

例如：對辛普森案的判決的反應引發美國人對種族分歧的重視，用更通俗的話來解釋 James Carville 的話就是「都是種族惹的禍，笨蛋！」權威人士也爲此爭論不休。非裔美國人認爲辛普森是無罪的，然而大都數的白人都認爲他有罪。然而，我們覺得最有趣的差異在於白人與非裔美國人的女性主義者，因爲女性主義的團體卡在種族與性別兩項議題的交叉點，這使她們必須決定忠於哪一方。非裔美國人的女性主義者傾向強調「種族」，以及籠罩美國各個機構（包含警察機關）的種族主義，她們慶祝這項判決，然而白人的女性主義者都將此事件視爲對女性的暴力（violence against women），以此爲主要的議題，並認爲此項判決是扭曲事實。

這個例子顯示，每個人所考量的多樣性是會改變的。黑人社會中，種族是首要議題，然而在白人的社會中，女人關心的是性別議題，種族與性別通常可以被包含在一個更上位的「多樣性種類」，或被稱爲「階級」，然而，有些人可能會想到另一個多樣性的種類。

查明究竟是怎樣的多樣性，這個問題必須由特定的治療群體去尋找解答。在 ICT 中，我們見到許多配偶的「多樣性」，在進行配偶治療時，我們也相信這些多樣性比這一章所討論的更重要，對我們而言，認知多樣性不只是對文化、種族、性別、性傾向及階級感到敏感，還代表能採用功能分析的角度，這代表在治療每一對配偶之前都是由原點開始，每一個功能分析並不假設配偶來接受治療的原因。治療師甚至認爲：配偶來接受治療的原因是由功能分析判斷的，而我們也準備好依據特殊的分析結果來調整原先設計好用來處理婚姻不幸的任何規則。功能分析的角度假設有無限的多樣性：倘若治療師嚴肅地看待這樣的角度，便能接受種種不同的情況。治療師雖然可以事先知道每個群體的差異，但實際的判斷仍需依據每對配偶的特殊情況。

第 11 章

整合性婚姻治療（ICT）的特殊問題與考量

在本書的最後一章，我們要談談在前幾章尚未提及的幾個重要議題，因爲我們已經介紹過基礎的整合性婚姻治療（ICT），我們可以不管理論的不同，轉而討論幾個與治療配偶的治療師實際臨床的相關議題。

家庭暴力的評估與治療

治療配偶與家庭的治療師常將「家庭暴力」（domestic violence）視爲一個特殊的領域，因爲他們認爲治療家庭暴力，不需具備專業知識（Bograd，1992），例如：Jacobson 與 John Gottman 曾合作研究家庭暴力的問題，並成立許多「治療家庭暴力」（treatment of domestic violence）的工作坊。Jacobson 的配偶治療工作坊的聽眾與 Christensen 的聽眾截然不同，Christensen 的聽眾大多是治療配偶與家庭的治療師；而 Jacobson 的聽眾多半是「專業人士」（specialists），例如：宣導員、收容所的工作人員、負責輔導施暴者的人員、警察、律師、以及支持女性主義的治療師。最近，一位與我們共事的治療師說：「我再也不去家庭暴力的工作坊上課了，因爲它的資料與我所做的配偶治療完全無關」。

婚姻與家庭治療的研究計劃通常不提供對家庭暴力的評估訓練與治療

訓練，因此，大多數治療配偶的治療師都缺乏技巧，當丈夫是施暴者時，都無法偵測並評估施暴者將構成的傷害，並爲配偶進行安全規劃與危機調解。然而，這些技巧正是所有治療配偶的治療師所必備的，因爲前來尋求治療的配偶中，有將近 50%在前來接受治療的一年前，曾受到肢體攻擊（O'Leary, Vivian & Malone, 1992），此外，前來尋求治療的配偶，有些雖然不是在前來接受治療的一年前發生肢體攻擊，但是他們的婚姻多半都曾有過肢體攻擊的問題，（O'Leary et al., 1992）。肢體攻擊的比例會攀升，主要是因爲治療配偶的治療師無法在治療有家庭暴力的配偶時，發現正在進行的暴力行爲。治療師無法偵測到家庭暴力的原因很多，首先，倘若讓配偶填寫的問卷中沒有主動提及家庭暴力，配偶們也不會說，特別當夫妻兩人一同接受治療時更是如此，因爲妻子怕丈夫會報負，因此不敢說出自己所受的家庭暴力；第二，僅管產生肢體攻擊（physical aggression），有些配偶卻不認爲它是個問題，也不想張揚（O'Leary et al., 1992），當肢體攻擊的程度不嚴重或傷害不大時更是如此。在這一章，我們將討論偵測家庭暴力的方法、評估家庭暴力危險性的方法，並爲配偶進行安全規劃，我們也會討論配偶治療在治療家庭暴力過程中所扮演的角色。

偵測家庭暴力

即使受虐婦女是具有自主性的，也能報告所受的暴力而不怕立刻被丈夫發現，她們還是不願意說出自己所受的家庭暴力，因爲她們害怕縱使治療師不告訴她的丈夫，丈夫總有一天還是會發現。此外，她們以前可能有過求助於專業人士的慘痛經驗，因爲治療師、警察、律師、法官以往都不注意受虐婦女的抱怨，雖然這些團體近幾年來已開始注意這些問題，但是前來接受治療的病患，仍帶有過去不愉快的回憶（Dutton, 1995; Holtzworth-Munroe et al., 1995）。與臨床諮商相比，家庭暴力的受害者藉由問卷更能檢查出自己所受的家庭暴力，因此，我們會將衝突策略量表（Conflict Tactics Scale, CTS; Straus,

1979）納入評估家庭暴力的方法中，請配偶先完成該問卷，再與治療師進行第一次的諮商。

雖然衝突策略量表（CTS）對於評估家庭暴力的作用與影響的成效不大（Jacobson, 1994），但它仍是相當不錯的篩檢量表，因爲它提供一套可靠且有效的方法，可以斷定是否曾發生過肢體攻擊，倘若這套篩檢量表顯示曾發生過任何肢體攻擊，治療師就必須單獨與妻子進行面談。

有許多威嚇因素會阻礙妻子說出所受的暴力，因此，治療師必須循序漸進地與她進行口頭上的確認。治療師一開始的問題與詢問其他人的方式相同，必須先試著評估婚姻不愉快的程度、兩人對目前關係的承諾、目前引起衝突的事情、以及配偶兩人解決衝突的方法。一旦開始評估配偶兩人解決衝突的方法，接下來治療師便必須詢問產生爭論之後所發生的事，治療師可以要求妻子描述最近一次產生爭論的情況；接著，治療師可以詢問妻子，在她的記憶中，與丈夫發生過最嚴重的一次爭論的情形，倘若妻子無法主動說出她在該次爭論時被毆打的情形以及她的情緒反應，治療師必須主動問清楚。以下例子是 Jacobson 針對可能是受虐婦女所設計的一系列的問題，藉由這些問題可以偵測婦女是否受到身體或心理上的虐待。

治療師：當 Tom 生氣時，他會怎麼做？

病患：他會大聲說話、罵人，還會大叫我的名字。

治療師：妳與他發生爭執時，是否會覺得害怕？

病患：會，我時常覺得害怕。

治療師：當人們生氣時，他們有時會大叫與推人之類的，你是否遇過這樣的情況？

病患：我想是有的！雖然我也會推他，但我對他的傷害不及他對我所造成的傷害。

治療師：他有過比推妳更惡劣的行為嗎？

病患：有，他打我好幾次了。

判定危險的程度

倘若發生上述對話中所提及的暴力行為，治療師便必須評估整個情況對夫妻兩人的危險性。詢問的過程如下：向妻子確認丈夫的暴力對她的影響；這種情況持續多久了；暴力事件發生的頻率是多少；暴力事件的嚴重程度；暴力的程度是否有改變。有許多「危險訊號」（red flags）都暗示以後可能會產生嚴重的傷害，這些危險訊號包含：過去曾有嚴重的暴力行為；夫妻中有任一人過去曾經受傷；暴力行為還包含性暴力；暴力事件還與毒品與酗酒有關；過去曾受到被殺害的威脅；以及夫妻中有任一人過去曾試圖自殺。當施暴者不只對另一半有肢體暴力，還對她施以精神上的暴力，這種施暴者的危險性更高，例如：丈夫將妻子視為他的財產、或者整天都離不開妻子身邊、跟蹤妻子、想將她與其他人隔離、甚至不惜被關進牢裏，一切就為了滿足他的占有慾。即使兩人分居後，施暴者仍會進入配偶的住處，騷擾她的家人，卻不承認自己的暴力行為所造成的傷害，或違反禁制令，就為了表示自己有權控制妻子，這樣的施暴者是很危險的。倘若在評估家庭暴力的過程中，發現這些危險訊號，治療師必須先暫停評估的工作，改而先確保妻子的安全。

在開始進行安全規劃前，治療師必須對配偶雙方的安全表達嚴正關切，因為配偶雙方都不願張揚家庭暴力的事，治療師若想有效地完成安全規劃的階段，他們必須對配偶表示關懷與同情，同時還要有敏銳的感受力。因此，我們必須相信受虐婦女所說的話，而不是懷疑其真實性，我們應該教導她們，發生暴力事件並非她們的過錯，終止暴力行為的責任全是丈夫該承擔的。很重要的是向她們澄清家庭系統理論的概念，因為這些概念會讓她們誤以為暴力行為是她與丈夫的婚姻互動不佳所造成的。除了暴力之外的所有婚姻問題，都必須等治療師確定受虐婦女是安全時再進行討論。

安全規劃

治療師在必須試著同時達到以下兩個目標：首先要確保妻子的安全，第二，加強她照顧自己的能力，如此她才能自保，因此安全規劃階段特別仰賴治療師的策略。有了有效地達到這兩個目標，治療師必須知道受虐婦女可以求助哪些社會資源，例如：治療師必須知道有哪些政府機構、收容所與法律途徑可以保護受虐婦女的安全？治療師也必須知道受虐婦女除了治療師的協助之外，還可以借助哪些資源？她能獲得家人、朋友與專業人士的支持嗎？她還需要當地收容所的電話號碼，治療師還必須鼓勵她在需要時打電話求助。很重要的是，治療師必須提供受虐婦女法律途徑，例如向她解釋像是「強制逮捕」（mandatory arrest）與「保護令」（orders of protection）這些法律名詞，以備不時之需。當然這一切的前提是治療師熟悉這些社會資源與宣導團體，了解法律，並知道這些資源與法律途徑能提供受虐婦女多大的保護，最理想的情況是婚姻與家庭治療師本身受過宣導的訓練，一旦他察覺到婦女遭受暴力，那他基本上能立即進行這方面的宣導。

但是安全規劃的重點還是在於計畫本身，每個安全規劃都必須依照妻子的特殊情況而有所不同。倘若受虐婦女不能察覺情況的危險性，那我們必須訓練她們必須被訓練的警覺性。但是，較常見的情況是受虐婦女本身已經能察覺情況的危險性，反而是治療師必須培養對高度危險的情況的警覺性，如此才能幫助受虐婦女想方法自保，還知道哪些情況暗示即將發生危險。一旦規劃出一套逃離的計畫，治療師與病患必須口頭上進行演練，使這個計畫無論在配偶住處內外的任何地點都能發揮功效。我們必須提醒受虐婦女準備一個「急救包」（safety package），並將它放在一個安全的地方，以利她在必要時能快一點離開，這個急救包裏面必須有衣服、現金、重要的文件、以及一份書面的逃離計畫。將急救包放在住處外，請親戚或朋友看管也是一個好方法。

無論安全規劃的細節是什麼，整個規劃的過程是一場治療師與病患的腦力激盪，而不是治療師個人的演講，整個過程的目標不是單純告訴病患如何確保安全，更要培養妻子照顧自己的能力。

倘若安全規劃的結論是妻子必須求助於治療師之外的資源，很重要的是，治療師仍要與她保持聯絡，以確保她繼續受到照顧。訂出一個計劃與將它付諸實行是完全不同的過程，在成功地完成規畫之前，可能有過多次失敗的嘗試，因爲若想實現計劃，就要準備改變與檢討整個計劃。倘若妻子成功地離開丈夫，仍舊需要一些配套措施，因爲女性在離開丈夫之後，通常面臨極大的危險。當妻子覺得有許多因素阻礙自己離開丈夫，治療師必須檢視這些阻礙因素的真實性，有些阻礙因素的確令她無法離開丈夫，但有些阻礙因素單純只是妻子的錯覺，就一個有創傷經驗的受虐婦女而言，難免有錯覺。當受虐婦女考慮是否要脫離這段受虐的婚姻關係時，她們都不想受到虐待，寧可回到單身生活，但是她們又害怕被跟蹤與受到肢體傷害，害怕小孩受到池魚之殃，也擔心在離開丈夫後必須面臨的經濟負擔，這些實際阻礙受虐婦女脫離目前的婚姻關係的因素，都是治療師必須考慮的。另一方面，有時女人選擇留在丈夫身邊，因爲她們認爲自己活該受到這些暴力，或誤以爲自己在離開丈夫後無法生活。所有的阻礙因素，無論是真是假，治療師與受虐婦女都必須仔細地進行討論，倘若這些阻礙因素只是藉口，便不需理會。治療師要做的是與病患進行討論，而不是將寫好的處方遞給病患而已。在所有的步驟中，病患的無助感與憂鬱症感不應該轉移到治療師身上，同時，在安全規劃的過程中，治療師不應該用高高在上的姿態來幫助受虐婦女，因爲這種態度會令她回想起丈夫對待她的態度。

書面文件的重要性

治療師必須記錄所有病患所遭受的暴力事件，因爲倘若丈夫是施暴者，便極有可能會產生造成傷害、謀殺與自殺事件，治療師必須格外地關切這種情形；此外，書面記錄也是很重要的，因爲受虐婦女常常是與外界隔離的，所能接洽或求助的資源很少，因此知道妻子所受的家庭暴力的人可能只有治療師，因此治療師的隨筆記錄就成爲暴力唯一的有效記錄，這些都是接下來進行的刑事與民事程序的重要資料。

配偶治療在家庭暴力中的角色

接受配偶治療是否意味著配偶發生家庭暴力，對於這個問題仍是有許多爭議。治療施暴案例的宣導團體與專業人士都將配偶治療視爲禁忌（例如：Kaufman, 1992; Meyers-Avis, 1992; Pence & Paymar, 1993; Walker, 1995）。相反地，任何學派的學者，縱使是女性主義者的關點，也傾向對施暴者與受虐婦女這樣的子群體宣導配偶治療（Goldner et al., 1990）。

當我們在界定配偶治療在治療家庭暴力的過程所扮演的角色時，首要的工作是分辨「施暴」（battering）與「非暴力的肢體攻擊」（physical aggression without battering）的不同。「施暴」可從形式與作用兩個方面加以界定；此外，對於施暴的定義其實很模糊，因此我們是依據最嚴重的施暴情形來界定何謂施暴。當婦女因暴力而受傷，這很明顯是施暴；當男人摑女人耳光或用拳頭揍女人，這也算是對女人施暴。然而，當口頭上的爭執演變成推擠，但卻沒有肉體上的疼痛或傷害，這是否算是施暴？每個人便有不同的看法。我們只從暴力的嚴重程度來判斷其是否算是施暴，其中隱藏了一個缺點，那就是我們忽略了施暴的主要特徵，即施暴的作用在於藉由真正的暴力行爲、暴力的威脅或暴力的前科記錄來控制另一個人，換言之，施暴不是單純的肢體攻擊，它是另有目的的，施暴的目的在於藉由暴力來控制、恐嚇，甚至是征服另一個人，當暴力造成傷害，或妻子對丈夫濫用暴力感到害怕時，我們可以確定這就是施暴。

有許多婚姻不合諧的配偶面臨的是程度相對較低的暴力，沒有人受傷，妻子也不怕先生。即使在這些情況下，有可能會發生肢體攻擊的危險行爲，例如有人受傷之類的，也不算是施暴，因爲這些情況缺乏恐懼、控制或傷害的特徵。當產生稱不上是施暴的肢體攻擊時，這種暴力行為同樣是另有目的的，從古典制約的角度來看，暴力行為是對挫折的反應，藉由此種反應可以降低挫折感；暴力行為也可能是配偶情緒與肉體上對於虐待的反擊。

倘若發生不嚴重的暴力事件，也就是我們所說的肢體攻擊，而沒有施暴的情況時，如同治療其他配偶問題一樣，我們會採用配偶治療法，然而，我們仍建議在「沒有暴力」（no-violence）的前提下進行 ICT，因為即使是不嚴重的暴力也可能造成傷害，因此，在 ICT 的過程中，決不容許發生暴力事件。治療師可以在回饋的時段向配偶灌輸這個觀念，並告訴配偶們必須遵守這個約定，以利治療能順利進行。建立約定除了能先訂好該遵守的規則，治療師也可以免除擔任像是警察那樣的責任，因為治療師具有警察的功能與 ICT 是不相符的。所有可能的突發事件都應明確地記載在約定之中，倘若違反這份無暴力的約定（no-violence contract），無論理由是什麼，都代表治療師必須先中止配偶治療，其次，治療師所認定的施暴者必須先接受個別治療。因此，倘若需要中止配偶治療，必須先建立雙方的責任感與一些配套措施。這份約定必須明確聲明怎樣才算構成不良的後果，治療師在每一個治療的階段，也必須確定配偶都遵守這項約定。

完善的約定一般不只是列出中止治療的理由，還列出配偶為了避免高度危險的肢體攻擊情況所能採取的措施，例如：當配偶中有任一方察覺到情況危急，便可採用「隔離」（time-out）的措施（Holtzworth-Munroe et al., 1995）。同樣地，對於何謂高度危險的情況也應有統一的界定。

等到配偶都遵守約定，便可以繼續進行 ICT。配偶治療實際上是治療不含施暴的肢體攻擊（physical aggression without battering）的最佳療法；此外，倘若配偶只發生過不嚴重的暴力行為，而且過去被排除於配偶治療之外，那他們便用不著配偶治療，因為大多數會前來接受配偶治療的人，至少都曾發生過不嚴重的肢體暴力（O'Leary et al., 1992）。如同我們前面談到的，倘若我們的主張稍嫌誇張，那是因為許多婚姻與家庭治療師針對肢體攻擊的評估往往是不正確的，結果他們沒有察覺他們正在治療的是有肢體攻擊行為或受肢體攻擊傷害的配偶。

有施暴情形的夫妻往往將配偶治療視爲禁忌，一般而言，在異性戀的關係中，施暴者大多是男性；但是由 Straus 與 Gelles 於 1990 年所進行的全國調查，卻持有不同的主張，其調查結果顯示男性施暴者與女性施暴者的比例大約相同。然而，如同 Vivian 與她的同事（O'Leary et al., 1992）、Stets 與 Straus 於 1990 年的發現，女性比男性更可能成爲肢體暴力的受害者；另一項重要的發現是只有男人才會將暴力當做有效地控制配偶的方法（Jacobson et al., 1994）。僅管時有例外，但施暴很明顯是男性在婚姻中，求愛時與分手後會有的行爲，即使女性因爲家庭暴力被逮捕時，她們也不是施暴者，他們之中有三分之二是受虐婦女，而其餘三分之一也不會將暴力做爲控制配偶的方法。（Hamberger, 1995）

我們不對施暴者進行配偶治療的原因之一在於治療可能會升高暴力的危險性。有些配偶減少所有可能發生衝突的機會，希望能避免發生暴力，然而，像是 ICT 的配偶治療卻是強迫配偶在固定的時候解決彼此的衝突點，因此非常可能產生暴力事件；此外，配偶治療認爲配偶雙方都必須爲施暴的行爲負責任。最後，無論治療的方式爲何，無論治療師如何強調施暴的行爲是不被容許的，整個治療的架構都與治療師的治療方式與所說的話唱反調。配偶治療要求配偶雙方都必須爲施暴的行爲負責，這代表受虐婦女也是製造問題的一份子，但是暴力行爲應該是丈夫自己應負的責任，因此，配偶治療的模式，不只使受虐婦女爲暴力事件感到自責，也讓治療師容易相信丈夫解釋自己暴力行爲的片面之詞。在暴力事件中，施暴者大多認爲妻子應該受到責罵，因爲她們喜歡批評，又看不起人，使得他不得不對她拳腳相向。乍聽之下或許會認爲丈夫是對的，但是，施暴其實與妻子的言行並無多大關連。最後，整個配偶治療不只讓受害者接受責難，還無力終止暴力行爲（Jacobson et al., 1994）。

因此，在治療施暴者與受虐婦女時，配偶治療成爲一種禁忌，它不只會造成危險，還有可能是不道德的治療方式。當施暴者與受虐婦女前來接受治療時，我們會拒絕他們，並在回饋的時段向他們解釋爲何不爲他們進行治療。我們會建議丈夫接受個別治療，這是特別設計用來終止暴力的療法，倘若妻子也希望接受治療，我們也爲她們提供治療，同時也進行宣導與提供支持，倘若丈夫承認自己製造問題，也同意接受個別治療以解決問題，這就是終止暴力的第一步；倘若丈夫拒絕接受個別治療，並否認自己的暴力行爲所造成的傷害，如此一來，不止無法終止暴力，問題還會惡化（Jacobson, Gottman et al., 1996）。因此，在治療中，治療師必須準備好向受虐婦女進行宣導。

對施暴者進行個別治療或團體治療不應被視做萬靈丹，因爲目前仍無法證實現有的療程能有效地治療施暴者（Holtzworth-Munroe et al., 1995）。一般以爲那些中途退出治療的施暴者應該比完成團體治療的人更危險，因爲他們不只中途退出，更因爲他們大多是有失業或酗酒問題的施暴者，但是，最近的研究顯示施暴者在完成團體治療之後，再犯的機率與中途退出治療的施暴者是相同的。此外，只有少數的證據能證明心理治療比直接逮捕施暴者更能降低犯罪率，因此，我們不能保證個別治療就能解決問題，事實上，當丈夫開始接受治療時，反而可能令受虐婦女面臨更大的危險，因爲她們被一個看似安全的假象所蒙蔽，她們以爲丈夫已開始接受治療，便放心地從收容所搬回家。

我們要牢記的是心理治療不一定能解決所有的問題，施暴應該是犯罪司法體系所要處理的問題，而且絕大部分是公共衛生問題。施暴者是罪犯，不是病患，逮捕他們、進行審判與處罰是例行的程序，不會因爲施暴者是否願意接受心理治療而有所改變。倘若施暴者自願接受治療，而不是將心理治療當做逃避牢獄之災與罰款的方法，那是最好不過的；然而，倘若真的發生犯罪事實，心理治療不應被當做法律制裁的替代管道。倘若丈夫縱使知道他必需接受法律制裁，卻仍願意接受心理治療，這最起碼代表他願意爲暴力承擔責任。倘若暴力已經終止，配偶治療在未來還是可以繼續進行，而有時候，暴力的確是終止了。

婚外情

我們在工作坊最常被問到： ICT 能解決婚外情的問題嗎？我們都希望在離開工作坊之前，不要遇到這樣的問題，因爲真的很難回答這樣的問題，幫助配偶處理婚外情的問題已經很難，更別說是將問題處理得相當完美。雖然有些統計顯示婚外情其實是常態，而非配偶在大多是配偶們離婚的主要原因，而且很少有例外（Pittman && Wagers, 1995）。然而卻沒有可靠的統計顯示前來接受治療的配偶中有多少人是有婚外情的，我們認爲長期不合的配偶突然決定要分居，由此便可研判有第三者介入，特別是只有其中一方提議分居時更是如此。

治療師在處理這樣的問題時面臨許多的困境，首先，有婚外情的人一般都不想告訴配偶或治療師，因此，治療師在治療時也不知道婚外情的細節；第二，當婚外情持續時，配偶治療是不可能成功的，特別當婚外情是椿秘密時，因爲外遇的一方將精神全集中於新的關係上，來接受治療時只是敷衍了事，欺騙的行爲只會讓問題更嚴重；第三，倘若外遇的一方決定承認自己有婚外情，往往會製造出更大的危機，像是分居或離婚。

在 ICT 中，我們的立場與 Jacobson 和 Margolin （1979）所建議的不同，傳統行爲療法對婚外情的立場是先暫停治療，除非婚外情停止，但是我們不再認爲這種立場是合理的，因爲這樣一來，外遇者便不敢揭露自己的婚外情，婚姻會繼續不合，治療師也不可能幫助他們改善婚姻問題。此外，揭露進行中的婚外情，雖然會發生危險，但這的確是改變兩人關係的第一步，但是， ICT 只有在揭露婚外情之後，才提供協助。

因此，倘若我們在進行個別治療的時段發現進行中的婚外情，我們在回饋的時段會強烈地建議他們在治療師面前說出來，這提供治療師一個調停的機會，可以運用前幾章介紹的方法，試著讓配偶們彼此接納，並有所改變。雖然這與 ICT 對婚外情所採取的立場是不一致的，但我們認爲「接納工作」（acceptance work）的確能中止婚外情。相反地，當外遇者拒絕揭露自己的婚外情，或者治療師堅持要在婚外情終止後才進行治療，這些作法不僅無法解決問題，反而會讓婚姻更悲慘。

我們在個別評估時段中，對於外遇者透露的訊息所採取的立場與我們一般對配偶治療所採取的立場是一致的，因爲即使當我們進行的是個別諮商，我們仍舊在爲配偶治療做準備，因此，我們必須對配偶雙方負責，雖然我們不會洩露外遇者的秘密，但是倘若說出秘密對治療有益，我們會鼓勵配偶說出來，甚至當外遇者拒絕揭露秘密時，我們可以拒絕治療。

倘若配偶在個別治療的時段揭露自己的婚外情，我們會鼓勵他或她在回饋的時段再說，倘若配偶拒絕這麼做，我們雖然不會加以強迫，但是我們也不會爲其隱瞞，因此，我們會選擇拒絕治療有隱情未揭露的配偶。此外，我們要求外遇者在回饋的時段向他或她的配偶解釋爲何自己不想進行配偶治療，我們讓外遇者自行決定需要揭露多少細節，而治療師在這個階段也必須隨時準備好提供協助，但是除非婚外情的秘密被揭露，否則不要繼續進行治療。

外遇者同樣有權選擇終止婚外情，除非他與第三者是同事，否則終止關係就代表不再聯絡。倘若外遇者選擇終止婚外情，他也必須與配偶商量，因爲配偶可以要求外遇者如何證明婚外情已經終止，其中包含向第三者進行確認。我們常建議配偶共同寫一封信給第三者，向第三者解釋自己已經選擇接受配偶治療，不會再與他或她有任何聯絡了。一般說來，治療師會幫助配偶們撰寫這封信，這是幫助配偶們恢復情感的方法，讓配偶們一起寫這封信通常也是很好的方法。

倘若外遇者願意向配偶揭露自己的婚外情，無論這段婚外情是正在發生的或是過去的往事，治療師都應該像 ICT 的方法一樣，向每一位配偶提供協助。要牢記的是我們在 ICT 中，藉著培養同情與關懷的氣氛，鼓勵配偶們將衝突點提出來一起討論，無論背叛或不信任的感覺有多麼痛苦。我們努力矯正外遇者的負面行爲，無論他們過去或現在的行爲如何，我們在溝通時都不用責備的語氣或採取強迫的立場，即使我們認爲某些行爲是難以接受時，也是如此。

因此，僅管外遇者的配偶會指責他們爲何會外遇，還故意隱瞞，但我們可以理解爲何配偶有此反應，但我們保護外遇者的方式是不責備他們，我們所提供的保護方式是在配偶揭露自己的婚外情時，能表示外遇單純是雙方差距過大所導致的，外遇是試圖逃出兩人婚姻生活牢籠的錯誤選擇，同樣地，我們也協助受害者表達出此刻以及在過去，心中對於配偶外遇所承受的痛苦。

例如，Scott 在治療時段向 Emily 坦誠他曾有過外遇，雖然他剛來接受治療時表示他想同時維持目前的婚姻以及婚外情，因爲他認爲兩者並不相關，但在個別治療的時段，藉由治療師的鼓勵，他決定終止這段婚外情，並向 Emily 坦誠他外遇的事，於是，他在回饋的時段告訴 Emily 這件事。外遇的事一旦被揭露，夫妻兩人的關係便陷入極大的危機，在這段期間內，兩個人一週只見面兩次，在見面的時候，治療師試著突顯 Emily 脆弱的特質，以及激起 Scott 的罪惡感與羞愧，同時，治療師還協助兩人一同寫分手信給第三者。當兩人一同試著拉進彼此因外遇而疏遠的關係時，這樣的分手信算是一種「統一分離」（unified detachment）。

當婚外情終止時，而這封分手信也已經寫好，Scott 與 Emily 兩人轉而對兩人以後要如何繼續生活在一起而爭吵。Scott 希望獲得 Emily 的寬恕，因爲他畢竟放棄了這段婚外情，此外，Emily 仍舊對他抱持不信任的態度，這也令他感到生氣。另一方面，Emily 希望 Scott 能更加懺誨自己的行爲，此外，Scott 要她不要再有被背叛的感覺，這是令她覺得生氣的。透過結合加強親密度（intimacy-enhancing）與學習容忍（tolerance-building）的接納練習，治療師幫助 Emily 培養對 Scott 的同情心，畢竟他試著將過去拋在腦後，要他每天都想到妻子對她的懷疑與不信任，難過的心情是可以理解的。同時，Emily 因爲丈夫外遇而有被背叛的感覺，這也不是她願意的，她也無法告訴 Scott 何時能重拾對他的信任，因此，治療師必須幫她改變不信任的想法，並教她將不信任的感覺說出時能用不帶責備的語氣，如此一來，便可軟化 Scott 的態度。在這個例子中，Scott 態度軟化代表能展現包容，並代表他能對 Emily 表示同情，的確，Emily 一定寧可自己未曾有過被背叛的感覺。現在，在揭露婚外情之後，配偶兩人開始爭扎該如何繼續兩人生活，甚至是該如何體會彼此對外遇無可避免的人性反應。Emily 漸漸地接受 Scott 的暴躁，Scott 也較能接受 Emily 無可避免的不信任感，當她以妥協來獲得丈夫的耐心，而他也以妥協來獲得妻子的信任，最後，丈夫變得更有耐心，而妻子也對丈夫更加信任。

這個例子展現處理婚外情的技巧，其中有些與傳統婚姻行爲療法（TBCT）是完全相反的。TBCT 並無法解決不信任的問題，因爲不信任只是一種經驗，並不是能解決的問題或能擺脫掉的問題；它也不能藉由行爲交流（BE）的練習來解決。透過接納工作，我們可以促進配偶雙方的親密程度，至少也能讓雙方更能容忍彼此，而這些問題正是令七〇年代與八〇年代的治療師都束手無策的。

最後，要注意的要點是，當我們所處理的婚外情問題已經是過去的事，我們所要採用的策略又完全不同了。倘若婚外情已經是過去的事，這表示第三者已無法介入配偶兩人的生活，這時，我們便不鼓勵外遇者將這段經驗說出。在這類的例子中，揭露婚外情只會徒然增加受害者不必要的痛苦，對於兩人的關係也毫無益處。我們其實不鼓勵配偶隨時將自己所有的錯誤行爲都公佈出來，或時時回溯自己的錯誤行爲。所有的配偶都會有些秘密不想讓配偶知道，配偶因此無法對彼此所經歷的事都瞭若指掌，但這其實是件好事，倘若在婚姻關係中，夫妻對彼此都瞭若指掌，那兩人關係便會枯燥無趣，兩人也會覺得痛苦。而過去的外遇對兩人目前的關係並無相關，因此外遇的配偶最好將這件事埋藏在心理，因爲婚姻中並無絕對與完全的誠實。

治療酗酒與藥物濫用者的特別考量

大多數在婚後有酗酒與藥物濫用問題的人都有配偶問題，有時配偶問題造成酗酒與藥物濫用的問題，但有時配偶問題是隨著酗酒與藥物濫用而來的，無論如何，配偶治療的確在治療酗酒與藥物濫用者的整體計畫中扮演重要的角色（McCrady & Epstein, 1995）。僅管我們不相信配偶治療能完全解決酗酒與藥物濫用的問題，但配偶治療的確可以是個別治療之外，一項有價值的輔助治療。

我們所採用的方法常是由其他的專業人士來治療病患的酗酒與藥物濫用問題，我們只需專注於配偶之間的問題。意即只要在個別治療或團體治療時，有專業人士治療酗酒與藥物濫用的問題，ICT 的治療師便可以將重心擺在配偶關係的議題上。這種方法可以讓治療師避免陷入兩個陷阱：一是試圖將所有病患都規爲一大類，一是想要「監視」藥物濫用者的行爲。

倘若治療配偶的治療師試圖同時解決酗酒與藥物濫用的問題以及婚姻問題，難免會將那麼將酗酒與藥物濫用者視爲婚姻問題的製造者，但是從 ICT 的角度看來，除非是家庭暴力的例子，否則配偶治療中的配偶並沒有完全相同的類型。然而，酗酒與藥物濫用的問題仍舊是有待解決的問題，因此我們透過有系統的療法，由另一位專門治療酗酒與藥物濫用問題的治療師來解決這方面的問題，如此一來，配偶治療師便不需要處理這些問題，就像治療其它 ICT 的例子一樣。毫無疑問地，我們會討論藥物濫用的問題，但它只有當是所討論的主題中的範例，或是極化過程或彼此牽制中的一部份。

雖然我們不是治療酗酒與藥物濫用的專家，但是最近進行的的一些治療法多少包含一些監視病患的作用，匿名戒酒會（Alcoholics Anonymous, AA）是很好的例子。此外，治療上癮行爲的方法中，也有直接的方式，但它卻無法輕易地統合入 ICT 之中，最後，治療這些藥物濫用者使得治療師與原先所採取的確認與寬恕的立場背道而馳，這與 ICT 是不相容的。不同於 TBCT 的是，ICT 與目前用來治療藥物濫用者的方法大不相同，它需要協助，意即關於藥物濫用的問題必須由另一位治療師來處理。如此一來，又可以一如往常地進行 ICT，病患可以偶爾與治療藥物濫用問題的治療師進行諮商。

配偶治療法可以治療憂鬱症

在過去六年，配偶治療法無論是附屬於個別治療，或是作爲主要的協調策略，都已成爲各種形式的重度憂鬱症的治療方法（Prince & Jacobson, 1995），以配偶治療法來治療憂鬱症，這項理念起源於多項不同的研究（詳見 Prince & Jacobson, 1995），例如，憂鬱症與婚姻失和的關係；從婚姻失和預測憂鬱症復發的方法；治療憂鬱症之後，是否持續婚姻失和；以及在生活壓力下，配偶的支持如何能協助避免憂鬱症。

目前爲止，有許多以配偶治療法成功治癒憂鬱症的證據，Weissman 和同事（Klerman, Weissman et al., 1988） 將有配偶參與治療的人際心理治療（interpersonal psychotherapy，IPT）與沒有配偶參與治療的人際心理治療（IPT）進行比較之後發現，有配偶參與的治療之成效較佳，雖然這些差異在統計數字上是不明顯的。針對這些發現再進行更深入的解讀，就算是有配偶參與的 IPT 也算不上是真正的配偶治療，但是它可算是有配偶參與的個別治療，在治療師之間與病患之間具有重要性。

有兩項研究評估 TBCT 對治療重度憂鬱症的效果，首先，是 O'Leary 與 Beach 在 1990 的研究發現，比起消除女性重度憂鬱症的對照組，認知行爲療法（cognitive behavior therapy, CBT）與傳統婚姻行爲療法（TBCT）能有效地治療憂鬱症，認知行爲療法（CBT）與傳統婚姻行爲療法（TBCT）兩者的療效並無明顯的差異，不同的是，TBCT 更能有效地治療婚姻失和，這是相當重要的，因爲所有會來接受治療的配偶同時都面臨婚姻失和與重度憂鬱症的問題。可惜的是，TBCT 對於避免治癒一年後復發憂鬱症，並不比認知行爲療法（CBT）有效，原因在於 TBCT 治療婚姻失和的主要理念是，只要改善婚姻關係，就可以減少憂鬱症的復發，但是一年後再觀察，卻發現它的成效令人失望；此外，還有一些其他的問題使得這項研究結果難以解讀，例如：CBT 的特質與能力的質疑；研究者究竟是採取 CBT 的立場或是傾向 TBCT 的立場，這也會影響兩種療法的差異；每個憂鬱症案例的嚴重程度；

此外，僅管不同的治療團體在成效上明顯的不同，但以 TBCT 治療的配偶中，卻只有少數人在治療之後，認為自己的婚姻以恢復正常，並感到滿意。

第二項研究是由 Jacobson 與同事（Jacobson et al., 1991；Jacobson et al., 1993）所進行的，這項研究試圖納入更多罹患憂鬱症的婦女的例子，因此不具有婚姻失和問題的婦女也納入研究之中。可惜的是，雖然這項策略是值得讚許的，但是新納入的婦女數量仍是少數，意即單純有憂鬱症，而無婚姻問題的人並不多。結果正如所預料的，沒有婚姻不協調問題的配偶是無法從 TBCT 中獲得協助，因為有憂鬱症的人依舊憂鬱，而婚姻仍舊沒有改善；然而對於患有憂鬱症，又對婚姻感到失望的配偶們，Jacobson 與同事都覺得 TBCT 與 CBT 一樣有效，都可以治療重度憂鬱症症狀，兩種療法都可以大幅增進配偶對婚姻的滿意程度，可惜的是，第二項研究與前述 O'Leary 與 Beach 的研究一樣，都顯示配偶療法無法有效地預防憂鬱症的復發。

簡而言之，基於前述兩次對 TBCT 的研究，我們可知 Jacobson 與 Margolin 於 1979 年宣導的療法與 CBT 一樣有效，可以減輕已婚，不只患有憂鬱症且有婚姻不協調問題的婦女的憂鬱程度，然而，憂鬱症的婦女在接受 TBCT 治療後，其復發憂鬱症的可能性不亞於以 CBT 治療後復發的可能性。

到目前為止，沒有研究評估整合性婚姻治療（ICT）對於治療重度憂鬱症的功效，然而，我們有理由相信當配偶中有一方是患有重度憂鬱症時，ICT 是適合的療法，特別當患有憂鬱症的是女性時，這種療法更為有效（Koerner, Prince & Jacobson, 1994）正如 Koerner 與其同事所指出的，我們的文化教育女性（無論是女人或女人） 成為不具實質意義的人（relativeal），也就是說，女性自身的價值是依據她們與配偶的親密關係的成敗所決定的，因此當她們的婚姻不合諧時，再加上患有憂鬱症，她們會更形脆弱，她們有可能為婚姻問題感到自責，也會將解決婚姻問題的責任一肩扛起。而 ICT 採取不加以責備，以及確認婚姻問題的立場，能改變女性的自責心理，也能讓丈夫不再責備她的憂鬱症所造成的婚姻問題。此外，增進親密程度的接納技巧，也能成功地創造出女性所需要的兩性關係，因為即使丈夫與妻子間存在許多差異，這些技巧仍能加強雙方的聯繫，縱使丈夫不像妻子那樣注重兩人的關係，兩人增進的親密感也會令妻子覺得相當滿意。

同時，如同我們在第一章中所提到的，以彼此接納為基礎的模式會加重妻子在兩性關係中所受的壓迫，例如，妻子可以會接受自己比男性更低微的社會地位，在兩性關係中也會要求得更少，因此以下兩件事是很重要的，首先，我們必須盡全力利用目前的問題來增進雙方的親密程度，而非忍受現狀；其次，我們強調改變與接納同樣重要，以免男性僅僅做到接納，而沒有進一步的改變。

當配偶們進入治療階段卻患有憂鬱症時，很重要的是，我們必須評估目前憂鬱症與不合諧的婚姻之間的關係（Jacobson, 1992; Prince & Jacobson, 1995）。雖然我們無法完全確定兩者之間的關係，但配偶都知道究竟是哪一個是因，哪一個是果，而他們所認為的因果關係正好與兩人對憂鬱症與婚姻不合諧之間的關係不謀而合。因此，倘若婚姻問題在第一次罹患憂鬱症之前發生，ICT 應該是相當好的治療方法，在 Jacobson 的臨床試驗中，42%的配偶是妻子患有憂鬱症，又有婚姻失和的問題，其中又有一半的人將婚姻不合諧視為首要的問題，因此，我們估計這些同時面臨婚姻不合諧與憂鬱症的配偶，其中有一半可以藉由配偶治療獲得痊癒，然而，對於其餘 50%的配偶，他們仍舊需要其他形式的個別治療，可能是心理治療，反憂鬱症療法（antidepressant medication），或兩者並用。

個別治療必須由配偶治療師之外的治療師來進行，否則配偶治療師不僅不能幫助配偶，反而會陷入難以忠於雙方的窘境。在 ICT 中，前來接受治療的配偶就是病患，即使我們知道好的配偶療法是促進雙方的福祉，但有時配偶兩人卻有利益衝突的情況，因此當治療師試著治療憂鬱症時，卻又同時遇到配偶治療的問題，他們將面臨兩難的局面，因為這兩種治療的功效，有些部分是互相牴觸的。簡言之，倘若加以區隔配偶治療與個別治療，那麼整個治療架構可能會更加簡化。

健保醫療時代中的配偶治療

在寫這本書的時候，有越來越多的治療師面臨醫療給付單位加諸於他們身上的限制，這些限制有時間上的限制與治療時段的限制，因此，我們必須被迫測試歷時較短的整合性婚姻治療（ICT），並簡化流程，以配合只能贊助少數治療時段的醫療保險的財團。當然，保險公司對於給付所設的限制也有相當多的變數，有些甚至不給付治療師在配偶治療時的費用，僅管我們對於保險的政策並不熟悉，但是我們都認爲，縱使保險給付的範圍並不是遍及所有的配偶，但是比起在管理醫療時代之前，醫療給付單位至少會給付一些配偶治療時的費用。有鑑於我們並不知道未來對於心理健康照顧的醫療給付情況爲何，因此不便在此做任何建議。然而，根據現今的潮流，以及未來對心理健康照顧可能的醫療給付情況，我們能對希望採取整合性婚姻治療（ICT）的治療師們提供以下的建議。

首先，要記住大部分的病患的給付範圍都受限於的五到八次的治療時段，在十年前則是完全沒有醫療給付的，全是來接受配偶治療的配偶們自費的。對於自認爲可以自費接受配偶治療的配偶們，我們先與他們打契約，契約內容先限於保險所給付的治療時段，在最後一次的治療時段中，我們再評估他們的進展，倘若他們想再續約，接受進一步的治療，這亦無妨，但他們必須自費接受其餘的配偶治療。我們會建議配偶們仍需多少治療時段，在打契約之前，治療師必須明確地讓配偶知道刪減過的 ICT 與本書所介紹的完整版本是相近的。

對於可以自費接受治療的配偶們，我們可以提供他們另一種選擇，意即在保險公司所能給付的範圍內，先用我們之前介紹過的方法進行治療，之後他們再決定是否繼續接受這種療法，這種選擇與前一種選擇的不同在於此處所採用的 ICT 並非刪減過的版本，當保險公司所能給付的治療時段用完時，我們只是中途停下來進行評估而已。

在決定究竟要選擇這兩種方式中的哪一種時，要思考的問題是：最理想的 ICT 究竟需要多少時間？可惜的是，直到目前爲止，仍無數據能提供解答，在我們第一章中所做的實驗性研究中（Jacobson et al., 1996），倘若有必要進行 ICT，我們的原則是提供配偶 25 次的治療時段，其中包含兩次評估時段與一次回饋時段。然而，要注意的是，這樣的選擇並不合理，因爲我們往往爲了確保配偶們受到足夠的治療，而給他們太多的治療時段，縱使配偶們能支付高達 25 次的治療時段，但是如此漫長的治療並不一定對所有的配偶有益，因此，治療時段的次數應界於 13 到 25 次，我們相信即使我們縮減治療時段，我們也能達到相同的效果。

Jacobson 對傳統婚姻行爲療法（TBCT）的研究有助於我們解決此一問題。在他最初所進行的兩項研究中，他將原則定在 8 次的治療時段（Jacobson, 1977; 1978a）；接下來，他測試將原則定在 12 次的治療時段（Jacobson, 1979）在這次的研究中，Jacobson 將 TBCT 的各部分進行比較，治療時段原則是定在 12 到 16 次之間。最後，最近兩次針對 TBCT 所進行的研究（Jacobson et al., 1989; Jacobson et al., 1991）測試將原則定在 20 次的治療時段，但治療的效果並不會隨著治療時段增加而變好，另人意外的是，最初兩次的研究，其治療效果是所有研究中最好的。既然已有這份數據，爲什麼 Jacobson 與他的同事要試著測試將原則定在更多的治療時段呢？因爲隨著治療方式的發展，治療手冊所教導的治療時段也不斷增加，但是我們回顧過去，多並不代表好。

治療師與治療的研究者都傾向於調整他們進行治療的時間，病患也想調整。就連簡潔的治療師長久以來在面對加諸於他們的限制時，無論是時間或治療次數上的限制，他們也認爲病患與治療師若投入更多的時間，便能有更好的治療效果。但是我們臨床的實驗卻顯示，即使我們將每個 ICT 的個案所需的治療時段定在 20 次，有些配偶都能在短短 5 次的治療時段中便能治癒。當我們必需在健保醫療所提供的有限的時間或治療次數中進行治療時，我們提供病患縮減的 ICT 的版本，有時它的成效也相當好，事實上，我們沒有數據顯示縮減的 ICT 的版本不及完整的版本。然而，我們還是相信對於有重度憂鬱症的配偶，我們需要進行更多的治療工作。

臨床的研究一般都依照計畫進行。首先，治療師必須用強而有力的方式達到成效，為了達成治療的功效，治療師可能會犯的錯是高估治療的成效，認為成效越大，我們治療師越能察覺得到。在 ICT 的案例中，我們首先認為 ICT 有些獨特的功效，因此我們會加重「劑量」，希望能發現其成效。然而，一旦有所成效，對於 ICT 概括性的疑問便顯得更重要，例如：ICT 能由經驗較少的治療師來執行嗎？能在更少的時間內完成 ICT 嗎？ICT 是否不需要那麼多的訓練與監督？要回答這些問題需要好幾年的時間，然而，到目前為止，我們要記得的是治療師用各種方式來加強治療方式，因此也需要更多的治療時段，雖然最後很可能是縮減的 ICT 版本與本書所介紹完整的 ICT 版本一樣有效，縱使縮減的版本尚未完全界定清楚。

當我們受限於有限的時間或治療次數時，我們要考量以下幾個部分。

1.**別試圖放棄接納工作**。一開始，當你看似只能與配偶進行六到八的治療配偶，你唯一能做的便是採取最快速的治療方式，這也暗示你可能會採用行為改變療法（BE），因為它能快速達到改變，有時這些改變是很巨大的。然而，正如我們在第一章中所提到的，行為改變療法（BE）的成效並無法維持長久。我們擔心焦點解決治療（solution-focused therapy）用在配偶身上也會有相同的問題（Weiner-Davis, 1992），因為沒有研究顯示尋解治療對配偶的成效，因此我們對此亦一無所知。但是行為改變療法（BE）在許多方面是與尋解治療相似的，我們從 Jacobson 在 1984 年所做的研究可以得知，要在短期內達到改變是很簡單的，但是要維持它卻不容易，接納工作並不是藉由強迫的方式達到改變，因此它所達到的改變是很持久的。

2.**精簡整個評估的過程**。倘若治療師能善用問卷調查，那他們在與病患接觸之前，便可以先規劃出工作的內容。之後，在第一次的治療時段時，重心可以擺在第四章所提及的六個評估的問題，最後再安排一個小型的回饋時間，簡言之，除了家庭暴力的案例之外，我們不會有個別治療的時段。（肢體攻擊的衡量方式可借助衝突策略量表[CTS]）。第一次的治療時段包含第一次的聯合面談、兩場個別治療的時段以及一次的回饋時間。整個治療的過程會強調治療內容的規劃，並不會談論太多配偶們的戀愛史以及家族史。我們也有可能沒有時間正式地介紹治療計畫，然而我們已對要治療的主題進行過評估，而且倘若我們已從問卷調查或其他優良的評估方法（請見第四章）中獲得足夠的資訊，而且治療師也願意仔細觀察這些資訊再提出一些假設，其實治療師是可以在第一次的治療時段結束前想出治療內容，並向向配偶們介紹。

3.**在各次治療時段間隔安排比平常更多的時間**。每週一次或歷時 50 分鐘的治療時段其實不太可能有神奇的功效，倘若我們受限於有限的治療時段，而且配偶若沒有保險的協助便無法支付額外的治療費用，我們可以與配偶們約定兩週見面一次，三週見面一次，或者甚至一個月見面一次。如此一來，治療的平均長度爲四到六個月，但是治療的次數仍舊在保險給付的範圍內。倘若配偶們所接受的是行爲改變療法（BE）或是溝通與問題解決訓練（CPT）中的一種，那他們在每次治療的間隔中，要做的準備更多，我們每週一次簡短的電話訪問只是要確保該做的工作都已落實。倘若治療的重心在於接納工作，有時較長的治療間隔反而有助於治療的過程，因爲它讓配偶更有機會將治療師的治療計畫融入兩人的關係中。

當配偶不常發生爭吵，而是每隔一段時間便產生劇烈的爭執，因此較長的治療間隔中所發生的事件也提供治療師在治療時段更多機會練習進行接納工作。例如：Christensen 最進正在治療一對有能力支付治療費用的配偶，他們同時要求每週治療一次，但是，Christensen 根據自己的計畫與發現，他發現這對配偶不常吵架，因此他建議這對配偶兩週治療一次，配偶們也同意這項提議，如此一來，治療的時段便有足夠可以討論的事件。

最後，像是負面行爲的角色扮演（role-playing negative behavior）這樣特定的培養容忍的策略（tolerance-building strategies），需要較長的治療間隔，才有更多機會達到成效。這些練習是設計用來訓練病患面對不可避免的錯誤，因爲越長的治療間隔會遇到越多犯錯的情況，治療師也有更多機會檢測配偶們是否越來越能容忍彼此。

4.**在事件發生時安排治療時段，而不一定要依照既定的治療時間**。Jacobson 目前正在治療一對配偶，他們是 Marie 與 Mario，他們的保險給付的範圍是八次的治療時段，因此他們想接受刪減的整合性婚姻治療

（ICT）版本，如此便不需自費接受治療。他們最主要的衝突點在於如何運用週末的時間，Mario 工作至上，而 Marie 卻希望有些娛樂活動。極化結果是 Mario 非常生氣，因爲他無法完成工作，而 Marie 卻無法就事論事，只會以生氣來回應丈夫，這讓 Mario 更加生氣，他的怒氣也讓 Marie 越來越不想談論這個問題。

在第一次的治療時段結束之前，Jacobson 向配偶們介紹治療的內容，而且即使在經過第一次治療後的一個月後，在接受第二次的治療之前，兩人卻沒有產生任何的爭吵。Jacobson 與這對配偶都不知道爲何會如此，雖然 Mario 認爲這是因爲治療師的計劃有成效，Marie 卻認爲這是因爲兩人在接受治療的初期總是相當融洽，但這並不代表永遠如此，第二次的治療時段便針對某個衝突的事件進行角色扮演，兩人也假裝有兩極化的反應。

再過一個月後，他們來接受第三次的治療，同樣地，他們沒有發生任何爭執。Marie 試著針對上一次所假定的狀況，整理她的看法，但 Mario 卻沒有，她命令他接受她所安排的娛樂活動，試著用這種方式激怒他，讓他開罵，但這卻沒有激怒他，也不想罵她，因爲他認爲這是一個假想的情況，根本不需要罵她。因此治療師便與配偶們決定要等到他們發生爭執時再進行下一次的治療，配偶雙方也覺得他們將來一定會有發生爭吵的時候。但是自從這次治療後，他們有很長一段時間沒有發生爭執，這是他們結婚二十年來歷時最長的和平時期，僅管仍舊爲他們保留既定的治療時間，但治療師仍希望他們等到發生爭執時再進行下一次的治療，倘若沒有發生爭執，便在二十四小時內向治療師取消該次的治療，他們在 Jacobson 的語音信箱中留言進行確認取消該次的治療，到目前爲止，已經過了四個月，仍舊沒有衝突產生，其中的治療時段也都取消了（Jacobson 當然有應變的計劃可以塡補他們所取消的治療時段）。在保險給付的範圍內，他們還有六次的治療時段，同時，他們與治療師保持聯繫達六個月，這是他們二十年的婚姻中最美好的六個月。

倘若有事件可以進行討論時，有更多的接納工作的步驟要完成。當配偶們來接受治療時，對他與另一半所面臨的問題感到緊張，並發現彼此的想法呈現兩極化，治療師必需先緩和他們的情緒，這對治療是相當有效的。倘若治療的次數是有限的，那我們便必需善用每一次的治療時間，把握「打鐵趁熱」的原則來解決問題。

5.**倘若有必要，可要求延長時間**。我們在判斷究竟需要增加多少治療次數時，很驚訝地發現管理治療具有彈性的特質。若要增加治療次數，通常需要具說服力的理由以及數據，但在一些機構中，增加治療次數只需要一些臨床的診斷，就連書面政策不允許，我們仍舊能增加治療次數，但我們卻發現爲了要得到具說服力的理由，我們必須做到以下三點：⑴必須有證據顯示治療已有成效；⑵需提供理由，表示進一步的治療可以更有成效；以及⑶至少要有一些研究的確認，我們才提供治療。倘若在進行八次的治療後，仍舊沒有任何進展，機構便不可能允許治療師增加治療次數；此外，倘若我們無法說服機構的人員相信治療仍有進步的空間，或者我們無法提出如何改善特殊問題的明確計劃，仍舊無法增加治療次數。

證明治療有效是我們的責任，這是很合理的，有鑑於缺乏證據支持長期心理治療的成效，其中包含長期的配偶治療，而且有鍵於目前已有簡短的治療版本，因此保險公司給我們的限制其實是有道理的。但是，倘若你所有的法子都失敗了，你還可以拿出最有利的武器：預防的論點（prevention argument）。

6.**使用預防的論點**。長期觀之，使病患的生活有永久的改善，降低他們重回治療體系的機率，這樣才能真正降低費用。我們相信（Jacobson & Addis, 1993） 預防婚姻問題比處理發生一段時間的問題更容易。相同地，雖然治療師能在短時間內改變配偶，但是若要達到長期的改變，則需要複雜的協調了，倘若要徹底改變則需要更長的時間（Jacobson, 1984）。當配偶們不斷地重蹈覆轍，甚至是是離婚，變得憂鬱症或產生健康的問題時，健康醫療的確變得更加昂貴，傳統婚姻行爲療法（TBCT）的證據顯示越複雜的協調，能處理越多的配偶問題，可以減少配偶重蹈覆轍以及離婚的機率（ Jacobson et al., 1987）。長久下來，處理配偶問題時，最好是「及時」解決，而不是現在處理一次，等問題又回來時再處理一次。倘若採用非常簡短的治療方式，大多數的病患若不是重蹈覆轍，便是更加惡化，反而使得他們需要更多的心理健康治療，或許還需要其他的治療服務，因此預防的論點的確具有說服力，更重要的是，它很有效。

廣義的接納：心理治療層面與心靈層面

整合性婚姻治療（ICT）無論在行爲治療內外，都是個大規模運動中的一部分，其目的在統整以接納爲基礎與以改變爲基礎的心理治療。因爲心理治療的領域已經便得相當分歧，並且是以治療脫序問題爲主的，例如：憂鬱症、酗酒或婚姻問題，因此它錯過許多彼此切磋與合作的機會。然而，我們都參與過 1993 年一月的研討會，此次會議主旨在討論接納與改變的整合，整個研討會的過程最近被出版成書（Hayes, Jacobson, Follette & Dougher, 1994）。在瀏覽這本書的目錄後，發現整合的工作已成爲許多領域的核心工作，特別是行爲治療的領域。這本書中有 Linehan 的針對自殺未遂（parasuicide）與邊緣性人格違常（borderline personality disorder）的開創性的研究；Hayes 於 1987 年首創將「接納承諾療法」（Acceptance Commitment Therapy, ACT）應用於各式各樣的病患身上的貢獻，特別是治療焦慮症病患與嗑藥者；還有 Ellis 於 1962 年的理情治療（rational-emotive therapy），此治療一直是以整合接納與改變爲主軸的。最近，接納的工作也被運用於難以管束的性侵害者（LoPiccolo, 1994）。最後，接納的治療方式用「減少傷害」（harm reduction）的方式與傳統的行爲療法結合，可以治療上癮行爲（addictive behavior）（Marlatt, 1994），還可以界定治療師在治療激進行爲時所應採取的立場，此項心理療法即 Kohlenberg 與 Tsai 兩人於 1991 年所提出的「功能分析心理治療」（Functional Analytic Psychotheraphy）。

無論是在行爲治療的內外，統合的運動對於心理治療都具有潛在與長遠的貢獻。在這項運動之前，大多數治療的理論模式若不是集中於接納（例如:Greenberg & Safran, 1987; Kohut & Wolf, 1978; Rogers, 1951），便是集中於改變(傳統行爲療法；策略療法[Haley, 1987; Watzlawick, Weakland & Fisch,

1974]；以及焦點解決治療[de Shazer, 1985; Weiner-Davis, 1992]）。而在過去以接納爲基礎的療法，對於策略與臨床的技巧，都缺乏足夠的細節介紹，治療師不知該如何讓患做到彼此接納，最後，對於「接納」的討論常常是不明確的，在很多情況中，甚至是爲真正被界定的。

現在，隨著新的介紹的發展，統合的模式對於受訓中的治療師與接受過訓練的治療師不再是可望不可及的，許多曾經採用過統合技巧的治療師，都歡迎一套統一的理論架構，可以介紹他們現行的折衝的治療方式。

僅管有前述在雷諾（Reno）所舉辦的研討會（1993）討論接納工作，以及依據這些研討會成果所集結出版的書籍（Hayes et al., 1994），我們發現尙未針對各種統合模式的異同點進行有系統的研究，當然，這項研究將會遠遠超出本書所討論的範疇，但是我們相信這樣的研究將有助於建立更詳盡的改變理論，以及擴大整合治療師的臨床工作內容，例如：我們介紹一種配偶療法，其界於增進親密（intimacy-enhancing）與促進容忍（tolerence-promoting）兩種接納工作的技巧之間。在 ICT 中，我們還介紹如何從理論上與臨床上，將傳統的改變技巧納入現行的模式中，我們也討論接納工作中藉由情境移轉（contextual shift）所造成的「改變」與傳統的行爲治療由規則轄制（rule-governed）所帶來的改變有所不同。

在 Linehan 爲邊緣性人格違常（borderline personality disorder, BPD）的病患所設計的辯證行爲療法（dialectical behavior therapy, DBT）中，正念（mindfulness）是其中一項接納技巧，其融入東方冥想的概念。（Kabat-Zinn, 1990）在辯證行爲療法（DBT）中，這些概念教導以下的技巧：觀察，陳述，主動參與，不表示判斷，一次只注意一件事，進一步對特殊問題達到成效。當有效地習得這些技巧後，人們若要學習觀察自己與別人的行爲，再也不需要因爲這些行爲是令人不悅的而遠離他們，也不需在這些行爲是令人喜歡的而刻意延長，人們還學著區分環境中的事件與個人對這些事件的想法與感覺。

Linehan 所介紹的治療過程與 Hayes 所提出的「全面的疏離」（comprehensive distancing）相似，在她的辯證行爲療法（DBT）中，正念

（mindfulness）的部份與整合性婚姻治療（ICT）達到彼此容忍的目標是頗爲類似的，不讓病患待在原地，而是試著讓配偶們不再逃避另一半的負面行爲的立場都是一致的，Linehan 所用的方法即是如此。事實上，Hayes 向焦慮與憂鬱症的病患宣導不要再有「感覺上的逃避」（emotional avoidance），因爲試著用逃避讓自己好過一點，並非就覺得舒服了。

換言之，Linehan 與 Hayes 兩人都教導病患體驗一切他們體驗到的，而不需要試著逃避或改變它。我們促進容忍的技巧（tolerance-promoting techniques）便是設計用來達到這個目標的，不同的只是我們是處理配偶的負面行爲。此外，區分環境中的事件與個人對這些事件的想法與感覺，這與我們的 ICT 中的抽離（unified detachment）頗爲類似，不同點在於我們的目標是讓配偶們用旁觀者的角度，兩人一同觀察關係問題，即觀察問題時與問題保持距離，然而，Linehan 與 Hayes 都強調將個人與環境的事件分離開來，因爲環境的事件太難承受了。

Linehan 所教導的方法中，關於實踐諾言的另一項技巧是「參與」（participating），其指的是體驗事件，而不需要衡量它，雖然 Linehan 的意思是對某人不採取責備或譴責的立場，但它與 ICT 是相同的，這是相當明顯的，我們整個過程中，從治療師的立場一直採取情蓄參與的改造計畫，都是爲了幫助配偶體驗而不採取責備或譴責的立場。

「痛苦忍受」（distress tolerance）是 Linehan 對於全部設計用來做到正念的技巧所下的簡單結論，它代表有能力接受體驗，而不需要去改變。這些技巧包含轉移焦點，自我安慰，用想像或自言自語來改變現狀，以及問題解決法，藉由這些方法可以比較出痛苦忍受的優缺點。在 ICT 中，有些痛苦忍受的技巧與是頗爲類似的，特別是自我照顧（self-care）一項。另一方面，某些痛苦忍受的技巧與 TBCT 的技巧更爲相似，例如：轉移焦點即我們先前所界定的行爲改變療法（BE）的技巧；Linehan 的問題解決法比起其它的接納技巧，它較像問題解決訓練（PST）；而想像或自言自語的方法與一些認知的技巧相似，雖不是 ICT 的一部分，但確實是 TBCT 的認知療程的重要部分，正如 Baucom 與 Epstein 二人（1990; Baucom, Epstein & Rankin, 1995）

以及 Halford、Sanders 與 Behrens（1993）三人所採取的方式。

由 Marlatt 與 Gordon（1985）針對上癮行為所進行的避免復發的治療模式，所強調的治療策略是用來對付「違反戒酒效應」（abstinence violation effect），這項效應讓已成功戒酒的酗酒者在喝酒時會想到：「喔！好吧！既然都喝了，就乾脆喝醉吧！」。為了對付這項效應，避免復發的治療模式先將「復發」視為可以理解的、自然的與不可避免的，再進一步避免真正的復發。80 年代最常用來避免復發的策略是認知行為療法（CBT），這較像 TBCT，而非 ICT。然而，Marlatt 與 Gordon 的概念與我們要求配偶們接納的理念是相似的，特別是我們要他們在家做負面行為的角色扮演或假設的負面行為的角色扮演。

80 年代用來避免復發的治療模式到了 90 年代衍變為「減少傷害」（harm reduction）的模式（Marlatt, 1994）。減少傷害的步驟是設計用來幫助嗑藥者檢少損失，即使他們無法做到禁慾，倘若病患拒絕避免復發的治療模式或無法做到禁慾，我們會說服他們減少上癮行為的帶來的傷害，例如：倘若吸食海洛英的吸毒者不斷吸食海洛英，說服吸毒者用乾淨且消毒過的針頭就算是成功地完成減少傷害，倘若能讓他們改抽大麻則更好；對於酗酒者而言，倘若讓他們避免酒後開車就算是成功地完成減少傷害。這套模式有趣之處與 ICT 的相同點在於減少傷害法明確地認知到改變上癮行為的困難性，並試著用更實際與更積極的態度來設計改變的策略。在 ICT 中，整個治療過程認知到倘若我們明白配偶們不易改變，並設計更符合他們所需的策略，我們便能成功地幫助配偶。根據 Marlatt 於 1994 年所提出的，一些陷入用藥論戰的官員們都開始宣導減少傷害為社會政策。

因此，即使只是很簡略地檢視其他接納的方法，還是能發現很多明顯的交集，然而，許多自我接納的原則中，有一項驚人的特色，那就是它們竟是受到東方宗教的影響，尤其是佛教。最近，一位同事在聚會時說到：「我終於知道你們做的接納工作是什麼了，它是心靈層面的。」我們一開始都被他的話搞糊塗了，因為我們只是從世俗的理論模式來建立 ICT，而且儘管我們從學習過程所認知到的也很難認為接納工作是屬於心靈層面的。我們問他為何認爲接納工作是精神層面的，他說：「你們治療師總是試著讓配偶們到一個他們覺得平靜與舒適的境界，你們還試著幫助他們尊重女性，喜歡他們現在不喜歡的東西，並滿足於其他人現有的行爲，這是相當典型的東方思想」。

我們是否有可能在不經意之中開始用心靈層次來觀察夫妻關係？我們並不知道，但是對於其他在以接納爲基礎進行行爲療法的創新者已經能從東方的心靈與哲學概念得到啓發，這的確是相當驚人的。我們會試著檢驗他說的對不對，同時現在我們也要享受當下。

參考書目

Bateson, G. (1958). *Naven* (2nd ed.). Stanford, CA: Stanford University Press.

Bateson, G., Jackson, D. D., Haley, J., & Weakland, J. (1956). Toward a theory of schizophrenia. *Behavioral Sciences, 1*, 251–264.

Baucom, D. H. (1982). A comparison of behavioral contracting and problem-solving/communications training in behavioral marital therapy. *Behavior Therapy 13*, 162–174.

Baucom, D. H., & Epstein, N. (1990). *Cognitive behavioral marital therapy*. New York: Brunner/Mazel.

Baucom, D. H., Epstein, N., & Rankin, L. A. (1995). Cognitive aspects of cognitive-behavioral marital therapy. In N. S. Jacobson & A. S. Gurman (Eds.), *Clinical handbook of couple therapy* (pp. 65–90). New York: Guiiford.

Baucom, D. H., & Hoffman, J. A. (1986). The effectiveness of marital therapy: Current status and applications to the clinical setting. In N. S. Jacobson & A. S. Gurman (Eds.), *Clinical handbook of marital therapy* (pp. 597–620). New York: Guilford.

Baucom, D. H., Notarius, C. I., Burnett, C. K., & Haefner, P. (1990). Gender differences and sex-role identity in marriage. In F. D. Fincham, & T. N. Bradbury, (Eds.), *The psychology of marriage: Basic issues and applications*. New York: Guilford.

Beach, S. R. H., & O'Leary, K. D. (1992). Treating depression in the context of marital discord: Outcome predictors of response of marital therapy vs. cognitive therapy. *Behavior Therapy, 23*, 505–528

Berzon, B. (1988). *Permanent partners*. New York: Dutton.

Belsky, J. (1990). Children and marriage. In F. D. Fincham & T. N. Bradbury (Eds.), *The psychology of marriage: Basic issues and applications* (pp. 172–200). New York: Guilford.

Belsky, J., & Pensky, E. (1988). Marital change across the transition to parenthood. *Marital and Family Review, 12*, 133–156.

Bograd, M. (1992). Values in conflict: Challenges to family therapists' thinking. *Journal of Marital and Family Therapy, 18*, 245–256.

Bradbury, T. N., & Fincham, F. D. (1990). Attributions in marriage: Review and critique. *Psychological Bulletin, 107*, 3–33.

Brines, J. (1994). Economic dependency, gender, and the division of labor at home. *American Journal of Sociology, 100*, 652.

Brown, L. S. (1995). Therapy with same-sex couples: An introduction. In N. S. Jacobson & A. S. Gurman (Eds.), *Clinical handbook of couple therapy* (pp. 274–291). New York: Guilford.

Chodorow, N. (1979). *The reproduction of mothering*. Berkeley: University of California Press.

Christensen, A. (1983). Intervention. In H. H. Kelley, E. Berscheid, A. Christensen et al. (Eds.), *Close relationships* (pp. 397–448). New York: Freeman.

Christensen, A. (1987). Detection of conflict patterns in couples. In K. Hahlweg & M. J. Goldstein (Eds.), *Understanding major mental disorders: The contribution of family interaction research* (pp. 250–265). New York: Family Process Press.

Christensen, A., & Heavey, C. L. (1993). Gender differences in marital conflict: The demand-withdraw interaction pattern. In S. Oskamp & M. Costanzo (Eds.), *Gender issues in contemporary society*. Newbury Park, CA: Sage.

Christensen, A., & Jacobson, N. S. (1991). *Integrative behavioral couple therapy*. Unpublished treatment manual.

Christensen, A., & Jacobson, N. S. (in press). *When lovers make war*. New York: Guilford.

Christensen, A., Jacobson, N. S., & Babcock, J. C. (1995). Integrative behavioral couple therapy. In N. S. Jacobson, & A. S. Gurman (Eds.), *Clinical handbook of couples therapy* (pp. 31–64). New York: Guilford.

Christensen, A., & Nies, D. C. (1980). The spouse observation checklist: Empirical analysis and critique. *American Journal of Family Therapy, 8*, 69–79.

Christensen, A., & Pasch, L. (1993). The sequence of marital conflict: An analysis of seven phases of marital conflict in distressed and nondistressed couples. *Clinical Psychology Review, 13*, 3–14.

Christensen, A., & Shenk, J. L. (1991). Communication, conflict and psychological distance in non-distressed, clinic, and divorcing couples. *Journal of Consulting and Clinical Psychology, 59*, 458–463.

Christensen, A., & Walczynski, P. T. (in press). Conflict and satisfaction in couples. To appear in R. J. Sternberg & M. Hojjat (Eds.), *Satisfaction in close relationships*. New York: Guilford.

The college dictionary (1972). New York: Random House, 1984.

Cordova, J. V., Jacobson, N. S., & Christensen, A. (in preparation). *Acceptance versus change interventions in behavioral couples therapy: Impact on client communication process in therapy sessions*.

Craske, M. G., & Zoellner, L. A. (1995). Anxiety disorders: The role of marital therapy. In N. S. Jacobson & A. Christensen (Eds.). *Clinical handbook of couple therapy* (pp. 394–410). New York: Guilford.

deShazer, S. (1985). *Keys to solution in brief therapy*. New York: Norton.

Dion, K. K., & Dion, K. L. (1993). Individualistic and collectivistic perspectives on gender and the cultural context of love intimacy. *Journal of Social Issues, 49*, 53–69.

Dutton, D. G. (1995). *The domestic assault of women: Psychological and criminal justice perspectives*. Vancouver BC: UBC Press.

Ellis, A. (1962) *Reason and emotion in psychotherapy*. New York: Lyle-Stuart.

Emery, R. E., & Forehand, R. (1995). Parental divorce and children's well being: A focus on resilience. In R. J. Haggerty, N. Garmezy, M. Rutter, & L. Sherrod (Eds.), *Risk and resilience in children*. London: Cambridge University Press.

Emmelkamp, P., van der Helm, M., MacGillawry, D., & van Zanten, B. (1984). Marital therapy with clinically distressed couples: A comparative evaluation of system-theoretic, contingency contracting, and communication skills approaches. In K. Hahlweg & N. S. Jacobson (Eds.), *Marital interaction: Analysis and modification*. New York: Guilford.

Falicov, C. J. (1995). Cross-cultural marriages. In N. S. Jacobson & A. S. Gurman (Eds.), *Clinical handbook of couple therapy* (pp. 231–246). New York: Guilford.

Floyd, J. F., & Markman, H. J. (1983). Observational biases in spouse observation: Toward a cognitive/behavioral model of marriage. *Journal of Consulting and Clinical Psychology, 51*, 450–457.

Floyd, F. J., Markman, H. J., Kelly, S., Blumberg, S. L., & Stanley, S. M. (1995). Preventive intervention and relationship enhancement. In N. S. Jacobson & A. S. Gurman (Eds.). *Clinical handbook of couple therapy* (pp. 212–230). New York: Guilford.

Friedman, E. (1982). The myth of the shiksa. In M. McGoldrick, J. K. Pearce, & J. Giordano (Eds.), *Ethnicity and family therapy* (pp. 499–526). New York: Guilford.

Goldner, V., Penn, P., Sheinberg, M., & Walker, G. (1990). Love and violence: Gender paradoxes in volatile attachments. *Family Process, 29*, 343–364.

Gottman, J. M. (1979). *Marital interaction: Experimental investigations*. New York: Academic Press.

Gottman, J. M. (1993). The roles of conflict engagement, escalation, and avoidance in marital interaction: A longitudinal view of five types of couples. *Journal of Consulting and Clinical Psychology, 61*, 6–15.

Gottman, J. M. (1994). *What predicts divorce*? Hillsdale, NJ: Erlbaum.

Gottman, J., Notarius, C., Gonso, J., & Markman, H. (1976). *A couple's guide to communication*. Champaign, IL: Research Press.

Greenberg, L. S., & Safran, J. D. (1987). *Emotion in psychotherapy*. New York: Guilford.

Guerney, B. (1977). *Relationship enhancement*. San Francisco: Jossey-Bass.

Guerney, B., Brock, G., & Coufal, J. (1986). Integrating marital therapy and enrichment: The relationship enhancement approach. In N. S. Jacobson & A. S. Gurman (Eds.), *Clinical handbook of marital therapy* (pp. 151–172). New York Guilford.

Hahlweg, K., Schindler, L., Revenstorf, D., & Brangelmann, J. C. (1984). The Munich marital therapy study. In K. Hahlweg & N. S. Jacobson (Eds.), *Marital interaction: Analysis and modification* (pp. 3–26). New York: Guilford.

Haley, H. (1987). *Problem-solving therapy: New strategies for effective family therapy* (2nd ed.). San Francisco: Jossey-Bass.

Halford, W. K., Sanders, M. R., & Behrens, B. C. (1993). A comparison of the generalization of behavioral marital therapy and enhanced behavioral marital therapy. *Journal of Consulting and Clinical Psychology, 61*, 51–60.

Halleck, S. (1970). *Politics of therapy*. New York: Jason Aronson.

Hamberger, L. K. (in press). Female offenders in domestic violence: A look at actions in context. *Aggression, Assault and Abuse*.

Hayes, S. C. (1987). A contextual approach to therapeutic change. In N. S. Jacobson (Ed.), *Psychotherapists in clinical practice: Cognitive and behavioral perspectives* (pp. 327–387). New York: Guilford.

Hayes, S. C., Jacobson, N. S., Follette, V., & Dougher, M. (1994). *Acceptance and change in psychotherapy*. Reno: Context Press.

Heatherington, M. E. (1989). Coping with family transitions: Winners, losers, and survivors. *Child Development, 60*, 1–14.

Heavey, C. L. Christensen, A., & Malamuth, N. M. (1995). The longitudinal impact of demand and withdrawal during marital conflict. *Journal of Consulting and Clinical Psychology, 63*, 797–801.

Ho, M. K. (1990). *Intermarried couples in therapy*. Springfield, IL: Charles Thomas.

Holtzworth-Munroe, A., Beatty, S. B., & Anglin, K. (1995). The assessment and treatment of marital violence: An introduction for the marital therapist. In N. S. Jacobson & A. S. Gurman (Eds.), *Clinical handbook of couple therapy* (pp. 317–339). New York: Guilford.

Hooley, J. M., Richters, J. E., Weintraub, S., & Neale, J. M. (1987). Psychopathology and marital distress: The positive side of positive symptoms. *Journal of Abnormal Psychology, 96*, 27–33.

Huston, T. L., & Houts, R. M. (in press). The psychological infrastructure of courtship and marriage: The role of personality and compatibility in romantic relationships. In T. Bradbury (Ed.), *The developmental course of marital dysfunction*. New York: Cambridge University Press.

Jacobson, N. S. (1977). Problem solving and contingency contracting in the treatment of marital discord. *Journal of Consulting and Clinical Psychology, 45*, 92–100.

Jacobson, N. S. (1978a). Specific and nonspecific factors in the effectiveness of a behavioral approach to the treatment of marital discord. *Journal of Consulting and Clinical Psychology, 46*, 442–452.

Jacobson, N. S. (1978b). Contingency contracting with couples: Redundancy and caution. *Behavior Therapy, 9*, 426–427.

Jacobson, N. S. (1979). Increasing positive behavior in severely distressed adult relationships. *Behavior Therapy, 10*, 311–326.

Jacobson, N. S. (1983). Beyond empiricism: The politics of marital therapy. *American Journal of Family Therapy, 11*, 11–24.

Jacobson, N. S. (1984). A component analysis of behavioral marital therapy: The relative effectiveness of behavior exchange and problem solving training. *Journal of Consulting and Clinical Psychology, 52*, 295–305.

Jacobson, N. S. (1989). The politics of intimacy. *The Behavior Therapist, 12*, 29–32.

Jacobson, N. S. (1991). To be or not to be behavioral when working with couples: What does it mean? *Journal of Family Psychology, 4*, 373–393.

Jacobson, N. S. (1992). Behavioral couple therapy: A new beginning. *Behavior Therapy, 23*, 493–506.

Jacobson, N. S. (1994). Rewards and dangers in researching domestic violence. *Family Process, 33*, 81–85.

Jacobson, N. S., & Addis, M. E. (1993). Research on couples and couple therapy: What do we know? Where are we going? *Journal of Consulting and Clinical Psychology, 61*, 85–93.

Jacobson, N. S., & Anderson, E. A. (1980). The effects of behavior rehearsal and feedback on the acquisition of problem solving skills in distressed and nondistressed couples. *Behavior Research and Therapy, 18*, 25–36.

Jacobson, N. S., Christensen, A., Prince, S. E., & Cordova, J. (in preparation). *Efficacy of integrative behavioral couple therapy*.

Jacobson, N. S., Dobson, K., Fruzzetti, A. E., Schmaling, K. B., & Salusky, S. (1991). Marital therapy as a treatment for depression. *Journal of Consulting and Clinical Psychology, 59*, 547–557.

Jacobson, N. S., Dobson, K., Truax, P., Addis, M. E., Koerner, K., Gollan, J. K., Gortner, E., & Prince, S. E. (1996). A component analysis of cognitive behavioral treatment for depression. *Journal of Consulting and Clinical Psychology, 64*, 295–304.

Jacobson, N. S., & Follette, W. C. (1985). Clinical significance of improvement resulting from two behavioral marital therapy components. *Behavior Therapy, 16*, 249–262.

Jacobson, N. S., Follette, W. C., & McDonald, D. W. (1982). Reactivity to positive and negative behavior in distressed and nondistressed married couples. *Journal of Consulting and Clinical Psychology, 50*, 706–714.

Jacobson, N. S., Follette, W. C., & Pagel, M. (1986). Predicting who will benefit from behavioral marital therapy. *Journal of Consulting and Clinical Psychology, 54*, 518–522.

Jacobson, N. S., Follette, W. C., & Revenstorf, D. (1984). Psychotherapy outcome research: Methods for reporting variability and evaluating clinical significance. *Behavior Therapy, 15*, 336–352.

Jacobson, N. S., Follette, W. C., & Revenstorf, D. (1986). Toward a standard definition of clinically significant change. *Behavior Therapy, 17*, 308–311.

Jacobson, N. S., Follette, W. C., Revenstorf, D., Baucom, D. H., Hahlweg, K., & Margolin, G. (1984). Variability in outcome and clinical significance of behavioral marital therapy: A reanalysis of outcome data. *Journal of Consulting and Clinical Psychology, 52*, 497–504.

Jacobson, N. S., Fruzzetti, A. E., Dobson, K., Whisman, M., & Hops, H. (1993). Couple therapy as a treatment for depression: II. The effects of relationship quality and therapy on depressive relapse. *Journal of Consulting and Clinical Psychology, 61*, 516–519.

Jacobson, N. S., & Gortner, E. (in press). Biosocial aspects of domestic violence. In D. P. Farrington & S. A. Mednick (Eds.), *Biosocial bases of violence*. New York: Plenum.

Jacobson, N. S., Gottman, J. M., LaTaillade, J., Babcock, J., Gortner, E., Shortt, J., & Burns, S. (1996). *The course of battering over time*. Submitted for publication.

Jacobson, N. S., Gottman, J. M., Waltz, J., Rushe, R., Babcock, J., & Holtzworth-Munroe, A. (1994). Affect, verbal content, and psychophysiology in the arguments of couples with a violent husband. *Journal of Consulting and Clinical Psychology, 62*, 982–988.

Jacobson, N. S., & Holtzworth-Munroe, A. (1986). Marital therapy: A social learning/cognitive perspective. In N. S. Jacobson & A. S. Gurman (Eds.), *Clinical handbook of marital therapy* (pp. 29–70). New York: Guilford.

Jacobson, N. S., & Margolin, G. (1979). *Marital therapy: Strategies based on social learning and behavior exchange principles*. New York: Brunner/Mazel.

Jacobson, N. S., & Moore, D. (1981). Spouses as observers of the events in their relationship. *Journal of Consulting and Clinical Psychology, 49*, 269–277.

Jacobson, N. S., & Revenstorf, D. (1988). Statistics for assessing the clinical significance of psychotherapy techniques: Issues, problems, and new developments. *Behavioral Assessment, 10*, 133–145.

Jacobson, N. S., Schmaling, K. B., & Holtzworth-Munroe, A. (1987). Component analysis of behavioral marital therapy: Two-year follow-up and prediction of relapse. *Journal of Marital and Family Therapy, 13*, 187–195.

Jacobson, N. S., Schmaling, K. B., Holtzworth-Munroe, A., Katt, J. L., Wood, L. F., & Follette, V. M. (1989). Research-structured versus clinically flexible versions of social learning-based marital therapy. *Behaviour Research and Therapy, 27*, 173–180.

Jacobson, N. S., & Truax, P. (1991). Clinical significance: A statistical approach to defining meaningful change in psychotherapy research. *Journal of Consulting and Clinical Psychology, 39*, 12–19.

Jacobson, N. S., Waldron, H., & Moore, D. (1980). Toward a behavioral profile of marital distress. *Journal of Consulting and Clinical Psychology, 48*, 696–703.

Jarvis, I. L. (1982). Decision-making under stress. In L. Goldberger & S. Brezmitz (Eds.), *Handbook of stress: Theoretical and clinical aspects* (pp. 69–87). New York: Free Press.

Johnson, S. M., & Greenberg, L. S. (1995). The emotionally focused approach to problems in adult attachment. In N. S. Jacobson & A. S. Gurman (Eds.), *Clinical handbook of couple therapy* (pp. 121–141). New York: Guilford.

Kabat-Zinn, J. (1990). *Full catastrophe living*. New York: Delacorte.

Karney, B. R., & Bradbury, T. N. (1995). The longitudinal course of marital quality and stability: A review of theory, method, and research. *Psychological Bulletin, 118*, 3–34.

Kaufman, G. (1992). The mysterious disappearance of battered women in family therapists' offices: Male privilege colluding with male violence. *Journal of Marital and Family Therapy, 18*, 233–243.

Kelley, H. H. (1979). *Personal relationships: Their structures and processes*. Hillsdale, NJ: Erlbaum.

Kelley, H. H., Berscheid, E., Christensen, A., Harvey, J. H., Huston, T. L., Levinger, G., McClintock, E., Peplau, L. A., & Peterson, D. R. (1983). *Close relationships*. New York: Freeman.

Kelly, E. L., & Conley, J. J. (1987). Personality and compatibility: A prospective analysis of marital stability and marital satisfaction. *Journal of Personality and Social Psychology, 52*, 27–40.

Klerman, G., Weissman, M. M., Rounsaville, B. J., & Chevron, E. S. (1984). *Interpersonal psychotherapy of depression*. New York: Basic Books.

Knox, D. (1971). *Marriage happiness: A behavioral approach to counseling*. Champaign: Research Press.

Koerner, K., Prince, S., & Jacobson, N. S. (1994). Enhancing the treatment and prevention of depression in women: The role of integrative behavioral couple therapy. *Behavior Therapy, 25*, 373–390.

Kohlenberg, R. J., & Tsai, M. (1991). *Functional analytic psychotherapy: Creating intense and curative therapeutic relationships*. New York: Plenum.

Kohut, H., & Wolf. E. S. (1978). The disorders of the self and their treatment: An outline. *International Journal of Psycho-Analysis, 59*, 413–425.

Leonard, K. E., & Roberts, L. J. (in press). Marital aggression, quality, and stability in the first year of marriage: Findings from the Buffalo newlywed study. In T. Bradbury (Ed.), *The developmental course of marital dysfunction*. New York: Cambridge University Press.

Liberman, R. P. (1970). Behavioral approaches to family and couple therapy. *American Journal of Orthopsychiatry, 40*, 106–118.

Liberman, R. P., Wheeler, E. G., deVisser, L. A., Kuehnel, J., & Kuehnel, T. (1981). *Handbook of marital therapy: A positive approach to helping troubled relationships*. New York: Plenum.

Lindahl, K., Clements, M., & Markman, H. (in press). The development of marriage: A nine-year perspective. In T. Bradbury (Ed.). *The developmen-*

tal course of marital dysfunction. New York: Cambridge University Press.

Linehan, M. (1993). *Cognitive behavioral treatment of borderline personality disorders*. New York: Guilford.

LoPiccolo, J. (1994). Acceptance and broad spectrum treatment of paraphilias. In S. C. Hayes, N. S. Jacobson, V. M. Follette, & M. J. Dougher (Eds.), *Acceptance and change: Content and context in psychotherapy*. Reno, NV: Context Press.

Luepnitz, D. (1988). *The family interpreted*. New York: Basic.

Maccoby, E. E., & Mnookin, R. H. (1992). *Dividing the child: social and legal dilemmas of custody*. Cambridge, MA: Harvard University Press.

Margolin, G (1983). Behavioral marital therapy: Is there a place for passion, play, and other non-negotiable dimensions? *The Behavior Therapist, 6*, 65–68.

Margolin, G., Christensen, A., & Weiss, R. L. (1975). Contracts, cognition, and change: A behavioral approach to marriage therapy. *The Counseling Psychologist, 5*, 15–26.

Margolin, G., Talovic, S., & Weinstein, C. D. (1983). Areas of change questionnaire: A practical approach to marital assessment. *Journal of Consulting and Clinical Psychology, 51*, 920–931.

Marlatt, A. (1994). Addiction and acceptance. In S. C. Hayes, N. S. Jacobson, V. M. Follette, & M. J. Dougher (Eds.), *Acceptance and change: Content and context in psychotherapy* (pp. 175–197). Reno, NV: Context Press.

Marlatt, G. A., & Gordon, J. R. (Eds.), (1985). *Relapse prevention: Maintenance strategies in the treatment of addictive behaviors*. New York: Guilford.

McCrady, B. S., & Epstein, E. E. (1995). Marital therapy in the treatment of alcohol problems. In N. S. Jacobson & A. S. Gurman (Eds.), *Clinical handbook of couple therapy* (pp. 369–393). New York: Guilford.

Meyers-Avis, J. (1992, July). Where are all the family therapists? Abuse and violence within families and family therapy's response. *Journal of Marital and Family Therapy, 18*, 225–232.

O'Farrell, T. J. (1986). Marital therapy in the treatment of alcoholism. In N. S. Jacobson & A. S. Gurman (Eds.), *Clinical handbook of marital therapy* (pp. 513–536). New York: Guilford.

O'Leary, K. D., & Beach, R. H. (1990). Marital therapy: A viable treatment for depression and marital discord. *American Journal of Psychiatry, 147*, 183–186.

O'Leary, K. D., Vivian, D., & Malone, J. (1992). Assessment of physical aggression in marriages: The need for multimodal assessment. *Behavioral Assessment, 14*, 5–14.

Patterson, G. R. (1975). *Families*. Champaign, IL: Research Press.

Patterson, G. R., & Hops, H. (1972). Coercion, a game for two: Intervention techniques for marital conflict. In R. E. Ulrich & P. Mounjoy (Eds.), *The experimental analysis of social behavior* (pp. 424–440). New York: Appleton.

Pence, E., & Paymar, M. (1993). *Education groups for men who batter: The Duluth model*. New York: Springer.

Pepper, S. C. (1942). *World hypotheses: A study in evidence*. Berkeley, CA: University of California Press.

Pittman, F. S., & Wagers, T. P. (1995). Crisis of infidelity. In N. S. Jacobson, & A. S. Gurman (Eds.) *Clinical handbook of couple therapy* (pp. 295–316). New York: Guilford.

Prince, S. E., & Jacobson, N. S. (1995). A review and evaluation of marital family therapies for affective disorders. *Journal of Marital and Family Therapy, 21*, 377–401.

Radloff, L. S., & Rae, D. S. (1979). Susceptibility and precipitating factors in depression: Sex differences and similarities. *Journal of Abnormal Psychology, 88*, 174–181.

Repetti, R. L. (1989). Effects of daily work load on subsequent behavior during marital interaction: The roles of social withdrawal and spouse support. *Journal of Personality and Social Psychology, 57*, 651–659.

Rogers, C. R. (1951). *Client-centered therapy*. Boston: Houghton/Mifflin.

Rutter, V., & Schwartz, P. (in press). Same-sex couples: Courtship, commitment, context. In A. Auhagen & M. v. Salisch (Eds.) *The diversity of social relationships*. London: Cambridge University Press, and Germany: Hogrefe.

Schwartz, P. (1994). *Peer marriages*. New York: Free Press.

Shoham, V., Rohrbaugh, M., & Patterson, J. (1995). Problem- and solution-focused couple therapies: The MRI and Milwaukee models. In N. S. Jacobson & A. S. Gurman (Eds.), *Clinical handbook of couple therapy* (pp. 142–163). New York: Guilford.

Skinner, B. F. (1966). *The behavior of organisms: An experimental analysis*. Englewood Cliffs, NJ: Prentice Hall.

Snyder, D. K. (1979). Multidimensional assessment of marital satisfaction. *Journal of Marriage and the Family, 41*, 813–823.

Spanier, G. B. (1976). Measuring dyadic adjustment: New scales for assessing the quality of marriage and similar dyads. *Journal of Marriage and the Family, 38*, 15–28.

Stets, J. E., & Straus, M. A. (1990). Gender differences in reporting marital violence and its medical and psychological consequences. In M. A. Straus & R. J. Gelles (Eds.), *Physical violence in American families: Risk factors and adaptations to violence in 8,145 families* (pp. 151–166). New Brunswick, NJ: Transaction.

Straus, M. A. (1979). Measuring intrafamily conflict and violence: The conflict tactics (CT) scales. *Journal of Marriage and the Family, 41*, 75–88.

Straus, M. A., & Gelles, R. J. (1990). How violent are American families? Estimates from the national family violence resurvey and other studies. In M. A. Straus & R. J. Gelles (Eds.), *Physical violence in American families: Risk factors and adaptations to violence in 8,145 families* (pp. 95–112). New Brunswick, NJ: Transaction.

Stuart, R. B. (1969). Operant-interpersonal treatment for marital discord. *Journal of Consulting and Clinical Psychology, 33*, 675–682.

Stuart, R. B. (1980). *Helping couples change: A social learning approach to marital therapy*. New York: Guilford.

Surra, C. A. (1990). Research and theory on mate selection and premarital relationships in the 1980s. *Journal of Marriage and the Family, 52*, 844–865.

Thibaut, J. W., & Kelley, H. H. (1959). *The social psychology of groups*. New York: Wiley.

Tucker, M. B., & Mitchell-Kerman, C. (1995). Trends in African American family formation: A theoretical and statistical overview. In M. B. Tucker & C. Mitchell-Kerman (Eds.), *The decline in marriage among African Americans*. New York: Russell Sage Foundation.

Walker, L. E.(1995). Current perspectives on men who batter women—Implications for intervention and treatment to stop violence: Comment on Gottman et al. *Journal of Family Psychology, 9*, 264–271.
Watzlawick, P., Beavin, J., & Jackson, D. D. (1967). *Pragmatics of human communication*. New York: Norton.
Watzlawick, P., Weakland, J., & Fisch, R. (1974). *Change: Principles of problem formation and problem resolution*. New York: Norton.
Weiner-Davis, M. (1992). *Divorce busting*. New York: Summit.
Weiss, R. L. (1984). Cognitive and strategic interventions in behavioral marital therapy. In K. Hahlweg & N. S. Jacobson (Eds.), *Marital interaction: Analysis and modification* (pp. 337–355). New York: Guilford.
Weiss, R. L., Birchler, G. R., & Vincent, J. P. (1974). Contractual models for negotiation training in marital dyads. *Journal of Marriage and the Family, 36*, 321–331.
Weiss, R. L., & Cerreto, M. C. (1980). The marital status inventory: Development of a measure of dissolution potential. *American Journal of Family Therapy, 8*, 80–85.
Weiss, R. L., Hops, H., & Patterson, G. R. (1973). A framework for conceptualizing marital conflict, technology for altering it, some data for evaluating it. In L. A. Hamerlynck, L. C. Handy, & E. J. Mash (Eds.), *Behavior change: Methodology, concepts, and practices* (pp. 309–342). Champaign, IL: Research Press.
Wile, D. B. (1981). *Couples therapy: A nontraditional approach*. New York: Wiley.
Wile, D. B. (1995). The ego-analytic approach to couple therapy. In N. S. Jacobson & A. S. Gurman (Eds.), *Clinical handbook of couple therapy* (pp. 991–120). New York: Guilford.
Wills, T. A., Weiss, R. L., & Patterson, G. R. (1974). A behavioral analysis of the determinants of marital satisfaction. *Journal of Consulting and Clinical Psychology, 42*, 802–811.
Wood, J. V., Saltzberg, J. A., & Goldsamt, L. A. (1990). Does affect induce self-focused attention? *Journal of Personality and Social Psychology, 58*, 899–908.

弘智文化價目表

書名	定價		書名	定價
社會心理學（第三版）	700		生涯規劃：掙脫人生的三大桎梏	250
教學心理學	600		心靈塑身	200
生涯諮商理論與實務	658		享受退休	150
健康心理學	500		婚姻的轉捩點	150
金錢心理學	500		協助過動兒	150
平衡演出	500		經營第二春	120
追求未來與過去	550		積極人生十撇步	120
夢想的殿堂	400		賭徒的救生圈	150
心理學：適應環境的心靈	700			
兒童發展	出版中		生產與作業管理（精簡版）	600
為孩子做正確的決定	300		生產與作業管理(上)	500
認知心理學	出版中		生產與作業管理(下)	600
醫護心理學	出版中		管理概論：全面品質管理取向	650
老化與心理健康	390		組織行為管理學	800
身體意象	250		國際財務管理	650
人際關係	250		新金融工具	出版中
照護年老的雙親	200		新白領階級	350
諮商概論	600		如何創造影響力	350
兒童遊戲治療法	500		財務管理	出版中
認知治療法概論	500		財務資產評價的數量方法一百問	290
家族治療法概論	出版中		策略管理	390
伴侶治療法概論	出版中		策略管理個案集	390
教師的諮商技巧	200		服務管理	400
醫師的諮商技巧	出版中		全球化與企業實務	出版中
社工實務的諮商技巧	200		國際管理	700
安寧照護的諮商技巧	200		策略性人力資源管理	出版中
			人力資源策略	390

書名	定價		書名	定價
類別與受限依變項的迴歸統計模式	400		政策研究方法論	200
機率的樂趣	300		焦點團體	250
			個案研究	300
策略的賽局	550		醫療保健研究法	250
計量經濟學	出版中		解釋性互動論	250
經濟學的伊索寓言	出版中		事件史分析	250
			次級資料研究法	220
電路學（上）	400		企業研究法	出版中
新興的資訊科技	450		抽樣實務	出版中
電路學（下）	350		審核與後設評估之聯結	出版中
電腦網路與網際網路	290			
應用性社會研究的倫理與價值	220		書僮文化價目表	
社會研究的後設分析程序	250			
量表的發展	200		台灣五十年來的五十本好書	220
改進調查問題：設計與評估	300		２００２年好書推薦	250
標準化的調查訪問	220		書海拾貝	220
研究文獻之回顧與整合	250		替你讀經典：社會人文篇	250
參與觀察法	200		替你讀經典：讀書心得與寫作範例篇	230
調查研究方法	250			
電話調查方法	320		生命魔法書	220
郵寄問卷調查	250		賽加的魔幻世界	250
生產力之衡量	200			
民族誌學	250			

書名	定價		書名	定價
管理品質與人力資源	290		全球化	300
行動學習法	350		五種身體	250
全球的金融市場	500		認識迪士尼	320
公司治理	350		社會的麥當勞化	350
人因工程的應用	出版中		網際網路與社會	320
策略性行銷（行銷策略）	400		立法者與詮釋者	290
行銷管理全球觀	600		國際企業與社會	250
服務業的行銷與管理	650		恐怖主義文化	300
餐旅服務業與觀光行銷	690		文化人類學	650
餐飲服務	590		文化基因論	出版中
旅遊與觀光概論	600		社會人類學	390
休閒與遊憩概論	600		血拼經驗	350
不確定情況下的決策	390		消費文化與現代性	350
資料分析、迴歸、與預測	350		全球化與反全球化	出版中
確定情況下的下決策	390		社會資本	出版中
風險管理	400			
專案管理師	350		陳宇嘉博士主編 14 本社會工作相關著作	出版中
顧客調查的觀念與技術	出版中			
品質的最新思潮	出版中		教育哲學	400
全球化物流管理	出版中		特殊兒童教學法	300
製造策略	出版中		如何拿博士學位	220
國際通用的行銷量表	出版中		如何寫評論文章	250
許長田著「行銷超限戰」	300		實務社群	出版中
許長田著「企業應變力」	300			
許長田著「不做總統，就做廣告企劃」	300		現實主義與國際關係	300
許長田著「全民拼經濟」	450		人權與國際關係	300
			國家與國際關係	300
社會學：全球性的觀點	650			
紀登斯的社會學	出版中		統計學	400

婚姻治療法（ACCEPTANCE AND CHANGE IN COUPLE THERAPY）

作　　者／Neil S. Jacobson and Andrew Christensen
譯　　者／鄧閔鴻、黎士鳴
校 閱 者／張景然 博士
發 行 者／弘智文化事業有限公司
登記證：局版台業字第 6263 號
地址：台北市丹陽街 39 號 1 樓
E-mail:hurngchi@ms39.hinet.net
郵政劃撥：19467647　戶名：馮玉蘭
電話：（02）2395-9178・0936252817
傳真：（02）2395-9913
發 行 人／邱一文
經 銷 商／旭昇圖書有限公司
地址：台北縣中和市中山路二段 352 號 2 樓
電話：（02）22451480　　傳真：（02）22451479
製　　版／信利印製有限公司
版　　次／93 年 6 月初版一刷
定　　價／350 元

ISBN ／957-0453-98-2

國家圖書館出版品預行編目資料

婚姻治療法 / Neil S. Jacobson, Andrew Christensen 合著 ; 鄧閔鴻、黎士鳴譯. -- 初版. -- 臺北市 : 弘智文化, 民93

面 ; 公分

譯自 : Acceptance and chance in couple therapy

ISBN 957-0453-98-2(平裝)

1. 心理治療 2. 婚姻

178.8 93003897